ALTDEUTSCHE TEXTBIBLIOTHEK

HERAUSGEGEBEN
VON HUGO KUHN

ERGÄNZUNGSREIHE
3

# TRISTRANT UND ISALDE

*Prosaroman*

Nach dem ältesten Druck aus Augsburg vom Jahre 1484, versehen mit den Lesarten des zweiten Augsburger Druckes aus dem Jahre 1498 und eines Wormser Druckes unbekannten Datums

Herausgegeben von
Alois Brandstetter

MAX NIEMEYER VERLAG TÜBINGEN
1966

*Mit 4 Abbildungen auf Tafeln*

©
Max Niemeyer Verlag Tübingen 1966
Alle Rechte vorbehalten · Printed in Germany
Satz und Druck: Allgäuer Heimatverlag GmbH
Kempten im Allgäu
Einband von Heinr. Koch Tübingen

# INHALT

| | |
|---|---:|
| Vorwort | VII |
| Einleitung | IX |
|    1. Die Drucke des Prosaromans und Volksbuches von *Tristrant und Isalde* | IX |
|    2. Zu Text und Apparat | XVII |
| Verzeichnis der Summarien | XXVII |
| Abbildungen | nach XXX |
| Text | 1 |

# VORWORT

Neben der höchst kunstvollen, hochhöfischen Bearbeitung der Tristansage durch Gottfried von Straßburg gewinnt heute auch die erste, frühhöfische Gestaltung des fremdererbten Sagenstoffes durch Eilhart von Oberge mehr und mehr in unserer Wissenschaft an Bedeutung; dies nicht zuletzt wegen ihres Fortlebens im Prosaroman des 15. und 16. Jahrhunderts. In einer Zeit, da das Gottfried-Epos seine Leser verliert und nur mehr selten, und wenn, dann sehr lieblos und fehlerhaft abgeschrieben wird, erfährt der Text Eilharts in den "Volksbüchern" vielfache Wiederbelebung. (Vgl. *Friedrich Ranke, Tristan und Isolde,* München 1925, v. a. S. 253, auch *Friedrich Schneider, Die höfische Epik im frühneuhochdeutschen Prosaroman,* Diss. Bonn, 1915). Nun ist es, was die Textkritik betrifft, sowohl um Eilharts *Tristrant* als auch um die Prosaromane nicht eben gut bestellt. Die von Franz Lichtenstein 1877 in *Quellen und Forschungen XIX* erstellte Ausgabe „Eilhart von Oberge" kann wegen der sie tragenden, sicherlich unrichtigen Einschätzung der Hss. nicht mehr befriedigen. Eine Neuausgabe durch Hans Eggers, den intimen Kenner der Tristrant-Tristan-Problematik, dem ich Anregung und Hinweise zur hiermit vorgelegten Ausgabe der Prosaauflösung verdanke, steht bevor. Abgesehen davon, daß diese wissenschaftliche Unternehmung vom ältesten Prosa-Tristrant textkritischen Nutzen haben wird, ist auch für die aufbrechende literarische und literatursoziologische Erforschung des Prosaromanes und darüber hinaus für die Gewinnung einer Einsicht in die bislang schwer greifbare Sprachperiode des Frühneuhochdeutschen die Herausgabe des *Tristrant* in seiner ältesten Prosagestalt nicht ohne Bedeutung.

Schon Fridrich Pfaff hatte den Plan, nachdem kurz nach seiner Ausgabe (Anm. 8 der Einleitung) der bis dahin verschollene älteste Augsburger Druck aus dem Jahre 1484 zum Vorschein gekommen war und seine Arbeit relativiert hatte, diesen gesondert herauszubringen. Er schreibt in einem Aufsatz in der *Germania* (Anm. 2 der Einleitung), S. 55: „Wie mir scheint, wäre ein vollständiger Abdruck des ältesten Tristrantdruckes neben meiner Ausgabe nicht überflüssig..." Sieht man auf die Zeit, in der dieses Wort geschrieben wurde (4 Jahre nur nach dem Erscheinen der Ausgabe!), so hat es wohl Gewicht. Es ist indes beim Plan geblieben. Die Ausgabe von *Richard Benz* aber (Nr. 21 im Verzeichnis der Einleitung), die auf $A_1$, dem ersten Druck aus Augsburg, beruht, kommt aus den an der angegebenen Stelle ausgeführten Gründen als wissenschaftlicher Text heute kaum noch in Frage.

Damit ist heute die Situation wie 1885: Der älteste Augsburger Druck ist nicht zugänglich. Diesem Mangel will dieses Buch abhelfen. Bedenkt man die ursprüngliche Aussage des viel gebrauchten Wortes „Desiderat", dann dürfen wir es vielleicht ein solches nennen: „Etwas durchaus Erwünschtes." Möge es so sein!

Bleibt mir noch, der Saarbrücker Universitätsbibliothek für die große Mühe bei der Beschaffung der Inkunabeln sowie den in der Einleitung genannten Bibliotheken für die wohlwollende Überlassung der wertvollen Druckwerke des 15. und 16. Jahrhunderts zu danken.

Saarbrücken, Januar 1965　　　　　　　　　　　Alois Brandstetter

# EINLEITUNG

## 1. Die Drucke des Prosaromans und Volksbuches von *Tristrant und Isalde*

Da die Volksbücher allgemein und das von *Tristrant und Isalde* im besonderen auf Grund unvollständiger oder veralteter Zusammenstellungen nur schwer zu bibliographieren sind, sei vorliegender Ausgabe ein vollständiges Verzeichnis aller Tristrant-Drucke vorangestellt.[1] Im Zuge dieser Aufstellung sollen jene

---

[1] An wichtigen Verzeichnissen der Volksbücher seien erwähnt:
*Versuch einer Zusammenstellung der deutschen Volksbücher des 15. und 16. Jahrhunderts nebst deren späteren Ausgaben und Literatur*, hrsg. von *Paul Heitz* und *Dr. Fr. Ritter*, Straßburg 1924. In der Folge wird dieses Buch als *Heitz-Ritter* zitiert. Leider ist diese Zusammenstellung unvollständig. So vermerken *Heitz-Ritter* den 3. Augsburger Druck (No. 4 unseres Verzeichnisses) nicht. Außerdem führen sie unter der Nummer 667 zum Datum 1587 das „Buch der Liebe" an, ohne anzugeben, daß es sich hiebei um die Neuauflage des bereits 1578 erschienenen, nunmehr verschollenen Feyerabendschen Druckes handelt (No. 10 in unserem Verzeichnis). Vgl. dazu *Heitz-Ritter*, S. 12, wo der Druck von 1578 immerhin erwähnt wird. Somit kommen *Heitz-Ritter* auf insgesamt 10 Drucke des 15. und 16. Jhs. (No. 658–667; S. 187f.) statt der tatsächlichen 12.
Auch *K. Goedekes* „*Grundriß zur Geschichte der deutschen Literatur aus den Quellen*", Bd. 1 (Das Mittelalter) Buch 3, 1884, 2. ganz neu bearbeitete Auflage, S. 342, ist nicht vollständig. Er vermerkt folgende Drucke in unserer Numerierung: 1, 2, 3, 5, 6, 7, 8, 9, 10, 11, 13, 15, 16, 18 und 19.
Weitere wichtige, wenn auch insgesamt unvollständige Verzeichnisse finden sich in:
*Georg Wolfgang Panzer, Annalen der älteren deutschen Litteratur oder Anzeige und Beschreibung derjenigen Bücher, welche von Erfindung der Buchdruckerkunst bis 1520 in deutscher Sprache gedruckt worden sind*" 1788–1885, Bd. 1 nebst Zusätze, Bd. 2. 3. nebst Suppl. 1. 2; Unveränderter fotomechanischer Nachdruck, Hildesheim 1961.

Drucke, die für die älteste Gestalt des Volksbuches (P) und damit für das ursprüngliche Eilhart-Epos von Bedeutung sind und darum in vorliegender Ausgabe Beachtung finden, gleich an dieser Stelle hinlänglich genau beschrieben werden.

Wir kennen folgende 21 aus dem 15. bis 20. Jahrhundert stammenden Tristrant-Drucke in deutscher Sprache:

1. *Augspurg 1484.* gedruckt von *Antonius Sorg.* 8°. Im Impressum am Schluß des Buches steht die Ortsangabe als *Augspug* verdruckt. Das von mir benützte Exemplar aus der „Stiftung Preußischer Kulturbesitz" (Tübinger Depot der Staatsbibliothek), dasselbe, das Fridrich Pfaff in Händen hatte und wohl einzige überhaupt,[2] zeigt einen schweren, braunen Ledereinband, auf den beiden äußeren Flächen der Einbanddecke altes Leder mit Linearschmuck (Stempelverzierung). Den Buchrücken zeichnet eine starke Lagenverspannung aus, die in zwei kräftigen Wülsten sichtbar ist. Die Rückenbeschriftung, neu wie der Buchrücken und die Einbindung überhaupt, lautet: *Histori von Tristant und Ysalden Augspurg Ant. Sorg 1484.* Da wir annehmen dürfen, daß diese neue Aufschrift einer älteren der ersten Einbindung folgt, müssen wir die modernisierte Namensform *Tristant* neben der „richtigen" Isoldes als *Ysalde* wohl auf Kosten einer Unachtsamkeit setzen. Deck- und Schlußblatt des Buches sind neu und entsprechen der späteren Neueinbindung. Das Buch ist einspaltig gedruckt und kennt weder Lagen- noch Seitenzählung. Auch die Kustoden fehlen. Bl. 1a trägt den Stempel: *Ex Biblioth. Regia Berolinensi* und als Bleistiftnotiz die auch am Buchrücken erscheinende Bibliothekssignatur *Inc. 138* und das Format (8°).

---

*Johann Georg Theodor Graesse, Trésor des livres rares et précieux,* Tome I–VII, Dresden 1859–1869; (als *Graesse* zitiert). *Jacques Charles Brunet, Manuel du libraire et de l'amateur de livres",* Tome I–VI et Supplement 5; (als *Brunet* zitiert). *Günther Kröhl, Die Entstehung des Prosaromans von Tristrant und Isalde,* Diss., Göttingen 1930, S. 6f.: Verfasser, Heimat Drucke. (als *Kröhl, Diss.* zit.) Unser Verzeichnis orientiert sich an F. Pfaffs Aufsatz in *Germania* (s. Anm. 2!), dem lediglich No. 14 unseres Verzeichnisses fehlt.

[2] *Fridrich Pfaff, Der älteste Tristrantdruck,* Germania 30, (1885) S. 19–55. In der Folge wird dieser wichtige Aufsatz als *Pfaff, Germ.* zitiert.

Damit weicht diese Formatangabe von denen bei *Pfaff, Germ.* und *Heitz-Ritter* gegebenen ab. Sie entspricht der Blattanzahl in der Lage (8). Das Buch hat 187 Blätter, nicht 185, wie *Heitz-Ritter* (s. Anm. 1) unter No. 658 fälschlich schreiben.

Mit 1b beginnt der Text: *Hienach* ... (s. S. 1 dieser Ausgabe), auf 2a die eigentliche Erzählung mit dem ersten Summarium: *Wie künig* ... (S. 1).

Die von Pfaff vermerkte Bibliothekssignatur *Yu 1131* konnte ich nirgends entdecken.[3] Vielleicht ist sie im Zuge einer Bibliotheksumordnung verschwunden und der neuen *Inc. 138* gewichen.

Als Buchschmuck zeigt der Druck 60 Holzschnitte. F. Pfaff nimmt an, daß sie zum Ausmalen bestimmt waren. Dasselbe gilt seiner Meinung nach von den 4 Zeilen hohen Initialen.[4]

Die Hinweise auf unser Buch bei Helbig,[5] wie auch bei Brunet[6] sind in ihrer Schreibung der Korrektur bedürftig, was bereits Pfaff erwähnt.[7]

Diesem ersten Augsburger Druck geben wir die Sigle $A_1$.[8]

---

[3] *Pfaff, Germ.* S. 20.
[4] *Pfaff, Germ.* ebenda.
[5] M. Helbig, *Messager des sciences historiques de Belgique*, Gand 1842, S. 74.
[6] *Brunet* V, Sp. 958.
[7] *Pfaff, Germ.* S. 20.
[8] Felix Bobertag (*Geschichte des Romans und der ihm verwandten Dichtungsgattungen in Deutschland*, Breslau 1876, Bd. 1, S. 60) hat $A_1$ wohl gekannt. Es ist anzunehmen, daß sich in seiner mangelhaften Erwähnung „Augsburg 1494. v. A. Sorg Fol" der erste Augsburger Druck meldet. Datum und Format wären dann falsch angegeben. Vgl. dazu auch *Pfaff, Germ.* S. 22! Wie Pfaff hier vermutet, ist Bobertag hierin *Graesse* VI S. 202 gefolgt. Weitere Erwähnungen: *Brunet* V, 959; *W. L. Schreiber, Manuel de l'amateur de la gravure sur bois et sur metal au 15 e siecle*, Vol. V, 1. 2. Leipzig 1911 unter No. 5381. *Heitz-Ritter* No. 658. Verzeichnisse der Tristrant-Drucke finden sich noch bei: *Fridrich Pfaff, Tristrant und Isalde, Prosaroman des 15. Jahrhunderts*, (Hrsg. v. ...) Bibliothek des Litterarischen Vereins in Stuttgart, Tübingen 1881. Mit einem Schlußwort des Herausgebers (S. 203-236) S. 204-209: Dieser Zusammenstellung fehlt $A_3$. *Franz Lichtenstein, Zur Kritik des Prosaromans von Tristrant und Isalde*, Diss. Breslau 1877. Der Vf. schreibt S. 4f., er hätte trotz eifrigen Nachsuchens und

2. *Agspurg 1498*, gedruckt von *Hanns Schönsperger*. 8⁰.[9] Das von mir benützte Exemplar, wiederum aus der Stiftung Preußischer Kulturbesitz im Depot der Staatsbibliothek in Tübingen, ist in beschriftetes Pergament gebunden. *(„Versus 1: Alleluia. In conspectu Angelorum psallam tibi adorabo ad templum sanctum tuum")* Dem Text sind Neumen unterlegt. Das Buch hat ein Vorsatzblatt und 58 Blätter. Die Lagen sind konsequent durchgezählt, dergestalt, daß, beginnend mit aij, über aiij, aiiij der ersten Lage (16 Seiten) bis g (gj, gij, giij, giiij) durchnumeriert wird. Ein nach den fünf vollen Lagen verbleibender Rest ist mit der einschichtigen Marke gv ausgezeichnet.

$A_2$ (so ist die Abkürzung des zweiten Augsburger Druckes) hat zweispaltig bedruckte Seiten, 70 spaltenbreite Holzschnitte (in der Regel mit denen in $A_1$ übereinstimmend) und nach dem ersten Summarium auf Bl. 2 eine schön ausgeführte, 7 Zeilen hohe

einer Spur des Druckes, die „nach einer der größeren öffentlichen Bibliotheken leitet", diesen nicht finden können. F. Pfaff, der sich auf diese Aussage von der Unauffindbarkeit verließ, verwertete für seine Ausgabe darum nur den nächstfolgenden Druck von 1498 ($A_2$). Sie war kaum erschienen, als Wilhelm Wattenbach $A_1$ in Berlin (ebenda, wo Lichtenstein gesucht haben wollte!) entdeckte. Vgl. *Pfaff, Germ.* S. 19f., wo nach den vielen fehler- und lückenhaften sowie sonst unvollständigen Zusammenstellungen eine Gesamtübersicht aller bekannten, vorhandenen oder verschollenen Ausgaben gebracht wird. Sie ist, von Nr. 14 abgesehen, komplett, weshalb ich ihr folge, wenn es auch einiges zu korrigieren und Zusätzliches bezüglich Gestalt und Format festzustellen galt. Die folgende Zusammenstellung orientiert sich weitgehend an Autopsie. Wo dies nicht möglich war, an der Verwertung der vorhandenen Bibliographien und der Sekundärliteratur.

[9] In den meisten Bibliographien wird als Format Folio angegeben. Mag sein, daß wieder eine fehlerhafte Angabe konsequent abgeschrieben wurde, oder aber, daß trotz der 8 auf die Lage entfallenden Blätter auf Grund der unnormierten Bogengröße die Buchhöhe von 28 cm dafür ausschlaggebend war, was freilich heute 4° wäre. Erwähnungen des zweiten Augsburger Druckes siehe bei: *Graesse* VI, 2, 202. Wie *Heitz-Ritter* unter No. 659 angeben (S. 187), weitere Exemplare in London und Wien. *Albrecht Hübl, Die Inkunabeln der Bibliothek des Stiftes Schotten in Wien*, Wien und Leipzig 1904.

Eine genaue Beschreibung von $A_2$ s. bei *F. Pfaff*, Ausgabe (s. FBn. 8!) Schlußwort S. 205f. Pfaff kannte nur dieses, auch von mir benützte Exemplar der Berliner Staatsbibliothek.

Initiale (E). Im übrigen fehlen Initialen. Bl. 1a zeigt den schon an $A_1$ beschriebenen Bibliotheksstempel, 1b die in unserer Ausgabe S. 1 im Apparat mitgeteilte Vorankündigung: *Hye hebt sich...*

Über Einzelheiten der Druckgestalt (Interpunktion etc.) wird bei Behandlung der Anordnung des Apparates der vorliegenden Ausgabe zu sprechen sein. Wieder ist Zusätzliches, auch zur Geschichte des Druckes, die ich hier nicht der Darstellung für nötig erachte, über die in den Fußnoten angegebenen Hilfsbücher zu erfahren.

3. *Wormbs*, ohne Datum, gedruckt von *Gregorius Hofman*. 4°.[10] Das Buch ist in Pergament gebunden. Wie sich durch die Nachforschungen im Bibliotheksleihverkehr ergab, existiert von diesem Druck, zumindest in Deutschland, nur ein Exemplar und zwar das der Herzoglichen Bibliothek in Wolfenbüttel, der ich wie der Stiftung Preußischer Kulturbesitz zu den Augsburger Drucken für wohlwollende Überlassung zu danken habe. Es handelt sich bei *W* (so die Abkürzung für den Druck) um einen Sammeldruck, der

    a) die jetzt ausgeschnittenen *Schildtbürger* (1554),
    b) *Tristrant*,
    c) *die complexion des menschen*,
    d) den *Liber vagatorum der betler orden* und
    e) das *Narrenschiff vom buntschuch*|Jacobhauser Jos. frytz hauptmann

enthält, bzw. enthielt. Der Tristrant ist auf 82 Blättern abgedruckt,[11] besitzt Kustoden, jedoch keine Seitenzählung. Die Zählung der Lagen erfolgt ähnlich wie in $A_2$, nur eben auf Grund des anderen Formates, das diesmal, soweit ich sehe, in den Bibliographien richtig angegeben wird, stets nur bis iij (z. B.: Ziij). Die 41 Holzschnitte, die, den anderen beiden Drucken ($A_1$, $A_2$) vergleichbar, nach den Summarien erscheinen, zeigen feinere Ausführung und waren, was man aus der detailreicheren Innenzeichnung schließen kann, kaum zum Ausmalen bestimmt.

---

[10] *Heitz-Ritter*, No. 662.
[11] Nicht auf 92 Blättern, wie F. Pfaff im Schlußwort seiner Ausgabe, S. 206, irrtümlich schreibt.

Sie decken sich stellenweise mit denen in $A_1$ und $A_2$ in den Motiven, stehen aber in einer völlig anderen Tradition und sind eine, wahrscheinlich ohne Vorlage angefertigte, höchst plumpe Arbeit. Einfallslosigkeit zeigt sich auch in der Anordnung der Holzschnitte. Einige erscheinen drei- bis fünfmal, und an den denkbar unpassendsten Stellen. Der größere Detailreichtum und der größere graphische Aufwand macht sie nicht wertvoller, sondern im Gegenteil der klaren Linienführung der $A_1$-Illustrationen unterlegen.[12]

Wie Pfaff, so konnte auch ich die Jahreszahl 1549, die Brunet im Manual angibt, nirgends entdecken.[13] Die Datierung in die Mitte des 16. Jahrhunderts empfiehlt sich aber nicht nur durch die mitgedruckten datierten anderen Volksbücher, sondern auch auf Grund formaler sowie inhaltlicher (sprachlicher) Kriterien. Auch über $W$ wird bei Besprechung von Text und Apparat noch einiges zu sagen sein.[14]

Die Zusammenstellung der folgenden Tristrant-Drucke übernehme ich weitgehend von Pfaff.[15] Ich kann mich darum nicht für die

[12] Die Holzschnitte von $A_1$ siehe in der Ausgabe von *Richard Benz* (No. 21 unseres Verzeichnisses).
[13] *Brunet V, 959: „édition sans date, mais dont plusieurs des gravures sur bois portent l'année 1549"*. Auch *Heitz-Ritter* geben S. 187 (No. 662) als Druckdatum das Jahr 1549 an. Sie haben es anscheinend ungeprüft aus *Brunet* (s. o.!) übernommen, den sie bezeichnenderweise gerade an dieser Stelle nicht zitieren.
[14] Zum Wormser Druck siehe ferner: *Graesse VII, S. 203: „Herr Tristrant, ein wunderbarlige... und zu horen. Wormbs, Gr. Hofman, s. d. (1540) in 4° Av. fig. en bois."* Es bleibt unklar, wie *Graesse* hier auf das Jahr 1540 kommt. Zu Orthographiefehlern vgl. den Text S. 1! *Friedrich Adolf Ebert, Allgemeines Bibliographisches Lexikon*, Leipzig 1830, 1. Bd. A–L, 1821, 2. Bd. M–Z, 1830, 2. Bd. Sp. 983 No. 23119: *„Herr Tristrant ... Isalden. Wormbs, Gr. Hofman, o. J. 4 mit Hschnn."* und Sp. 984: *„Diese Ausgabe ist in Wolfenbüttel. Mehrere Hschnn. sind von 154 datiert, daher auch diese Ausgabe bald mit 1549, bald mit 1550 angegeben wird."*
Diese wenigen Hinweise zeigen, wie fehlerhaft die Volksbücher bibliographiert wurden.
[15] *Pfaff, Germ.* S. 22. Aus der Zeit der Abfassung des Aufsatzes ergibt sich, daß dieser Auflistung unsere Nummern 20 und 21 fehlen. Außerdem fehlt No. 14.

einzelnen Verwahrorte verbürgen. Sie sollen, sofern sie damals bekannt waren und an der angegebenen Stelle angeführt werden, auf die Gefahr der Fehlerhaftigkeit hin trotzdem hier wiederholt werden. Mögen sie sich auch in einzelnen Fällen, durch die Zeitläufte bedingt, geändert haben, so kommt man doch über sie als die vorletzten Aufbewahrstationen leichter an die letzten, augenblicklichen heran. Sofern die übrigen in den Fußnoten vermerkten Bibliographien, vor allem Heitz-Ritter, über Pfaff Hinausgehendes mitteilen, ist es in das Verzeichnis eingearbeitet.

4. *Augspurg*, ohne Datum gedruckt von *Hans Zimmermann*; 4°. In München (laut Bibliographien).

Diesen Druck nennt Pfaff in seiner Aufstellung an zweiter Stelle nach $A_1$. Dies kommt daher, daß Franz Lichtenstein nach Erscheinen des Pfaffschen *Tristrant* darauf aufmerksam machte, daß in diesem Druck – nennen wir ihn $A_3$ – ein $A_2$ überlegener und $A_1$ näherstehender Text vorliege.[16] Unklar bleibt in diesem Zusammenhang, wie man bei Unkenntnis von $A_1$ zu einem solchen Urteil kommen kann.[17]

Leider konnte ich weder überprüfen, ob Lichtenstein mit seiner versuchten Einordnung von $A_3$ zwischen $A_1$ und $A_2$ – bei deren Richtigkeit wir, wie stellenweise geschehen, besser täten, unseren zweiten Augsburger Druck $A_3$ zu nennen und dem fraglichen die Zahl 2 zuzuordnen – und seinen in der in Anm. 16 angegebenen Rezension vorgeschlagenen Korrekturen recht hat, noch auch, ob Pfaff mit seinen recht kurzen und ein wenig oberflächlich anmutenden beschwichtigenden Entgegnungen auf die ihm widerfahrene Kritik legitim verfährt.[18] Pfaff scheint $A_3$ (er selbst schreibt auf Grund einer anderen, von Lichtenstein übernommenen Einordnung $\alpha_2$) nie gesehen zu haben. Heute jedenfalls ist Autopsie unmöglich ge-

---

[16] *Franz Lichtenstein*, Rezension der Ausgabe Pfaffs im AfdA. IX, S. 159–165. Hier eine Beschreibung des Druckes (M).
[17] Da auch *Heitz-Ritter* den Druck nicht erwähnen, muß ich annehmen, daß er in der Zeit zwischen 1885 (s. Lichtenstein, Anm. 16) und 1924 (s. Heitz-Ritter, Anm. 1) verlorengegangen ist. Weitere Erwähnungen bei G. Kröhl (Anm. 1), S. 7, wo sich als Zeitangabe findet: „um 1500". Auch bei Wilhelm Hertz, Tristan und Isolde, Stuttgart 1877, S. 540 eine $A_3$-bezügliche Bemerkung.
[18] *Pfaff, Germ.* S. 22.

worden. Der Druck war trotz eifrigster Bemühungen im Bibliotheksleihverkehr nicht erhältlich (s. Anm. 17). Es ist dies allerdings, nach dem zu urteilen, was Lichtenstein anführt (Anm. 16), kein allzugroßer Schaden. Als sicher galt und kann wohl weiterhin gelten, daß $A_3$ jünger und verderbter als $A_1$ ist und ferner, daß sich $A_2$ und $A_3$ nach Druckdatum und Qualität nahe stehen. Ein Text, der auf $A_1$ beruht und $A_2$ einvergleicht, kann füglich auf $A_3$ verzichten.

5. *Bern, 1509*, Drucker? 4⁰. Unbekannter Aufenthalt.[19]

6. *Straßburg 1510.* 4⁰ mit Holzschnitten. Unbekannter Aufenthalt.[20]

Die beiden letztgenannten Drucke 5 und 6 bleiben unberücksichtigt. Sie sind wahrscheinlich ebenfalls verschollen.

7. *Frankfort a. M. 1556*, gedruckt von *Wygand Han.* 8⁰. In Berlin.[21]

8. *Straßburg 1557. Jacob Frölich.* 4⁰. In Wolfenbüttel.

Die wenigen in Pfaffs Ausgabe vermerkten Varianten[22] aus dem Straßburger Druck schienen mir unbedeutend genug, daß man sie beiseite lassen konnte.

9. *Frankfurt a. M. 1570, Thomas Rebart und Kilian Han.* 8⁰. In Celle.

10. *Buch der Liebe, Frankfort a. M., Sigmund Feyerabend. 1578.* Fol. Aufenthalt unbekannt.

11. *Frankfurt a. M. 1584, Nic. Rost,* Fol. Aufenthalt unbekannt.

12. *Neuauflage von 10. 1587.* In Wolfenbüttel. Mit 26 Holzschnitten.

13. *Erfurt 1619, Jak. Singer,* 8⁰.[23]

14. *Nürnberg 1653, Michael Endter,* 8⁰. Kirchenbibliothek Nürnberg.[24]

15. *Nürnberg 1664, F. J. Endter,* 8⁰. Im Britischen Museum.

---

[19] *Heitz-Ritter*, No. 660, Unauffindbar, s. a. *Kröhl, Diss.* S. 6.
[20] *Heitz-Ritter*, No. 661, *Kröhl, Diss.* S. 7.
[21] *Heitz-Ritter*, No. 663.
[22] Vgl. *Pfaff, Ausgabe* (Schlußwort), S. 216: „*Von S. ist wenig zu sagen, da dieser Druck sich fast ganz genau an W anschließt*", *Heitz-Ritter*, No. 664.
[23] *Heitz-Ritter*, S. 188 (Die Volksbücher des 16. Jh.s sind hier nicht mehr durchnumeriert). Laut *Kröhl, Diss.* S. 7 nicht nachzuweisen.
[24] *Heitz-Ritter*, S. 188. *Kröhl, Diss.* S. 7.

16. *Buch der Liebe*, Herausgegeben von *J. G. Büsching und F. H. von der Hagen*, 8⁰. Berlin 1809.²⁵

17. *Volksbücher*, herausgegeben von *G. O. Marbach*, No. 13 und 14. 8⁰. Leipzig 1839.

18. *Die deutschen Volksbücher*, gesammelt von *Karl Simrock*. Bd. 4, 8⁰. Frankfurt a. M. 1846.

19. *Tristrant und Isalde*, Prosaroman des 15. Jahrhunderts, herausgegeben von *Fridrich Pfaff*, Bibliothek des Litterarischen Vereins in Stuttgart, 8⁰. Tübingen 1881.

20. *Das Buch der Liebe*, herausgegeben von *Paul Ernst*, 8⁰. München 1911.

21. *Die deutschen Volksbücher*, herausgegeben von *Richard Benz*, 8⁰. Jena 1912.

Simrock, Benz und Ernst wollten die von ihnen überbewerteten Volksbücher²⁶ einem „Volk", für das sie nicht mehr eigentlich geschrieben sein konnten, nahezubringen. Dem entspricht, daß sie den Text so weitgehend modernisierten, daß ihre Ausgaben wissenschaftlich kaum Wert haben. Über das Verhältnis der einzigen wissenschaftlich erarbeiteten Ausgabe von F. Pfaff zu unserem Text wird später noch gehandelt.

## 2. Zu Text und Apparat

Vorliegender Text folgt in genauer Abschrift dem ältesten erhaltenen Tristrant-Druck ($A_1$). Folgende Zeichen wurden aufgelöst:
– als *m*, *n*, *b* oder *d*, z. B.: *vñd* als *vnnd*; *lāt* als *lant*; *warūb* als *warumb*; *heȳ* als *heym*; *vm̄* als *vmb*; *vñ* als *vnd* usw.

Da dieser der Tilde ähnliche Strich nicht wie in anderen Texten oft nur das *n*, sondern auch das *m* anzeigt und somit auch bei den Nasalen keine Einheitlichkeit erreicht wird, glaubte ich ihn in anderen Fällen *(vm̄, vñ)* auch als *b* bzw. *d* verstehen zu dürfen,

---

²⁵ *Heitz-Ritter*, S. 188.
²⁶ Vgl. zu diesem Thema etwa *Richard Benz, Geschichte und Ästhetik des deutschen Volksbuches*, Jena 1924, oder von demselben das Nachwort zu *Deutsche Volksbücher*, Heidelberg (Neudruck ohne Datum).

da die betreffenden Wörter, wenn sie ungekürzt gedruckt sind, meist diese, seltener eine um einen Nasal zusätzlich vermehrte Gestalt haben *(vnd, vmb,* seltener *vnnd,* an keiner Stelle *vmmb).*

', ein relativ selten erscheinendes Zeichen, wird als *er (r)* entschlüsselt. Z. B.: *rit'lich* als *riterlich, d'*als *der.*

Die Umlautszeichen oder Zweitvokale in Diphthongen *(e* bzw. *o)* werden dem Druck folgend wiedergegeben, das heißt übergeschrieben. Daneben kommt auch die Kennzeichnung des Umlauts durch Pünktchen über dem *a, o* und *u* vor. Lediglich der Doppelpunkt über *y* und *w* wurde fallengelassen *(ÿ, ẅ).* Er erscheint beim *y* fast stets, wo nicht, hat dies den zufälligen Charakter eines Ver sehens und nicht wie beim *a, o* oder *u,* wo Umlautsformen neben unumgelauteten Formen stehen, lautliche Relevanz. Er kann darum zu einer sprachlichen Untersuchung nichts beitragen.

In einigen Fällen waren die übergeschriebenen Buchstaben oder anderen typographischen Zeichen schwer oder nicht leserlich. Sie wurden dann in Analogie aufgelöst, wie es überhaupt des öfteren in Zweifelsfällen notwendig war, nach der Wahrscheinlichkeit zu entscheiden. Da dies keine weitreichenden textkritischen Konsequenzen hat, ist es in der Einleitung oder den Anmerkungen auch nicht weiter kenntlich gemacht.

Da die besonders ausgezeichneten Buchstaben in $A_1$ (von den Initialen selbst abgesehen), anders als in *W* und vergleichbar $A_2$, nur Zeilenhöhe haben und sich nur durch mäßig verdickte Linien und einige wenige Haarstriche von den sonst vorkommenden Großbuchstaben unterscheiden, wurde deren Kennzeichnung in Text und Apparat unterlassen. Grundsätzlich gilt, daß sie nach dem Alinea-Zeichen auftreten.

Der Vorspann S. 1, das Summarium S. 2, einige wenige Initialen im Text sowie das Impressum Z. 5 197 ff *(Hie endet sich . . .)* unterscheiden sich im alten Druckbild durch größere Höhe und entsprechende Stärke der Striche vom übrigen.

*wz* und *dz* beließ ich unaufgelöst. Das lange und das runde *s* *(ſ, s)* erscheinen im Text gleicherweise als *s, ß* als *ß.*

Von der Berichtigung eindeutiger Druckfehler abgesehen, galt als Grundsatz, sprachliche und orthographische Unebenheiten zu belassen, Unterschiede in der Schreibung der Personennamen und dem Gebrauch der Satzzeichen genau zu übernehmen. Jede zu weit gehende Vereinheitlichung kommt m. E. beim jetzigen Stand unserer Kenntnis des Frühneuhochdeutschen einem nicht zulässigen Präjudizieren gleich. Da die Grenze zwischen sinnvoller Korrektur orthographischer oder sprachlicher Unsauberkeiten und illegitimem Normalisieren schwer auszumachen ist, hat sich der Herausgeber für den genauen Abdruck entschieden.

An Abweichungen vom Prinzip des Abdruckes ist noch zu erwähnen: Die Seitenwenden sind in unserem Fall ohne Bedeutung. Es wurde darum unterlassen, sie einzuzeichnen. Auch die Zeilenwenden bleiben aus demselben Grunde unberücksichtigt. Wenn Wörter durch sie getrennt werden und ein Teil, Präposition oder Bestimmungswort vor allem, in der einen, und das Grundwort in der anderen Zeile zu stehen kommt, so wurde in unserem Text, sofern nicht eindeutig ein Abteilungszeichen gesetzt ist, in Analogie zu den weitgehend unfesten Kompositionen und Verbverbindungen, auch unverbunden und in zwei Wörtern gedruckt.

Die Zeichensetzung wurde aus dem alten Druck übernommen mit der Einschränkung, daß der in der Mitte der Zeile stehende und der unten stehende Punkt einheitlich untenstehend wiedergegeben werden, da sie durchaus gleichbedeutend sind. Entgegen anderen Überlieferungen läßt sich keiner der beiden Punkte eindeutig als Kolon bzw. Komma bestimmen.

Auch für den Apparat galt dasselbe Prinzip des Abdruckes. Das brachte mit sich, daß Lesarten aus $A_2$ und $W$, auch wenn sie im Wortgebrauch und der Wortstellung übereinstimmten, wegen kleiner orthographischer Unterschiede gesondert angeführt werden mußten. Wenn darum hinter einer Variante $A. W.$ steht, was sehr selten ist, so bedeutet dies, daß beide Drucke in dieser Passage auch in der Schreibung völlig übereinstimmen. $A$ bedeutet im Apparat stets $A_2$. Wenn von $A_1$, dem zugrunde gelegten Text die Rede ist, so wird seine Sigle mit dem Index ausgezeichnet.

Die in $W$ erscheinende Virgel (/) als zusätzliches Satzzeichen, das in $A_1$ (außer in der Vorankündigung) und $A_2$ keine Entsprechung hat, wird wiedergegeben. Die Kustoden in $W$, die Lagenbezeichnungen in $A_2$ und $W$, die Initialen in $A_1$ und $W$, sowie ein in $A_2$ nach den Summarien erscheinendes Zeichen, das wohl *ec* (*etc.*?) bedeutet, bleiben unberücksichtigt.

In $W$ stehen des öfteren Bericht- und Redeteile in Klammern. Da dieser Umstand ein wenig erkennen läßt, was dem Abschreiber als beiläufig und unerheblich, aber auch als das Gesagte gleichsinnig erklärend oder unterbauend erschien, wurde dieser kaum erforschten Eigentümlichkeit der Zeichensetzung durchgehend Beachtung geschenkt.

Die Holzschnitte der Drucke wären eine eigene Untersuchung wert. Sie müßten vor allem einmal in Hinblick auf die in der Eilhart-Hs. $H$ vorkommenden untersucht werden. Dies könnte freilich nur ein Kunsthistoriker leisten. Mir schien es für die Ausgabe genügend, den Bildgedanken der $A_1$-Illustrationen kurz anzugeben. Auf die Holzschnitte in $A_2$ und $W$ habe ich keine Rücksicht genommen.

Die weitgehenden Differenzen in Schreibung, Satzstellung, wie allgemein der sprachlichen Gestalt der drei Drucke, haben ein einschneidendes editorisches Vorgehen, vor allem in der Auswahl der Lesarten, notwendig gemacht. Bevor davon die Rede sein wird, sei wenigstens ein kurzes Stück aus den beiden im Variantenapparat zitierten Drucken $A_2$ und $W$ hierher gesetzt. Das wird die Schwierigkeiten der Ausgabe zeigen, einen Eindruck von den beiden in Lesarten zerhackten Drucken vermitteln und darüber hinaus die anschließende Beschreibung des Verfahrens der Zitation und der Gestaltung des Lesartenapparates erleichtern und anschaulicher gestalten. Es handelt sich bei dem folgenden Kapitel um Z. 77ff in unserer Ausgabe (Pfaff 4/1–19). In Eilhart vergleichen sich damit nach der Lichtensteinschen Ausgabe V. 185ff.

Die Stelle lautet in $A_2$:

ℂ Hie begert Tristrant vrlaub von seinem vater.

Als nun Tristrant darzů ward dz er in hert vnd not sich auch geleyden mocht riet jm sein meyster kurneual das er vrlaub begert von dem herren seinem vater ribalin auf meynung daz er andere land vnd sitten auch sehen. erfaren vnd erlernen möcht. vnd sich nit also in seinem eygen heymat verlege. besunder das in frembden landen sein nam vnd sein getaten offenbar vnd erkannt würden. Auff das gieng Tristrant zů dem künig vnd sprach. Herr vnd vatter ich bit mit vndertenigkeit mich eüwer vrlaub haben lassen. auch dartzů helffen mit gesinde. vnd was mir zů solicher reise notturfft sein wirt. wann ich mir fürgenomen hab mit eüwer hilff vnd gunst frembde land zůerfaren. vnd lernen ander sitten vnd geberde so ich von andern landen sagen höre. vnd mein auch das eüch vnd mir solichs wol zetůn sey. vnd bit

hierauff fleislich soliches mir nit abtzůschlahen. sunder mir dartzů
helffen vnd auff das allererst vertigen. wann ich ye hoff vnser beider
nam sol erst recht lautmer durch alle land geoffenbart vnd erkennt
werden.

Die Stelle lautet in *W*:

Wie Herr Tristrant vrlaub begert von seinem Vatter/frembde land zu
besehen.

Als nun Tristrant darzů kam/daß er sich auch in der not etwas leiden
mocht/rhiete jm sein Meister Curneual/daß er vrlaub begeret von
seinem Vatter Ribalin/auff das er andere Land vnd sitten sehen vnd
erfaren möcht/vnd sich nicht also in seinem eigen Vatterland ver-
lege/ sonder daß auch in frembden Landen sein Name vnd seine that
offenbar vnd erkant würden. Auff solches gieng Herr Tristrant zu dem
König seinem Vatter/vnd sprach zu jm: Herr vnd Vatter/ich bitte
euch mit vnderthånigkeit/jr wöllet mir ewer vrlaub geben/auch darzů
helffen mit gesinde/vnd was mir zu solcher reiß notturfftig sein wirt/
dann ich hab mir fürgenomen/mit ewer hilff vnd gunst frembde Land
zu erfaren/vnd andere sitten vnd schöne geberd zu lernen/so ich von
andern Landen sagen höre/vermeine auch daß euch vnd mir solchs
wol zu thon sey. Hierauff bitte ich fleissigklich/mir solchs nicht ab-
zuschlagen/sonder darzů helffen/vnd auffs aller erst abfertigen/dann
ich hoffe je vnser beider Namen soll erst recht durch alle Land laut
bar/offenbar/vnd erkant werden.

Vergleichen wir hiermit das entsprechende Stück unserer Aus-
gabe, so stellt sich heraus, daß die Abweichungen, die nur gra-
phischer Art einmal mitgerechnet, häufiger sind als die Über-
einstimmungen. Die Wörter, die völlig übereinstimmen, sind sel-
ten. Ein Vermerken jeder Varianz hätte darum den Abdruck min-
destens von *W*, praktisch aber auch von $A_2$ verlangt. Abgesehen
davon, daß Pfaffs kritischer Text weitgehend ziemlich getreu $A_2$
folgt, wovon man sich durch einen Vergleich obiger diplomatischer
Abschrift mit seiner Ausgabe überzeugen kann, und darum ein
ziemlich einheitliches Bild dieses Druckes vermittelt, schiene mir
eine solche Genauigkeit übertrieben und der Aufwand von der
Qualität von $A_2$ und *W* her gesehen nicht gerechtfertigt. Dafür
sind nämlich die Varianten, von den in Auswahl vermerkten
abgesehen, nicht wichtig genug und für die Gewinnung einer Vor-
stellung vom ersten, vielleicht noch vor $A_1$ liegenden Prosaroman
(„Proto-Tristrant") sowohl, als auch für die Textkritik zu Eilhart

zu unbedeutend, daß sich von hier aus perfekte Akribie sinnvoll verstehen könnte. So mußte notwendig eine Sichtung der Varianten und Lesarten nach ihrer Wichtigkeit vorgenommen werden.

Als vorrangig unter den Varianten galten diejenigen im Wortgebrauch *darczů warde* in $A_1$ *(ward* in $A_2$) gegen *darzů kam* in *W*. *heymat* $A_1$ und $A_2$ gegen *Vatterland* in *W*. *hůbsch geberd* in $A_1$ gegen *geberde* in $A_2$ und *schőne geberd in W* etc. alle Beispiele Z. 77 ff.

Sie machen den Vorrang von $A_1$ gegenüber allen anderen Drucken aus, weswegen abschließend eine Auswahl aus ihnen zur Erhärtung der Behauptung des höheren Wertes des ältesten Tristrant-Druckes vorgebracht werden soll. Doch zuvor zur Gestaltung des Apparates: Einzelne Varianten, sofern sie sich von der Schreibung her nicht eindeutig als den Lautstand betreffend und nicht vielleicht nur als Schreibvarianten darstellen und sofern sie nicht deutlich Mundarteigentümlichkeiten betreffen, wo Unterschiede zwischen $A_1$ und $A_2$ als zwei bairischen Drucken gar nicht zu erwarten sind und sich auch *W* annähernd dialektgleich zeigt, wurden zweitrangig behandelt. Wie erwähnt, sind es vor allem die Abweichungen im Wortgebrauch und weniger die des Laut- und Formenstandes, die $A_1$ als den ursprünglicheren und besseren Druck ausweisen.

Neben Unterschieden im Wortgebrauch sind es solche der Satzstellung, der Stellung der einzelnen Wörter im Satz, die die Drucke mit kennzeichnen und darum ihre Berücksichtigung finden. Trotz des Gewichtes aber, das ihnen beigemessen wurde, mußte gerade hier bei der beträchtlichen Zahl der Änderungen ausgewählt werden. $A_2$, aber vor allem *W* zeigt sich hierin $A_1$ gegenüber modern. Es ist anzunehmen, daß Eigentümlichkeiten von $A_1$ bezüglich seiner Syntax sich mehr als in $A_2$, aber vor allem *W*, von P, oder sofern es sich als dieses selbst erweisen sollte, von der epischen Vorlage her bestimmen. In allen drei Drucken, vor allem aber in $A_1$, ist die Syntax geprägt – mittelbar oder unmittelbar – von den Erfordernissen der Gestaltung der in Prosa aufgelösten Reimpaardichtung. Ich beabsichtige, dieser Frage in einer zukünftigen eigenen Untersuchung nachzugehen. Dieser und ähnlichen Untersuchungen bzw. deren Prüfung am Text soll jedenfalls die Ausgabe auch genügen können.

Im Apparat tragen die Varianten selbst die ganze Aussage. Es sind im wesentlichen die Prinzipien eines "negativen Apparates", denen gefolgt wurde.

Pfaffs Ausgabe behält als ein wenn auch mit untauglichen Mitteln unternommener Versuch, einen kritischen Text zu erstellen, relativen Wert. Um darum unseren Text mit dem Pfaffschen vergleichbar zu machen, eine Arbeit, um die auch die Eilhartforschung nicht ganz herumkommen wird, wurden Pfaffs Seitenangaben in der Zeile an der Stelle, an der bei ihm die Seite beginnt, vermerkt. Auch die Lichtensteinschen Verszahlen des Eilhart-Tristrant wurden, auf ihre Richtigkeit überprüft, aus Pfaff übernommen. Da Gottfrieds Tristan in einem anderen, parallelen, nicht aber direkten Zusammenhang mit der Eilhartschen und der in den Volksbüchern gegebenen Erzähltradition steht, konnte eine diesbezügliche Kennzeichnung unterbleiben. Verweiszahlen und Apparat wollen der Forschung dienen. Darüber hinaus aber kann der Prosaroman als eine durchaus beachtliche literarische Leistung angesehen und gelesen werden.

Was die literarische Wertung unseres Volksbuches allgemein betrifft, müssen wir uns hier mit wenigen Hinweisen auf die zu diesem Problem recht spärliche Literatur beschränken. Erwähnt seien neben Beiträgen und Artikeln in unseren Literaturgeschichten und Handbüchern u. a. Günther Kröhls in Anm. 1 vermerkte Dissertation, sowie *Wolfgang Golthers, Tristan und Isolde in den Dichtungen des Mittelalters und der Neuzeit*, Leipzig 1907, S. 243–254.

Im folgenden werden einzelnen Stellen des $A_1$-Textes die entsprechenden der beiden in den Apparat gesetzten Drucke gegenübergestellt. Sie sind insgesamt von einer Art, daß sie, eines weiteren Kommentars nicht bedürftig, den Wert des ersten Augsburger Druckes klar zu erweisen vermögen. Schließlich sei auf den im Kapitel „Die Drucke des Prosaromans und Volksbuches von Tristrant und Isalde", Anm. 2, zitierten Aufsatz Fridrich Pfaffs verwiesen, der unserem Unterfangen hier Beispiel und Vorbild ist. Da unser Text selbst die ganze Beweiskraft trägt, können wir uns kürzer fassen, als es an der bezeichneten Stelle geschieht. Es soll aber deshalb nicht ganz auf eine solche Gegenüberstellung verzichtet werden, weil sie vielleicht doch manchem, der den Text, aber nicht auch den Apparat liest, in Kürze und ohne große Umstände einen Eindruck von der Qualität der Drucke und der höheren textkritischen Zuverlässigkeit von $A_1$ vermittelt.

| | $A_1$ | $A_2$ | W |
|---|---|---|---|
| 4387 | von des todes wegen abgangen | verschyden | mit todt abgangen vnd verscheiden |
| 4083 | ameyen | Ameleyen | lieben |
| 4666 | baiß | geyeg | beitzen |
| 3058 | baß | bas | besser |
| 372 | behend | schnell | behend |
| 301 | mit dem *behůb* er dz | mit dem *behůb* er/das | mit dem *erhielt* er/daß |
| 4185 | ist mir nicht bescheiden | ist nit bescheiden | ist mir *vnwissen* |
| 4783 | bringet | ding | ding |
| 2264 | des *busch* | des *laubs* | des *Laubs* |
| 3226 | ende | ende | ort |
| 344 | erb | erbteile | Erb |
| 3167 | erbeisset | erbeisset | arbeitet |
| 622 | erschein | her schyne | erschein |
| 709 | dem *ertöten* wurm | dem *grossen* wurmb | dem *ertödten* Wurm |
| 552 | frawen | weyb | Weib |
| 581 | *freien* vnd entreden | *füren* vnd entreden | außreden |
| 321 | *gancz* auf ein ende | *gantz* auff ein ende | *gantz vnd gar* |
| 196 | gedag | geschweig | geschweige |
| 408 | an galgen *gehenckt* | henckete | an die galgen hencket |
| 4465 | der böß *geist* | der *teüfel* | der böß *Geist* |
| 751 | gelobet | gelobt | verheissen |
| 361 | *gelüppten* sper | *gelüpten* sper | *vergifften* sper |
| 4127 | das jm got geschweich | fehlt in $A_2$ | daß jm Gott schend |
| 3484 | geware | gewar | gemach |
| 292 | gezogenliche | tugentlichen | höflich |
| 1005 | halß | rachen | halß |
| 587 | das *har* käme | das herkäm (!) | das Hare käme |
| 785 | den *helden* | den *helm* | den *Held* |
| 1064 | heymsteüren | haussteüren | heim steuren |
| 174 | hieß | ließ | hiesse |
| 260 | der *hört* | hart | der *sach* |
| 2961 | *hübsch* vnd hopfer | wolkündend | klůg vnd höflich |
| 3564 | schulden *jehen* | schulden *yehen* | schulden *bekennen* |
| 224 | kläglich | klerlich | kläglich |
| 3294 | bis zům *knie* | biß zům *knye* | biß vber die *füß* |

|  | A₁ | A₂ | W |
|---|---|---|---|
| 2156 | als ein *kol* | als ein *kol* | als ein *flamm* |
| 305 | zůkranck | zeschwach | zu *schwach* |
| 3061 | landtsessen | lantsessen | Landtuolck |
| 3330 | luczel | lützel | wenig |
| 1200 | wann jch *meinethalben* thů was | wann ich meine zetůn | dann ich thů meinthalben |
| 660 | jr *not* gelengert | ir *not* gelengert | jr *leben* gelengert |
| 171 | *pfenning* gewinnen | *gelt* gewinnen | *geldt* gewinnen |
| 667 | ward mit in *redhaft* | redet zů yn | ward mit jnen zurede |
| 4289 | reglerin | reglerin | Closterfraw |
| 712 | reychen | reichen | reich machen |
| 203 | *ritter* macht | *ritter* machte | Ritter schlůge |
| 4354 | den *schiersten* | den *schiersten* | den *nechsten* |
| 3382 | schulden | schulden | vrsachen |
| 478 | *segincest* ist mein hauß | *yenßhalb* ist mein hauß | *Segnicest* ist mein hauß |
| 1148 | *stral* der mynn | *stral* der liebe | *pfeil* Cupidinis |
| 2679 | tåding | teding | rachtung |
| 640 | Tantrist | Tristrant (!) | Tantrist |
| 4224 | tumlich | torlich | thôrlich |
| 249 | vaiget | feiget | schlecht |
| 248 | die *vaygen* | die *feigen* | die *hoffertigen* |
| 147 | vast | vast | sehr |
| 1502 | vermailigen | vermeiligen | beflecken |
| 281 | verfing | halff | halffe |
| 4378 | vermaß | vermaß | vnderstůnd |
| 462 | wasserreychen | wässerigen | wåsserigen |
| 577 | widersprechen | widerred | widersprechen |
| 2920 | wolffsegens | wolfsegens | Wolffeisen |
| 4858 | *wurden* zů krieg | *kamen* zů kriege | *wurden* zu vnfriden |
| 488 | zeit | weyl | zeit |
| 3058 | baß *zestatten* | bas *zůuersorgen* | besser zu *versorgen* |

XXV

## VERZEICHNIS DER SUMMARIEN

1. Wie künig Marchs sein schwester Blanceflor vermåhelet dem künig Ribalin von iohnoys . . . . . . . . . . . 7
2. Wie Tristrant erczogen ward . . . . . . . . . . . . 39
3. Hie begert Tristrant vrlaub von seinem vatter . . . . 77
4. Wie Tristrant zoch in kurnewelisch lant . . . . . . . 97
5. Wie Morholt von jrlannd von dem künig Marchssen czinß vorderet . . . . . . . . . . . . . . . . . . . . . 142
6. Wie Tristrant ritter gemacht ward. vnnd sich verwilliget mit Morcholten zů vechten . . . . . . . . . . . . . 175
7. Hie vacht herr Tristrant sein erstes vechten . . . . . . 319
8. Wye dye schőn Ysalde jren őhem den totten Morholten hinweg fůret . . . . . . . . . . . . . . . . . . . 380
9. Wie her Tristrant ein heüslin gebawt ward verr von den leüten. Wie er darnach wegk fůr. vnnd wie jm geholffen ward . . . . . . . . . . . . . . . . . . . . . . 419
10. Wie her Tristrant dem küng von jrland speis schicket vnd das land erlediget von hungers nott . . . . . . . . 494
11. Wie her Tristrandt wider heym kam vnd empfangen ward 528
12. Wie her Tristrant nach der frawen fůr. vnd wie jm auff der raiß gelange . . . . . . . . . . . . . . . . . . 590
13. Wie herr Tristrant ein serpant erschlůg. vnd wie jm gelang 662
14. Wye sich des künges trucksåß berůmet er het den wurm erschlagen . . . . . . . . . . . . . . . . . . . . 703
15. Wie fraw Ysalde herren Tristrant vand ligend bey einem brunnen. vnd wie es jm darnach ergieng . . . . . . . 762
16. Her tristrant sol siczen in einem wannen bad. vnd die schőn ysalde vor jm steen mit dem blossen schwert. aufgeczogen als ob sy in tőten wőll. vnd die junckfraw brangel von verren zů geen mit der geperde als ob sy jm helffen wőll 848
17. Wie der truchseß sein manlich tat solt beweißt haben. wie

er überwunden wart. Vnd der künig gab Tristranden die
schön ysalden . . . . . . . . . . . . . . . . . . 957
18. Wie her tristrant die schön ysalde mit jm wegfůrt. vnnd
wie es in auf dem weg ergieng . . . . . . . . . . 1041
19. Wie sy zesamen kamen vnnd der gar strengen not eyn
teyle entbunden wurden . . . . . . . . . . . . . 1262
20. Wie tristrant vnd die schön ysald bei einander siczen vnd
jr liebe gegen einander freündtlichen offenbarten . . . 1298
21. Wie fraw ysalde brangeln bat. dem künig der erste nacht
bey ligen . . . . . . . . . . . . . . . . . . . . 1328
22. Wie küng Marchs der braute entgegen raite. von jrem bey-
ligen. vnd wie der künig. der ersten nacht betrogen ward 1399
23. Wie die künigin jr getrewe Brangel schůff czů tödten. vnnd
doch nicht geschahe . . . . . . . . . . . . . . . 1446
24. Wie die küngin vnd brangel wider freünt wurden. Auch
wie Tristrant ser gegen dem küng versagt ward . . . 1541
25. Wye herrn Tristranten der hoff versagt warde . . . . 1665
26. Wie tristrant vnd die küngin zesamen giengen des nachtes
in den baumgarten. vnd wie in der küng heimlich auffwar-
tet in der linden . . . . . . . . . . . . . . . . . 1741
27. Wie der küng vnnd das gezwerglin in der linden sassen vnd
der künigin vnd her tristranden auf sahen . . . . . 1797
28. Wie der küng die künigin vnd auch brangeln bat mit gros-
ser bet das sy her tristranden wider an den hoff bråchten 1892
29. Wie Auctrat vnd dz twergel Tristranten vnd die küngin
verrieten in den tode . . . . . . . . . . . . . . . 2011
30. Wie herr Tristrant vnd dye küngin verurteilt wurden zů
dem tode . . . . . . . . . . . . . . . . . . . . 2120
31. Wye herr Tristrant außgefůret ward . . . . . . . . 2164
32. Wie her Tristrant daruon kam. vnd doch on die künigin
nicht daruon wolt . . . . . . . . . . . . . . . . 2210
33. Wie der siech herczog die künigin wegkfůrt. vnd wie jm
die her Tristrant wider nam. vnd selbs mit jm fůrt . . 2318
34. Wie her Tristrant die künigin daruon pracht. wahin sy
kamen. vnd ettliche zeit bey einander waren. vnd wie es
jnen ergienge . . . . . . . . . . . . . . . . . . 2375
35. Wie ein jåger hern tristranden vnd die künigin schlaffendt

|     | bey einander fand. vnd den künig marchsen auch darfůrt. vnd wie es darnach ergieng . . . . . . . . . . | 2486 |
| --- | --- | --- |
| 36. | Wie her tristrant dem künig den brieff selbs bracht. Vnnd wie er die frawen widergabe . . . . . . . . . . . . | 2630 |
| 37. | Wie Tristrant gen Britania kam an küng Artus hof. vnd wie es jm ergienge jm jaghauß bei küng Marchs . . . | 2764 |
| 38. | Wie her Tristrant von künig artus abschied. vnd kam in das land kareches . . . . . . . . . . . . . . . . | 3005 |
| 39. | Wie herr Tristrant kam zů dem künig Hawbalin von Carechs. Wie er mit graff Ryolin streit. vnd wye es jm ergieng | 3125 |
| 40. | Abentewer von dem grossen streytt herr Tristrants vnd Ryols . . . . . . . . . . . . . . . . . . . . | 3249 |
| 41. | Wie herr Tristrant des künigs tochter nam. vnd wie es fürbas ergieng . . . . . . . . . . . . . . . . . | 3307 |
| 42. | Wye die künigin mit dem hündlin kam zů dem dorn. darinnen her tristrant vnd Cainis waren . . . . . . . . . | 3419 |
| 43. | Hie kommbt die künigin zů dem doren . . . . . . . | 3544 |
| 44. | Wie die künigin herren Tristrant zů verstan gab. wo er zů nachte zů jr kommen sollt . . . . . . . . . . . . | 3592 |
| 45. | Wie herr Caynis do zů nacht gelang mit der schönen Gymellen . . . . . . . . . . . . . . . . . . . . | 3655 |
| 46. | Wie herr Tristrant gen dem küng versagt ward vnd wie sere sy zürnet . . . . . . . . . . . . . . . . . | 3761 |
| 47. | Wie her tristrant für die künigin kam. als ein außmerckiger vnd wie sy in erkannt . . . . . . . . . . . . | 3827 |
| 48. | Wie die künigin herren tristranden huld bitten ließ. vnd wie er jr die gabe . . . . . . . . . . . . . . . | 3898 |
| 49. | Wie herr Tristrant zů der küngin kam. vnd wie es jm do ergienge . . . . . . . . . . . . . . . . . . . | 4066 |
| 50. | Wie die küngin herr tristranten zůsprach. wo er sy der nachte vinden möcht . . . . . . . . . . . . . . | 4124 |
| 51. | Wie es herr Tristranten ergieng. vnd wie er dauon kam | 4189 |
| 52. | Wie her Cainis mit der künigin Gardeloye redhafft ist worden . . . . . . . . . . . . . . . . . . . . | 4266 |
| 53. | Wie her Tristrant her Cainis riet schlüssel zemachen . | 4334 |
| 54. | Wie herren tristrant botschafft kam. das sein vater tod wår. vnd das er solt heym ziehen. vnd das lant einnemen | 4382 |
| 55. | Wie her tristrant in Curnewalisch zoch. ee er heym gen |     |

johnoys rait. vnnd das küngkreich einnam. auch wie es jm
ergienng. ee er wider auß dem land kam . . . . . . 4425
56. Mit wellichen listen dye küngin herr Tristrant zů hilff
kam. das man nicht mer nach sůchet . . . . . . . 4509
57. Wie herr Tristrant gen johnois zoch. vnd wie graff Ryolin
dye weil das land Carechs aber verhergett vnnd verwůstet 4619
58. Wie her tristrant zů der künigin kam. in einem narren
küttel. vnd wie es jm ergienge . . . . . . . . . . . 4693
59. Wie her Cainis zů der küngin Gardeloy kam. wie er dar-
umbe erschlagen ward. vnnd her Trisant wund in den tode 4870
60. Wie herr Caynis erschlagen warde. vnd herr Tristrant ser
verwundett heym gefůrt . . . . . . . . . . . . . 4951
61. Wie die küngin eylend kam gen Carechs vnd doch ee sy
gar dar kam herr Tristrant tod was . . . . . . . . 5029
62. Wie die schön küngin Ysalde bey herr Tristrant starb.
vnd wye sy beyde in ein sarch gelegt wurden . . . . 5087
63. Wie künig Marchssen die laidigen måre verkündet wurden.
vnd wie er sy beyde also tod mit jm heym fůret . . . 5130

*Die folgenden Abbildungen zeigen Seiten aus dem Augsburger Druck
vom Jahre 1484. Für die Druckerlaubnis danken wir der Stiftung
Preussischer Kulturbesitz, Depot der Staatsbibliothek, Tübingen.*

Wie künig Marchs sein schwe
ster Blanceflor vermähelet dē
künig Ribalin von iohnoys

Es was ein künig mit namen
künig Marchs vō kunewal.
der selb het ettwe lang vnnd
groß kriege wider den künig
von schotten. Als das nun gar lanng ge
weret het. kam künig Ribalin von ioh-
noys mit grosser machte zehilff künig
marchsen. vnnd dienet dem so gar wol.
vñ so lang. biß das vrleüg gestilt ward

wolt er sy mit gewalte nemen die knaben müßten sein aigen sein vñ die maid wolt er daheym in das offen frawhauß thůn das sy jm pfenning gewinnen sölten hört wie ein schäntliche vnbeschaydene botschafft das võ einem küng was Vnd der er sich billicher geschampt het zů gedenncken denn das er es überlawte hieß außrüffen

¶ Abenteür Wie Tristrant ritter gemacht ward vnnd sich verwilliget mit Morcholten zů vechten

Jn dem kamen sein botē zů kű∕
nig Marchs· vnd sagten jm
die botschafft·der er ser erschra
cke· vnd klaget das heimlichē
in seinem hertzen gott dem almächtigen
vnd gab nit antwurt darauff· dann Er
schreib vnd schickt auß in alle seine lant
all fürsten vnd herrn·das die zů angesi∕
chte des brieffs zehoff kämen·vnnd sich
nichs darjnn jrren liessen·wann er jr tzů
not bedörft Dieweil söliches schreyben
gethan vnd außgesant wurden·beriete
sich Tristrant mit seinem meister Cur∕
newal·den kampff selbs zeuechten· vnd
vermainet das an den künig zů begeren·
aber Curnewal widerriet jm das. vñ mei
net er wär der jar zů jung· vnd ð krefftt
zeklein·wið einen so grossen starckē mā
Aber Tristrant schätzt sich nicht mynð
an ð sterck dann Morholt was·vñ bat
hierauf mit allem fleiß·jm sein fürnēmē
nicht abschlagen·Sunder dartzů helffen

Sy schüff daz man die leichnam beyd in einen kostlichen vnd herlichē sarch machen solt. vnnd gab darzů grossen hord von gold vnd silber vnd aller reichheit

⸿ Wie künig Marchssen die laidigen märe verkündet wurden. vnd wie er sy beyde also tod mit jm heym füret.

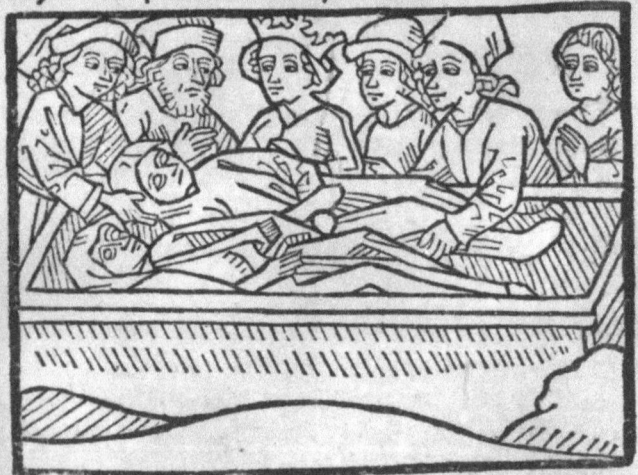

⸿ Darnach über vnlang wurdent dyse geschicht enboten künig Marchssen In Curnewalisch land der des on massen sere erschrack. het auch nit mymmer klage

⊄ Hienach volget die histori von herren Tristrant vnd
der schönen Jsalden von irlannde / weliche histori
einer vorrede wol würdige wåre / vnd doch vnnutz /
dann die lesenden vnnd zůhörenden / in langen vor-
5 reden verdriessen nemend Darumb sag ich die histori
auff das kürtzt / die also lawt


⊄ [1|54] Wie künig Marchs sein schwester Blanceflor
vermåhelet dem künig Ribalin von iohnoys.

*Holzschnitt: Ribalin wird mit Blanceflor vermählt*

Es was ein künig mit namen künig Marchs von kurnewal.
10 der selb het ettwe lang vnnd groß kriege wider den künig
von schotten. Als das nun gar lannng geweret het. kam künig
Ribalin von johnoys mit grosser machte czehilff künig march-
sen. vnnd dienet dem so gar wol. vnd so lang. biß das vrleüg
gestilt ward Auch liebet den selben Ribalin das wesen der
15 enden vast wol. vnnd baß dann anderen enden. wenn der
künig het gar ein schöne schwester hübsch vnnd gancz on
allen wandel mit namen Blanceflor. gegen der warde ribalin

*Einleitung in A.:* Hye hebt sich an die hystory herren Tristrants vnd
der schenen ysalden. wellich histori gar kurtzweilig zulesen ist.

*Einleitung in W.:* Herr Tristrant. Eine Wunderbarliche vnd fast
lustige Histori von Herr Tristrant / vnd der schönen Jsalden / des Königs
von Jrland Tochter / mit was freuden / auch not vnd gefahr / sie jr lieb
volbracht / vnd wie traurigklich sie die selben geendet haben / so wol
einer schönen Tragedi ist zu vergleichen / Auß Frantzösischer Sprach
verteutschet / vnd mit schönen Figuren gezieret / frembd vnd kurtz-
weilig zu lesen vnd zu hören.

9 *Eigentlich* kunewal (!)
10 selbig A. der hette W.
   lang grosse W.
11 nun lang W. het / da kam W.
13 vnd dienet als gar wol A.
   biß der krieg W.
14 Auch gefiele dem W.
   das wesen daselbst wol / W.
16 Schwester / mit namen
   Blanceflor / W.

1

in lieb inprinstigklich entzündet. vnnd hůb an sy lieb zů
haben. deßgeleichen sy in hinwiderumb doch heimlich jm vnd
20 aller mengklich vnwissendt. yedoch mercket vnnd verstůnd
ribalin in jm selbs. das sõlich sein lieb. gegen jr nicht vmb-
sunst. sunder eyn widergeltenn da wåre. was jm vrsache
sein wesen da czů beleiben so lenngest er mochte. [2|85] Er
was auch in allen geschåfften vnd hendlen deßter fleissiger.
25 darmit er jm den künig gancz willig vnd günnstig machet.
dann kurcz. er schůffe es alles wol. das er die junckfrauen
erwarb vnd jm der künig die mit gůtem willen eelichen ge-
mahelt. Vnnd nach jr beider beyligen gestůnd es vnlanng
die fraw ward schwanger. Ribalin ward mit seinem schwager
30 künig marchsen überain Sein frawen mit jm heim zefüren
in sein künigreich johnoys. das ward jm also verginstet. Als
sy nun auf den see kamen vnd durch vngeuert lang faren
můsten nåhnet die fraw zů der gepurd vnd warde jr also
wee dz sy nicht genesen mocht vnd starb. Do ward von dem
35 todten leibe ein kind geschnitten. vnd bey dem leben be-
halten. das selb kindt seydher wůchs. vnd ward auch ein
manlicher teürer heldt genennt Tristrant. von dem die
histori sagt vnd erhaben ist.

Abenteür. Wie Tristrant erczogen ward.

*Holzschnitt: Geburt Tristrants auf dem Schiff*

40 ℂ Was grosser klag vnd traurikeyt do ward von dem künig.
seiner ritterschafft. vnd allem volck. so bei jm wz. wår

18 inn liebe entzündet / W. vnd hůb sy an lieb haben. A.
23 so lang er mõcht. A.
24 hendeln vnd geschäften A.
26 er hielt sich so wol / W.
27 *Nach* gemahelt *Üs. in W.*: Wie Tristrant auff dem See geporen / vnd bey seinem Vatter am Hofe erzogen ward.
28 nitt lang A.
32 durch vngewitter lang W.
36 Kind wůchs hernach / W.
38 Histori sagt. Was grosser klag W. *Keine Üs. in W.*
41 wer vil dauon zu sagen / W.

wunder von zů sagen. dann ein yeglicher der war recht lieb
versůcht hat. erkennt auch wol wz groß laid vnd vnseglich
schmerczen nachuolgen. darumb wil jch nicht weiter dauon
45 reden. wenn es geet ye nach sůß saur das sicht man ge-
meinklich in allen dingen Also ward auch dem künig Ribalin
sein freünd gar bald verwandelt in betrůbtnuß. vmb seiner
frawen tode. yedoch so ward die klag vmb grosses laid ver-
mischet [3|120] vnd ain teyl gestillet. Do jm got der herr
50 das kind bey leben ließ. das fůrte er mit jm heym zů land.
gabe das ze pflegen den ammen. die sein pflegeten vnd
warteten. als kinden notturfftig ist. vnd künigklicher art
zůgehôret. so lang biß er darczů ward bůcher czů lernen.
Vnd ward jm zůgeben ein meister der geschrift vnd aller
55 ander behendikeit. mit namen kurneual. alls in der der
bůcher vnderrichtet hett. lernet er in darnach behendigkeit.
vnd geradigkeit mit ringen. laufen springen. stainwerffen. den
schafft schiessen. mit dem sper. auch mit dem schwert. Auch
alles anders was czů der ritterschafft gehôret. Er lernet auch
60 darbei milt sein vnd warhafft. was er geredt vnnd gehießs das
er der keines nymmer verpråch. wenn wo er mit wercken oder
worten die er gehießs oder verheyssen hette. sich vergåsse vnd
deren mit nicht hielt. So wurd er bald got vnd der welte
vnmår. er beualch jm auch in besunder all frawen eren. vnnd
65 denen zů dienen mit leib vnd gůt. vnd kurcz zesagen. Er
keret allen fleiß für. erzoch vnd hielt in. jn ůbung zů allen

42 wann ein A. der der ware
lieb A.
43 leids vnd schmertzen W.
45 reden es geet A.
47 in leid verwandelt / W.
48 yedoch ward A.
50 Kind leben ließ / W.
51 vnd gab es den ammen zů
pflegen. A. gab das den
Ammen zu pflegen vnd
sein zu warten / W.
52 als kinden gebürt. A.
53 biß er zu der vernunfft kam
in bůchern zu lernen / W.

55 genannt Kurneual. A.
58 sper. vnd schwert A.
59 alles was A.
60 verhieß A.
61 worten oder werken A.
62 worten / die er verheissen
het / sich W. verhieß oder
verheissen het A.
64 auch in sunderheyt A. auch
in sonderheit W.
65 vnd von kurtzweil zu sagen
mit züchten. W.

tugenden. Der jung herr hůbe an dem meyster nach zů
volgen. in allem. so er in gelernen kund vnd mocht vnd
wůchs auch vast in tugenden vnd anderen gůten wercken
70 vnd siten. so künigklicher art zůgepüret. vnd beywesen sol.
mit milt monheyt. getreü.ståt. warhafft vnd beschaiden.
Also das niemant wandel noch mißuallen an jm. geprůfen
noch gemercken kunt. Darzů het jm die natur einen er-
wünschten leib geformirt vnd gepildet. nach aller lidmaß
75 gana vnstråffelich nichez an jm vergessen. vnd was auch
wolgeuellig yederman an zů sehen.


ℂ [4|185] Hie begert Tristrant vrlaub von seinem
vatter

*Holzschnitt: Tristrant vor seinem Vater*

ℂ Als nun Tristrant darczů warde das er in hertt vnd nott
80 sich auch geleyden mocht. Riet jm sein meyster kurnewal.
das er vrlaub begert von dem herren seynem vatter Ribalin.
auf mainung dz er andre land vnnd sitten auch sehen. erfaren.
vnd erlernen möchte. vnd sich nitt also in seinem aygen
heymat verlåge. besunder das in fremden landen. sein namen
85 vnd sein gethat offenbar vnd erkennet wurden. Auff das
gieng Tristrant zů dem künig vnd sprach. Herr vnd vater
bitt mit vndertenigkeit. mich ewer vrlaube haben lassen.

68 allem dem so er A.
70 art wol anstehen / W.
    zů gehöret vnd gebürt vnd
    beweysen (!) soll A.
72 einiches mißfallen W.
74 geformieret / nach W. glid-
    maß A.
75 nichß nit vergessen an
    jm. A.
77 *Üs. in W.*: Wie Herr Tri-
    strant vrlaub begert von
    seinem Vatter/frembde land
    zu besehen.

79 darzů kam / W. er sich auch
    in der not etwas leiden W.
82 auff das er W. sitten sehen
    vnd erfaren möcht / W.
83 eigen Vatterland W.
84 sonder daß auch in W. sein
    nam vnd sein getaten A.
    sein Name vnd seine that W.
85 Auff solches W.
86 König seinem Vatter / W.
87 ich bit A. ich bitte euch W.
    vnderthånigkeit / jr wöllet
    mir ewer vrlaub geben / W.

4

auch darzů helffen mit gesinde. vnd wz mir zů sólicher raiß
noturfft sein wirt. wenn jch mir fürgenommen hab mit ewr
90 hilf vnd gunst fremde lant zů erfaren vnd lernen ander
siten vnd hůbsch geberd so jch von andern landen sagen hór.
vnd main auch dz. euch vnd mir wol zetůn sey. vnd bit
hierauf fleissiklich mir sólchs nit abschlahen. sunder mir
darzů helffer vnd auf dz aller erst vertigen. wenn jch ye hoff
95 vnser beider namen sol erst recht lautmer durch alle lant
geoffenbart vnd erkant werden

℃   Wie Tristrant zoch in kurnewelisch lant.

*Holzschnitt: Tristrants Ausfahrt*

℃ Do der küng erhort dz fürnemen seines suns geuiel jm dz
100 wol vnd antwurt das er sólichs zů gůt aufnåm. dz er sich so
junge in andre lant zefaren geben wolt darzů [5|228] wolt er
våterlich helffen mit aller kost vnd zerung so er bedórfft.
Vnd schůff bald mit seinem hofmeister. wz kurneual eruor-
dert vnd haben wollt. nichcz hierjnn außgeschaiden. solt
105 man jm nach dem aller besten vnd reichlichisten geben. daz
ward also verpracht. Es wurden auch besunder geladen
zwen saum mit golt silber. vnd der aller kostlichesten klaider.
Curneual name im hof zwen junckherren vnd acht knaben
edler gepurd Als er nun zůgericht vnd gancz gefertigt ward.
name er vrlaube von dem künig vnd seinem vatter. vnd von
110 allem hoffgesind. der künig gab jm våterlichen segen.
beualch in got dem allmechtigen vnd marie seiner můter.

91 vnd geberde so ich A.
92 vnd mir solichs wol A.
93 soliches mir A. sonder darzů helffen/vnd auffs aller erst abfertigen/W.
95 durch alle Land lautbar/ offenbar/vnd erkant werden. W.
97 Wie herr Tristrant A. *Üs. in W.*: Wie Herr Tristrant mit seinem Heer inn Curnewelisch land fůre.
99 vnd sprach es gefiele jm/W. das solichs A.
102 Curneual von ym A.
105 volbracht. A.
110 *In $A_1$ nur* se *statt* segen *an der Zeilenwende.*
111 allmechtigen. Marie seiner A.

5

auch in grosser er seinem meyster curneual. also fůr dz klein
hŏre von johnoys über mŏr in curnewelisch lant Als sy nun
schier zů land kamen bat Tristrant seyn diener. das sy nit
115 sagten wer er wår oder von wann. noch sein geschlecht mit
ainicherley offenbaren. vnd tet dz auß listikeyt. mit den
worten giengen sy von dem schif vnd sassen auf jre pferd.
reytent in künig marchsen hof. do ward tristrant gar erlich
empfangen. der gnadet dem künig vnd begeret betlich. ob
120 er sein gerůcht vnd czů diener haben wŏlt. vmb des willen
er dann dar kommen wår. auch sunst kein herren weste dem
er für in dienen wŏlt. wenn er souil zucht vnd er von jm vnd
seinem hof gehŏrt het. darumb er in für all ander herren
hett für genommen jm zů dienen. sŏlchs erpieten der künig
125 in grossem geuallen aufnam vnd saget jm zů. daz er in zů
hofgesind geren haben wŏlt. Hierauf ward berůfft ein herzog
[6|300] mit namen Thinas der wz des küngs truchseß. der
selb wz treü vnd gancz frumm. vnd wz in dem künigklichen
hof zetůn wz můst alles durch sein geschåfft geschehen dem
130 warde Tristrannt beuolhen. das er den hinfüran in seiner achte
vnnd sorgueltigkeit haben sŏlte. der benanndt herczog Thi-
nas nam den jungen herren in sein pfleg. vnnd hielte den mit
allen dingen vnnd mit sŏlichem großen fleiß. als ob er sein
leiplich kind wåre. er batt auch alles hofgesint. das sy
135 tristrantem vor augen hielten vnd jm dienten. als jrem
aigen herren. sŏlliches kundt auch Tristrant vmb sy alle
beschulden. das in yederman geweret. lieb vnd schon het.
wenn er fleisset sich aller tugent vnd frümkeyt Also was er

112 er *konjiziert, in* $A_1$ d' heit
Auch seinem Meister Cur-
neaul in grosse hůt. W.
auch ere seinem A.
115 von wannen. A.
118 ward her Tristrant eerlich
empfangen. Er A.
119 begert/ob er sein bedŏrfft/
W.
120 sein bedŏrfft vnd yn zů eim
diener haben A. darumb er
komen were/W.

125 wolgefallen A.
126 warde geforderet A.
128 getreü A. was an A.
129 sein heyssen A.
131 genannt A.
132 behielt A.
134 sy herr Tristranten A.
137 yederman eret schon vnd
lieb het. A. jederman werdt/
lieb vnd schon hielte/W.

ein zeit in des küniges hof das in bedauchte er wåre nun
140 wol darzů das er ritter werden mŏcht. vnd man jm das
schwert geben sŏllt. als auch das kurczlichen geschahe.


⊂   Abentewr. Wie Morholt von jrlannd von dem
künig Marchssen czinß vorderet

*Holzschnitt: Ein Bote vor Marchs und Tristrant*

Nun wz ein helt in jrlannt mit namen Morholt der wz gar ein
145 starck man. vnd hette allein vier mannes sterck. Der künig
von jrlannd hett sein schwester. der hielt in also bey jm.
wenn er was jm vast nucz. vnd bezwang mit seiner manheit
alle die land. so vmb jrlant gelegen waren. daz jm die můsten
zinß geben biß an Curnewalisch land. da eruorderet er auch
150 manigualt von. Aber künig Marchs. hett sich des allezeit
auffgehalten vnd widerstand getan. [7|374] Do aber Morholt
dz sahe beschwåret er sich darumb. vnd meint sich selbs
deßt ringer vnd leichter sein. an seinen wirden vnd eren. ob
er jm dz land nit auch vndertenig macht. vnd schwůr darauf
155 ein herfart. er wŏlt den leib verliesen oder das land bezwin-
gen. Er nam mit jm ein groß hŏr vnd für hinweg. Als er nun
über mŏre kam. beschicket er künig marchsen vnd enbot
jm. er solt jm den zinß schicken den er xv. jar durch sein
stoltheit türstiklich versessen het. auch hieß er jm sagen. ob

139 ein zeitlang W. an des
    künigs A. gedaucht A.
140 dar zu geschickt / daß er W.
141 auch kürtzlich A.
143 Üs. i. A. erst 151 (nach getan).
144 Zv der zeit war W.
145 het wol vier A.
147 sehr nutz / W.
148 die land die vmb A.
149 dauon er auch manich mal
    fordert / W. den erfordert er
    auch manigfelt von künig
    Marchssen. Aber er het sich
    A.

150 alle zeit enthalten vnd ym A.
151 Da aber Morholdt solches
    vername / W.
152 schwůr (!) darumb A.
156 für über meer. er embot
    künig marchssen ym den
    zinß zegeben A.
158 durch stoltzheit tŏrstigk-
    lich het versessen. A. durch
    sein stoltzheit vbermŭtig-
    lich versessen het. W.
159 ob yendert einer were der
    von adel als frey wer als
    er A.

160 er yendert ain man het der in allein tôrst besteen. vnd der
von adel als frey wår als er. mit dem wolt er fechten. gesigt
er dem selben an dz jm denn küng marchs solte vndertenig
sein. gesiget jm aber diser an so solt er küng marchsen frei
vnd füran vnbezwungen lassen. doch zůuoran. wolt er den
165 zinß oder tribut haben. vnd schůf dem king zesagen. wz
er doch zů zinß begert. vor allen dingen wolt er haben alle
die da wåren bey xv. jar alt knaben vnd maid. wolt er jm
die geben wår gůt. wôlt er aber nit so wolt er sy mit gewalte
nemen. die knaben můßten sein aigen sein. vnd die maid
170 wolt er daheym in das offen frawhauß thůn das sy jm
pfenning gewinnen sôltten. hôrt wie ein schåntliche vnbe-
schaydene botschafft das von einem küng was Vnd der er
sich billicher geschampt het zů gedenncken. denn das er es
überlawte hieß außrůffen.

    Abenteür. Wie Tristrant ritter gemacht ward. vnnd
sich verwilliget mit Morcholten zů vechten.

*Holzschnitt: Tristrant erhält den Ritterschlag*

[8|443] In dem kamen sein boten zů künig Marchs. vnd
sagten jm die botschafft. der er ser erschracke. vnd klaget
das heimlichen in seinem herczen gott dem almåchtigen vnd
180 gab nit antwurt darauff. dann Er schreib vnd schickt auß
in alle seine lant all fürsten vnd herrn. das die zů angesichte
des brieffs zehoff kåmen. vnnd sich nichs darjnn jrren
liessen. wann er jr czů not bedôrft. Dieweil sôliches schreyben
gethan vnd außgesant wurden. beriete sich Tristrant mit sei-
185 nem meister Curnewal. den kampff selbs zeuechten. vnd ver-

| | |
|---|---|
| 162 er ym ab das er ym dann vndertenig wer. A. | 171 gelt gewinnen A. geldt gewinnen W. |
| 163 er yn vngetzwungen A. | 174 ließ ausrůffen. A. *Nach außrůffen keine Üs. in W., erst 183 nach* bedôrft |
| 164 doch wôlt A. | |
| 165 vnd hieß dem Kônig sagen/W. | |
| | 181 sy in angesicht brieffs A. |
| 166 alle die die do A. | 183 Die weil solichs getone vnd ausgericht ward. A. |
| 167 Vnd meidlin A. | |
| 169 die meidlin A. | 185 selbs zu thon/W. |

mainet des an den künig zů begeren. aber curnewal widerriet
jm das. vnd meinet er wår der jar zů jung. vnd der krefftt
zeklein. wider einen so grossen starcken man. Aber Tristrant
schåczt sich nicht mynder an der sterck dann Morholt was.
190 vnd bat hierauf mit allem fleiß. jm sein fürnemen nicht
abschlagen. Sunder darczů helffen vnd fleiß thůn damit jm
der kampff erlaubt wurd. Er sagt jm auch dabej wie er sich
wol verstůnde. das man keynen fund der sich der sach
vndersteen wurd solt Morholt dann vngestriten hinweg
195 ziehen wår dem küngklichen hoff vnd vns allen schand vnd
vnere. jch gedag des schaden den wir vnd das gancz land
enpfahen wurden. Darumb verman jch dich Ob du mir
anderst eren vnd gůtes günnest So wer mir disen kampff nit
zů fechten. Antwurt kurnewal. Das kein man nie wurd dem
200 er souil eren vnd gůtes gunde als jm. vnd dem er gerner
darzů helffen wolt. Vnd seyd er dann ye vechten wolt. wår
sein meinung das er den künige vor gebeten het. das er in
ritter macht [9|496] so möcht er dester bas mit grössern eren
vechten. des rates ward also veruolget wann er seines
205 meisters rat nie veracht Hierauf gieng Tristrant zů herczo-
gen thinas. dem er vom küng beuolhen warde vnd saget
dem sőllichs sein fürnemen der ritterschafft halben. vnd
verhal den streit das geuiel dem herczog wol. gieng mitt jm
zů dem küng. vnd baten beyd mit grosser bet. das er Trist-
210 rant ritter machet Sőllichs aber der künig jm gern abge-
schlagen vnd das er noch das jar verzuge het. wann er noch

186 an den künig zů bringen. A.
188 so starcken Mann/W.
195 vneer vnd schande. ich geschweig A. ein schande/ ich geschweige W.
201 des helffen wőlte. So er aber ye vechten wőlt A. dieweil er aber je fechten wolt/W.
202 vor bete A.
203 zu Ritter schlůge/W. ehren kempffen. W.
204 Tristrant folget disem rath/ vnd gieng hierauff zu Hertzog Thinas/W.
208 verhale den kampff/W.
209 beid/daß W.
210 zu Ritter schlůge. W. zů ritter schlůg. A. Der Kőnig het es jm aber gern abgeschlagen vnd seiner jugent halb noch ein jar verzogen. W.
211 das iare vertzogen het. A.

zů jung wår. aber tristrant bat so mit grossem ernst das in
der künig nit lenger verziehen mocht. Sunder er macht in
ritter vnd .lx. ander junckherrn mit jm. Dz alles geschahe
215 in siben tagen. In der zeit warn nun etlich fürsten vnd
herrn zů hoff kommen. Rait herr Tristrant mit seinen schilt
geferten auch dar Vnd als er da gesehen ward. ward er für
all ander ser gelobet vnd gebreißt in allen seinen hendeln.
vnd als er vernam dz er fürgenommen vnd gebreißt warde
220 für ander. gab jm mer vnd mer vrsache czů kůnheit. vnd
ward dardurch ser gesterckt vnd gereyczt zů manheyt.
Als nun die herrn vnd ritterschafft all zů hoff kamen sagt
in der künig die botschafftt so jm morholt gethan het. leget
in die klåglich für. vnd begeret darauff ratt wie er sich vnd
225 sy mit jm darjnn halten solten nach dem nuczlichesten.
wolte er gern verfolgen. vnd das sy darauf [10|547] giengen
ob man niendert vnder in allen einen vinden möcht der
morholten allein wölt besteen. Darauff giengen sy zerat
nahend ein ganczen tag vnd kunden vnder in allen keinen
230 do vinden der sichs wolt oder getörst an nemen. jnnen des
gieng herr tristrant zů in in den rat vnd fragt wz die sach
wårn. darjnn sy so lang rat heten dz ward jm alles gesagt.
Antwurt er. Es seind doch vil stolczer ritter hie auß den
allen sich es pillich einer an nåm. ob aber keiner vnder in
235 ist. So will jch mich willigklich von vnser aller wegen dareyn
geben vnd bit eüch all mir beholffen seyn gegen dem künig.
das mir der streit werde erlaubt. das gelobten sy jm all.
doch rieten sy jm er solt sich vor wol bedencken vnd sichs
nit so gar liederlich an nemen er wår vast jung vnnd vnerfarn.

212 aber sie baten mit W.
213 schlůg jn zu Ritter / W.
215 vil fürsten A.
216 gen hoff A.
220 mer vnd ye mer A.
222 gen hoff A.
224 klerlich (!) für. A. rhats / was jm vnd jnen zum nützlichsten hierin zu thon were / dem wolt er gern folgen / vnd daß sie darnach sehen / ob man jergents W.
229 keinen vinden A.
230 Des ward Herr Tristrant jnnen / vnd gieng W.
232 damit sy so A.
234 vnder eüch ist A.
236 bitt euch all mir bey dem Kőnig zu erlangen / daß W.
239 vnd noch vnerfaren. A.

240 Aber Morholt wår sollicher krefft vnd manheit das keiner
nie gesehen wår der sich jm geleichen mocht. Darumb
woltent sy es nit raten. Aber herr Tristrant aller vorcht vnd
zagheyt frey. antwurt auß manlichem herczen vnd sprach.
Jch getrau eüch. wol. vnd bitt eüch betlich Jr helffent das mir
245 der streit vergünt werd wann jch hoff vnd getrau jch wol
vns allen ere vnd syg erfechten. wer wayßt ob mir got vil-
leicht des sigs vergan. wenn er doch ye dem rechten do
beistendig ist vnd die vaygen mit jr aigen boßheit vnd
vnrecht vaiget. So weißt auch got. dz jch von gerechtikeit
250 wegen vechter sein will. mich vnd vns all von vngerechtikeit
vnd fromder ansůchung gern retten vnd frey machen
wolt mit gotlicher hilf on des trost vnd [11|580] geding laß
jch als mein heil vnd trau sein genaden er helffe mir das
vnrecht vndertrucken. Do die herrn solich sein manheit
255 vnd ernst horten vnd sahen. wurden sy also fro. yedoch wz
in schwår. solich groß sach an einen so jungen ritter zů
lassen. der gegen Morholt eyn kind zeschåczen wz. Aber
herr tristrantt gab in gůten trost. dardurch sy all wurden
gestercht. vnd vermant sy hierauf czů dem küng zegeen.
260 dem sagen. dz sy einen vnder in heten der sich der hort
wider morholten angenommen het. Sj solten in aber nit
nennen. bis der künig gelobet. in den streit zefechten mit
dem giengen sy all zům künige. vnd sagten jm die botschaft.
der ward er gar ser erfreüt. vnd sprach. Wer ist der riter

240 das keiner nye würd ge-
sehen. A. daß seines glei-
chen nie gesehen were / W.
241 darumb rieten sy ym sein
müssig zugeen. A.
244 daß mir der kampff zuge-
lassen werde / W.
245 ich hoffe ich wolle W.
248 vnd schlecht die hoffertigen
mit jrer eigen boßheit vnd
vnrecht. W. mit irer eigen
boßheit feiget. A.
250 vechten will. A.
251 frey zu machen / der wirt
mir auch beystendig sein /

vnd mir helffen das vnrecht
vndertrücken / in welchs
gnaden vnd trew ich all
mein heil setze. W.
254 soliche manheit horten A.
257 der gegen Morholt züschet-
zen ein kind was. A.
260 der sich hart wider A. sich
der sach wider W.
262 gelobt jm den kampff zů
zulassen. W.
264 Wer ist der ritter, er soll
mein hilff rat vnd gunst
dar zů haben A.

265 oder knecht. aigen oder frey. So sol er mein hilf gunst vnd
rat darzů haben. in allem wz er begert vnd haben sol. jm
auch sŏlichs nit vnbelonet noch vngedanckt lassen. Mor-
holts boten waren engegen. vnd sagten jr herr wŏlt mit
keinem vechten Er wår jm dann genoß. darumb wolten si
270 wissen von welicher art der wår. dz sy dz jrem herrn wißten
zesagen.
☙ Hierauff antwurt herr Tristrant. sy solten jrem herrn sagen
er wår von art als frey als er. Wann Blanteflor ist gewesen
mein můter. vnd künig Ribalin von johnoys mein vater.
275 vnd bin küng Marchs schwester sun. Do der küng dz erhort
ward er erfreüet. vnd auch betrůbt. Erfreüet das der so
manlich was. vnd des fechtens angenommen het. Betrůbet.
dz sich seiner schwester kind in sŏllich not hett begeben.
Vnd bat herr Tristranten mit grossem [12|646] ernst vnd
280 fleiß. das er den kampff vmb seinen willen verbergen solt.
Dye gebet verfieng nicht. Auf das fraget der künig Warumb
er jm es so strenge vnd so gar hŏrt fürgenommen het. Er
solte sich doch noch daruon do nemen lassen. wann er wolt
in ye nit lassen vechten. Hie auf antwurt herr tristrant.
285 Solt Morholt also vngefochten von hinnen schaiden. so het
er vns all für zagen. vnd nitt vnbillich. so wir vns land
leüt vnd gůt so gar on alle wer nemen liessen. vnd heten
auch darjnn pillich den spot sampt dem schade. Der künig
sprach dz bedarffestu so hoch nit besorgen. es ist dir weder
290 schand noch vnere. vnd bit dich freüntlich du lassest von
deinem fürgenommen willen wann jch vechten von dir nit
haben will. Hieauff antwurt herr tristrant gar gezogenliche
vnd sprach. Herr wo es an eür ere vnd gelimpf geet. da wird

274 künig Tybalin (!) A.
276 als manlich A.
279 ernst/daß er den kampff
vnderliesse. W.
281 Das gebet halff nit. Do
fragt der künig. A. Dise
bitt halffe nichts. W.
282 so streng fürgenomen W.
er solt dauon abstehen/W.

285 von dannen A.
288 spot zum schaden. W.
290 von deim fürnemen/W.
291 dann ich will disen kampff
von dir nicht haben. W.
292 gar tugentlichen A. gar
hŏflich/W.

auch jch zů beiden seitten angerennt. Darumb wil jch ster-
ben oder den sig behaben. Als der künig sahe. dz er aller
seiner bet entwert wz. warde er vngedultig. vnd sprach in
grossem zoren. Nun solt mir nimmer fechten. es seye dir
recht lieb oder laid. Do Tristrant hort dz jm dz vechten so
gar versagt solt seyn. vermant er den künig der gelübdt
vnnd treü so er den fürsten getan het. vnd damit jm der
kampf erlaubt vnd bestått worden wår. mit dem behůb er
dz in der küng můst vechten lassen. Do sprach der küng
lyeber ôhem jch bit dich du gebest deinen jungen leib nit in
den tode vngenôter sach. wann du bist sôlichem [13|690]
vechten zů kranck erschlecht er dich das kan jch nimmer mer
verklagen. was dann sprach herr Tristrant Jch můß doch
sterben. so will jch also lieber sterben dann dz morholten
so liebe geschehen solt. dz er vngefochten hinweg solt
ziehen. Ey sprach der küng. Laß dz selb als auff mich geen.
vnd erwinde des vechtens. Auf mein warheit sprach herr
Tristrant. dz mag ye nit sein. Jch wil fechten. vnd hoff mir
sol der syg geuallen. Wz mocht der küng nun thůn. da er in
ye von dem willen nit bringen mocht dann dz er jm darzů
hilf vnd wappen gabe. vnd enbot morholten dz er am driten
tag zů rechter streit zeit kåm auf den wôrd. allein vnd all
sein herrn hinder jm ließ. er wolte jm auch nun mit einem
man vechtens stat tůn. der würd jm den zinß mit bringen
den er vil zelang versessen het.

295 den sig haben. A.
297 Nu můst du mir nit kempf-
fen / W.
298 jm der kampff W.
301 mit dem erhielt er / daß W.
304 so vngenôt nit A. solichem
vechten zeschwach. A. sol-
chem kempffen zu schwach /
W.
310 erwinde des Kampffs. W.

311 will kempffen / W.
313 darzů hülff. vnd wapen
gåbe vnd embot A.
315 kampffs zeit W.
316 mit einem eynigen manne
stat thůn. Der selbig A.
mit einem Mann zu kempf-
fen gnůg geben / W.
318 den er vil lange jar het ver-
sessen. A.

⁋ Hie vacht herr Tristrant sein erstes vechten.

*Holzschnitt: Tristrant und Morholt im Kampf*

320 ⁋ Die boten eilten zů jrem herrn. vnd sagten jm die geschicht
gancz auf ein end. morholt fragt wer der wår der in besten
wolte auch wo vnd wann der streit würd. dz sageten sy jm
als. Hierauf richten sich beid teyl als zů streit gehört. Als
nun der geseczt tag kam. hieß künig Marchs für sich brin-
325 gen das aller best harnasch so er het wappnet seinen ôhem
selbs darein mitt grossem fleiß. vnd gab jm ein schwerte.
wo hin das mit krefften geschlagen warde. mocht kein stahel
vor jm besteen. vnd beualhe in got dem almåchtigen mit
wainenden augen in sein hůt. [14/780] das der wåre sein helffer.
330 vnd in mit gesund herwyder schicket. er küst in. drückt in an
sein pruste. vnd růfft vmb hilf in die hôch der hymel. er
vnd als sein volck. Hiermit gienge herr Tristrant zů schiff.
Nam mit jm sein pfård schilt vnd schwert. vnnd für allein
in den wörde. vil gůter segen wurden jm nach gesprochen.
335 vnnd des siges gewünscht. morholt kam jm engegen gefaren.
der heft sein schif vnd stieß herr tristrant dz sein verr
hindan. der sprach. Helt warumb tůstu das. Antwurt er.
wyr seyen beyd her kommen. das wir schaden oder frommen
hie hollen wöllen. Ey sprach herr Tristrant er kommet wol
340 von hinnen welicher den sig hie behabt. daz weiß jch fürwar.
Do sy also miteinander redten bat Morholt der starcke herr
tristranten petlichen das er sich des vechtenns abtåte. vnd

319 *Keine Üs. in W., nur Ab-
satz*
321 gantz vnd gar. W.
328 beualhe in got mitt wey-
nenden augen A.
330 gesundt gerwider (!) schik-
ket. A. mit gesundheit her-
wider schicket/W.
331 růfften beide er vnd alles
sein volck vmb hilffe gen
himel. W. *Nach* hymel *Üs.*

in W.: Wie Herr Tristrant
auff den Wörd füre/mit
Morholten zu kempffen/
vnd den kampff alda ge-
wann.
332 Als nu Herr Tristrant also
gerüstet war/gieng er zu
schiff/W.
333 schilt vnd sper. A.
340 den syg behelt. A.

mit jm zů land fůr. er wolt mitt jm teylen was er het. vnd
sein erb halb geben. Auch seinen leib vmb sein willen vail
345 fůren. die weil er lebt. Besunder sollt er auch ansehen sein
schŏn vnd jugendt vnd sein leben fristen. wann solt er in
erschlagen. dz wår jm jnniklich laid. er redet auch fürbas.
schöner jüngling bedencke dich mit mir zefarn ee du ver-
lierest dein jungen stolczen leib. Herr tristrantt sprach dz
350 tů jch hart gern. [15/833] so verr dz du den küng frey lassest
vnd füran vnkümmert. Dz mag nit sein sprach morholt. künig
marchs wirt nit frei gelassen. wann wer dz vernåm mŏcht
meinen das jch auß vorchte tåt. Do sprach herr tristrant der
kůn held. So sej dir widersagt. wann ee du den zinß gewyn-
355 nest solt dir lieber sein du hetest in nie eruodret. vnd als er
die wort redt. sassen sy auff jre pfård eilent beyd mit gros-
sem zorn vnd neid zů einander vnd stach yetweder den
andern durch den schilt. vnd ward herr Tristrant wundt an
dem ersten reytten. Sy riten aber mit grossen krefften ze-
360 samen. Vnd stach herr Tristrant morholten vom pfård vnd er
ward zům andern mal wund. mit einem gelüppten sper. das
auf jm zerstochen warde. Morholt bald wider auff. vnd lief
herr Tristrant zů fůssen an. do erpayst der kůne held auch
vom pferd. vnd erhůben einen sŏllichen ernsthafften vnd
365 hŏrten streit. als von zweien mannen ye gesehen warde. vnd
triben lang an ein ander hin vnd wider. Morholt was gar
ein starck man der schlůg den jüngling das er viel auff
beyde knye. Aber er sprang behend auff erholt sich des
schlags vnd schlůg Morholten die hand ab. darjnn er sein

343 alles das was er hette vnd ym auch seinen erbteile halb geben. A.
344 veyl tragen vnd füren A.
347 wer ym leyd A. Er sagt auch weiter: W.
353 Tristrant sprach. A.
356 die wort geredet A.
357 auff einander W.
361 von eim gelüpten sper. A.

mit einem vergifften sper/ W.
362 Morholt sprang bald A.
363 Do erbeist der kŏn held vnd sprang auch von seim pferd. A. da sprang der W.
366 hyn vnd her. A.
368 behend wider auff A.
369 vnd schlůg ym ein hand ab A.

370 schwert trůg. Als Morholt sich selber überwunden sahe. hůb er sich an die flucht. vnnd meinet also daruon zekommen. Herr Tristrant aber lieff jm behend nach. vnd in dem lauffen schlůg er jm ein wunden durch den helm in sein haubt. das er also tot ernider viel für die fůß des jünglings. vnd jm
375 belib ein stuck von dem schwert in dem helm stecken. Do sprach herr Tristrant Jch sihe wol du beleibest. vnd meyn meyn herr künig Marchs werde frey vor [16/925] dyr sein. vnnd du habest des zinses genůge. würst auch füran nicht mer vodern dann dein übermůt der hat dich gefellet.

380 ⁋ Wye dye schȯn Ysalde jren ȯhem den totten Morholten hinweg fůret.

*Holzschnitt: Isalde vor dem toten Morholt*

⁋ Also was der streit geschiden dem einen zů freüden dem andern zů klagen. künig Marchs holt sein ȯhem mit grossen freüden vnd lobgesang. lobent got den almechtigen. das er
385 in so gar vȧterlich vnnd trostlich geholffen hett. vnnd fůren mit freüden heym. Aber dye traurig schare von jrland holtend jren kåmpffer auch doch nicht als künig marchs sein ȯhem mit freüden. Sunder mit gar grossem vnd traurigem wainen vnd klagen. vnd schickten gar bald für zů der aller
390 schȯnesten ysalden des künigs tochter von jrlande. liessen jr sagen wȯlt sy jren ȯhem lebentige sehen. das sy dann zestund kåm. Das tåten sy auff den gedingen. ob sy in lebentig fund. so mȯcht sy in beym leben behalten wann sy

370 schwert het. A. sich überwunden sahe nam er die flucht. A.
372 schnell nach A.
374 für sein fůß. A. für seine fůß / W.
376 vnd ich achte mein Herr W.
380 *Keine Üs. in W.* ȯhem. also toten hynweg fürte A.
383 mit freüd vnd iubilirung. A.
384 lobten Gott W. das er ym so trostlich geholffen het. A.
387 als künig Marchs den seinen. sunder mit grossem weinen vnd klagen. A.
389 bald hyn A.
393 sie war zur selben zeit / mit bewerter kunst W.

mit bewårter kunst der wunt erczney der selben zeit. die
395 hübschest wz. in allen landen. do sy die botschaft vernam
eylet sy bald vnd nam mit jr was sy czů wunden bedorfft.
Als aber sy eylent dar kam. was jr ǒhem tod. vnnd het jrer
zů kunft nit erbeyten mügen. Als sy sahe das er tod was.
ward sy zymmlich weynen. vnd gieng zů dem todten sein wun-
400 den zů besehen. do steckt die scharten oder stuck auß herr Tri-
strants schwert dannochte in der wunden. Die nam sy darauß.
weiset die allem volck. vnd tåt die darnach mit fleiß behalten.
Sy fůren heym mit jamer. vnd begrůben jren todten mit gros-
ser klag vnd herlicheit als künigen zůgehǒrt. Der künig von jr-
405 land viel auf das grab. mit gar klåglicher [17/988] geberd vnd
grossem geschrey. Darnach gelobt er seynem volck. wer von
kurnewelischen landen in sein lant kåm. das man der keinen le-
ben ließ. sunder sy all an galgen gehenckt. vnd nam jm daz zů
rach vmb seinen schwager Morholten. den mainet er nymer-
410 mer czůuerklagen noch des ergeczet werden. Nun was auch
herr Tristrant gar ser wund mit gelüptem waffen. vnd was
kein arczet in kurnewålischen landen noch an anderen enden
der jm die wunden hailen mǒchte. man weßt auch nyemand
in der ganczen welt. der sǒlich erczney kunt. als die schǒn
415 ysalde die jm auch wol hett helffen mügen. aber sy was jm
ginnstiger zů sterben denn zů leben. auch west er sǒlicher
kunst nit zů jr er hett es sunst mit seiner listikeit wol dar-
zů gepracht das jm hilff durch sy geschehenn wåre.

394 die berhůmst inn allen landen. W.
399 gieng zů dem toten sein wunden zů besehen. A. gieng zu dem todten/sein wunden zu besehen/W.
400 ein scharten aus herr Tristrants schwert A.
404 als eim künig zůgehǒrt. A.
405 mit kleglicher geberde A.
408 sunder sy all henckete. A. sonder sie alle an die galgen hencket/W.

410 Nach werden Üs. in W.: Wie Herr Tristrant ein heußlin gebawet ward/ferr von den leuten/Auch wie er darnach hinweg fůre in einem schiff/vnd wie jm geholffen ward durch den Kǒnig in Jrland
411 mit vergifften waffen/W.
415 aber sie hette jn lieber getǒdt dann bey dem leben erhalten/W.
417 nit bey ir A.

⁋ Abenteür. Wie her Tristrant ein heüslin gebawt ward
verr von den leüten.
Wie er darnach wegk fůr. vnnd wie jm geholffen ward.

*Holzschnitt: Tristrant in seinem Schifflein bei der Abfahrt*

⁋ Als aber alle erczney an jm vmb sunst vnd vnnücz waren. vnd ward auch ye lenger ye krencker. vnd dye wunden ser faulen vnd schmecken. das nyemant bei jm beleiben mocht. begeret er das man jm ein heüßlin von den leüten auf den see machet darinnen er allein wår warttent seines endes. das ward also gemacht. vnd nach seinem begeren zů dem see geseczet. Als man in nun darein trůge. wann er mocht selbs nicht mer geen noch steen. do erhůb sich sõlich groß klag von aller mengklich. da sy jren kempffer. einen sõlichen hübschen jungen vnnd werlichen [18/1072] held also jåmerlich verlieren solten. dz jr klagen on maß was. vnd der volgeten zemal vil mit jm. biß czů dem heüßlin. aber der geschmack ließ nyemand bey jm. dann sein õheim künig marchs. auch herczog Thinas vnd curneual die warent teglich bei jm warttent seines endes. nun wz her tristrant junck vnd gar scharpfer synn. der gedacht hin vnd wider. ob ainicherley in aller welt sein mõcht dz in fristen vnd gehelffen mõcht. vnd fand nichcz in aller seiner vernunfft dann eins viel jm zů. er wolt auf den see faren ob in gelück ettwa bråcht da jm geholffen wurde. oder aber also ellendigklich ersturbe. dises leget er seinem meyster kurneuale für. bat sich in ein schiffel zů tragen. vnd mainet hinweg zů faren. als auch geschach. er nam vrlaub von dem küng vnd allenthalben. vnd bat curneualen sein ain jar da warttent. belibe er bei leben. so kåme

421 hynweg fůre. A.
423 waren ward er ye A.
425 faulen vnd stincken A.
428 an den see A.
429 trůge (dann er mocht selbs nit mehr gehn noch stehn) da W.

430 grosse klag allent halben A.
431 iren vechter A.
432 so elendigklich verlieren A.
440 dem eines viel jm zů A.

er ee der jarzeit. kåm er aber nicht. so bedörfft er nicht
lenger wartten. vnd solt in gewißlich tod wissen. darumb
hieß er in wider heym ziehen. seinem vater sagen. das er
450 nun füran kurneualen für seynen sun hielt. jm seiner ge-
treüen dienst lonen vnd nach seinem tot die kron tragen
ließ als seinen aigen sun. wenn er jr niemand bas verginnet
dann jm. Curneual het sich der kron vnd des reichs geren
verwegen das er mit seinem herren solt gefaren sein. sehen
455 vnd wissen wie es jm sölt ergeen. er wainet vnnd tet außder-
massen clåglich vmb seinen lieben herren. deßgeleichen alles
volck ward erweget in mitleiden vnd herczenlich betrůbt.
hiermit ward er in dz schifel getragen mit großer klag. mit
jm sein schwert vnd ein herpfen Auch wart dz schifel ver-
460 sorgt nach notturfft für die sturmwind. Her tristrand tröstet
sich selbs vast wol. vnd beualch [19/1145] sich vnd die vmbste-
enden got in sein hůt. vnd fůr damit hinweg doch mit wasser-
reychen augen. Der küng sahe jm senlich nach mit betrüb-
tem herczen. vnd clagten all das in Tristrant ye kunt ward.
465 Der fůr nun hin on alle hilff. vnd west selb nicht wahin. die
wind teten jm vast wee. vnd wie in die triben also můst er
faren. also triben sy in gerichts hin in jrland. do aber er
sich verstůnd. in jrlannd zesein. gedachte er erst den leib
verloren haben. yedoch gedacht er das leben edel ist. vnd
470 wolt das fristen weil er möcht. Vnd als in der winde an das
land warff. gieng der küng spacieren bey dem wasser. der
schicket balt dz man besehe. wz in dem schiflin wår. dye
diener kamen vnd sagten. da wår ein man wundt in den
tod. der küng gieng selbs dar vnd fand als jm gesagt was.
475 do hieß er in jn eyn hauß tragen darinnen man sein pflegen
solt. doch fraget er in. wer er. vnnd von wannen er wår. Her
tristrant erschrack der frag hart. vnnd sprach. Herr jch heiß
Pro. vnd segincest ist mein hauß. vnd bin ein spilman. Nun

449 jn heym ziehen A.
459 Harpffen/W.
462 in gottes hůt. A. mit wås-
serigen augen. A. W.
467 Da er aber vermerckte sich
in Jrland zu sein/W.

473 verwundt biß auff den todt.
W.
478 vnd yenßhalb ist mein
hauß. A.

bin jch beraubt worden auff dem môr. vnd verwunt biß in
480 tod vnd die wind haben mich her getriben. do der küng das
hort vnd sahe auch dye grossen schmerczen seiner wunden.
ward er in erbarmung bewegt. hieß sein wol pflegen. vnd
schicket zů seiner tochter. dz sy dem armen wunden man
ein pflaster gåb. dz geschach. aber es wz jm vnnücz das ward
485 jr gesagt. sy sant jm bald ein anders. da ward jm noch
würser. als jr daz fürkam. sprach sy. jch waiß wol wz jm ge-
pricht. er ist mit lüppt wund. vnd bereytet aller erst erczney.
die jm czů gehort. dauon er als [20/1216] bald vnd in kurczer
zeit gesund ward Also hailet die junckfraw mit grossem fleiß
490 jren todfeind. das sy sein nit weßt vnd in nye gesahe. noch
er sy auch. Er schiede auch also ab. das sy an einander nye
gesahen. wie wol er vor erfordert ward. vnd kam dz durch
besunder geschicht hernach volgent.

⊄ Abenteür. Wie her Tristrant dem küng von jrland
495   speis schicket vnd das land erlediget von hungers
nott.

*Holzschnitt: Ein Schiff wird mit Säcken beladen*

⊄ Es begabe sich da die schiff von curnewalischen landen nym-
mer gen jrlandt faren dorsten. Do ward grosser mercklicher
hunger vnnd auch tewrunge in jrlant vnd lebeten mit gros-
500 sem gezwang hungers halben. auf das beriet sich der künig
mit seiner ritterschafft wz jm hierjnn zethůn wår. vnd wo sy
speiß nemen wolten damit das volck aufgehalten wurd. vnd
so gar nit verdurbe. sy kunden jm all nit geraten. vnd westen
auch nit wahin. Do gedacht der künig an den man. den sein
505 tochter gehailet het. vnd schicket nach jm Tristrant kam
bald zů hof. als der kam bat in der küng rattes. vmb sein.
vnd des landes anligend nott. do sprach er. Herr alles. das

485 noch weher/W.
487 mit gifft wund/W.
488 in kurtzer weyl A.
490 jren veinde A. daß sie doch nicht wißt/W.

491 sy einander A.
493 *Nach* volgent *keine Üs. in* W.

jch ewren gnaden zů willen vnd dienst. mit aller meiner vermüglicheyt volpringen kan vnd mag bin jch gancz willig.
510 vnd ist das billichen. wann jr habt das groß vmb mich beschuldet. vnd wőlt jr meines rates volgen. so sendet ettliche schif mit mir gen engelant. da wil jch so vil fleiß fürkeren. speiß bestellen auf das aller nåchst so jch mag. vnd euch die schicken. Dem künig geuiel der rat wol. vnd saget das sei-
515 nen råten. die wurden des fro das sy der sorg [21/1261] vnd mů solten vertragen sein. Hierauff wurden her tristrant dye schåczs vnd schif befolhen vnd für hinwege Als der nun gen engellant kam. besant er einen kauffman vnd můtet den darumb das er jm kauffen hülff. er kauffet auch selbs. vnd geparet
520 in allerweiß. als ob er auch ein kauffman wår. vnd als er speis kaufft het. als vil als vmb tausent marckt golds. ließ er die schif laden vnd schickt die dem küng gen jrland. er aber. gieng in ein ander schif. das was von curnewalischen landen. mit den fůr er heim in seins őheim küngreich. vnd in die
525 stat Thintariol. da er vor krancker vnd vngesunder von geschiden was. vnd kam gleich dar an dem tag. als ein gancz jar vergangen was. seines dannen schaiden.


ℭ Abenteür. Wie her Tristrandt wider heym kam vnd empfangen ward.

*Holzschnitt: Tristrant wird am Strand von Marchs empfangen*

530 ℭ Als er zů Thintariol kame. auß dem schiff gieng. vnd in sein diener curneual ersahe vnd erkannt. ward er von großen

510 gar wol vmb mich beschuldet/W.
512 fleiß ankeren A. W.
514 *Nach* schicken *Üs. in W.:* Wie Herr Tristrant dem Kőnig von Jrland speise schickt/vnd das land vom hunger erlediget.
516 solten entladen sein. W.

517 in Engelland kame/beschicket er W.
518 vnd bat jn daß er jm W.
519 vnd stellet sich aller weise als ob W.
527 *Nach* schaiden *keine Üs. in W.*
531 warde er vor lieb zäheren. A.

freüden vnd lieb zåheren. vnd enbot dem küng die zůkunfft seines ôheym. dem selben boten ward czů botenbrot. das er füran. vor aller armůt gefreit ward. wie mit grossen freüden.
535 eren. vnnd würden her tristrant empfangen wart. von dem küng. herczog Thinas. vnd aller ritterschafft. auch allen anderen frawen vnd mannen wår wunder von zesagen. dann ein yeder versteet es selbs wol. wye gar hoch vnd groß ein lieber kommender freünde den anndern erfrewt. der von
540 sôlicher verr. langerzeit. vnd auß grossem siechtagen vnd schmerczen gesund herwider kommet. vnd besunder als der. der in sôllicher [22/1337] grosser pein. vnd gar nahent in sterbender nott. vor malen dannen geschiden ist. Vnd darumb will jch nit mer daruon sagen. allein auff das aller kürczt die histo-
545 ry zů ende bringen. Her tristrant ward dem küng so lieb. das er von seinen wegen kein frawen nemen wolt. sunder in zů einem erben seins reichs haben wôlt Da waren etlich an dem hof. die maineten her tristrant riet dem küng. on ein frauen zů beleiben. vnd wurden in darumb sere hassen. aber er west
550 nicht darumb. auch nicht. das der künig. das daig von seinen wegen vnderwegen ließ oder thåte. dann die anderen måchtigen an dem hof rieten dem küng teglich ein frawen zů nemen Ains tags giengen freünd vnd man für den küng vnd namen her tristrant mit in baten den küng mit grosser
555 bet das er ein frawen nåm. die jm an adel vnd gepurd gezåmen môcht. vnd das er das tet durch got vnd jr aller willen. Der küng wart der bet beschwårt. yedoch seczet er ein zeit darauff er antwurten wôlt. des wurden sy fro. wann er sôlich bet vor allwegen gancz abgeschlagen het. in der
560 geseczten zeit. gedachte der küng. wie er antwurten wôlt.

533 dem selben botenbrot (!) das er füran vor aller armůt ward gefreüt A.
537 weyben vnd mannen A.
542 nahe in sterbender not W.
546 kein weyb nemen A.
548 on ein Weib W. on ein weyb zů sein A.
549 vnd hasseten jn sehr darumb/W.
550 der Kônig solchs W. der künig das do thet A.
551 ließ. dann A.
552 ein Weib W. ein weyb zůnemen. A.
553 Freund vnd Ritterschafft W.
557 ward bet beschwärt A.

darmit er sy gefůglich von der bet pringen mŏchte. wenn er
ye kein frawen nemen wŏlt es wår in recht lieb oder laid.
vnd als er in den gedencken saß. sahe er zwo schwalben mit-
einander [23/1381] streiten. vnd sahe dz ein schŏnes langes fra-
565 wen har. herab von in viel das hůb der küng auf. vnd redt wi-
der sich selbs also. zwar mit disem har mag jch mich gar wol
erweren. so jch jnen sage. das jch kein anndere haben wŏlle
dann die. der das har gewesen ist. der mügend sy mich nit
gewern vnd mûssen mich für an sŏlicher bet frei lassen. auch
570 seint sy meinem ŏhem veind vnd vnginstig on schuld aber
es kan jm nit geschaden. er mûß ye doch mein reich besiczen
vnd sy in für jren rechten herren haben. Do er die wort mit
jm selber redet. kam her tristrant eingangen vnd ander
herren mit jm. fragent. den künig von des reichs notturfft
575 wegen. dz ließ er für geen. vnd antwurt auff ander mainung
mit sŏlichen worten. Jch hab einer frawen har hie. so jr mir
die gebt die wil jch nemen vnd keyn widersprechen darjnn
haben. aber sunst wil jch kein andere die weil vnd jch leb.
Die herren nam wunder vnd gar fremd vnd redten vnder-
580 einander. es wår her tristrant schuld vnd ein angelegt ding.
damit er sich also wolt freien vnd entreden. doch fragten sy
den küng wer vnd von wannen die fraw wår. sy wŏlten jm
die geren holen in welichem lant sy wår Er sprach dz waiß
jch selbs nit. vnd kan euch auch nit mer daruon sagen. do
585 sprachen sy über laut. sy horten wol das er sich mit sŏlicher
red fristen vnd sy jrer gebet entweren wŏlt. doch wolten sy
geren wissen. wannen jm das har kåme. Sagt in der künig.
wie jm das worden wår. vnd das er auch on weib ersterben
wŏlt. jm wurd dann die. der har er hie hette.

564 ein langes schŏnes A.
575 auff meynung A.
577 nemen on widerred. A.
578 diewiel ich lebe. W. die weyl ich leb. A.
579 nam frembd A.
581 wŏlt außreden/doch frageten W. fûren (!) vnd entreden. A.

582 vnd wannen die fraw wär. Er sprach A.
584 Do sprachen sy. Sy A. Da sprachen sie/sie hŏrten W.
586 vnd jnen die bit versagen wŏlt/W. irer gebet entworben wŏlt A.
587 wo her jme W. das herkäm. (!) A.
589 Nach hette keine Üs. in W.

590 ℂ Abentewr. [24/1435] Wie her Tristrant nach der frawen fůr. vnd wie jm auff der raiß gelange.

*Holzschnitt: Tristrant vor dem König von Irland und dessen Marschall*

ℂ Do sprach her Tristrant. Herr jr tůt groß vnrecht das jr vns allen nicht volgen wőlt. jch hab es euch vor oft geraten vnd rat das noch mit ganczen treüwen Wiewol mich ettlich
595 ewer mage zeihen Jr thůt es durch meinen rat. das aber dz nit sey. vnd sy mir vnrecht thůnd. will jch offenlich erscheinen. vnd vmb ewer liebe euch die frawen sůchen. darumb gebt mir her das har. ob mich gelück der enden prácht da sy ist. das jch sy bey dem hare deßt bas erkennen müg. jch
600 wil auch nit erwinden noch herwider kommen. jch pring dann die frawen mit. darauf schafft vmb kiel. vnd ander so jch zů der raiß bedarf. der truchseß herczog Thinas hieß zehandt einen kiele bereyten. darein tragen. von speiß vnnd klaidern was man bedorffte auch harnasch vnd pferd zů
605 hundert rittern. vnd grossen hord von gold vnd silber. do das alles bereyt was. Nam herr Tristrant vrlaub vnd sprach zů dem küng Jr sőlt wissen das jch die raiß durch eur lieb vnd ewer eren willen fürgenommen habe. wann mir ewer ere vnd gelimpff zů herczen gepunden ist hőher dann einem
610 anderen. Damit nam er das hare vnnd schiede ab mit annder ritter hundert dye jm der künig zůgeben hett. sy fůrent hin weg. vnd einen ganczen monet sahen sy nicht anders dann himel vnnd wasser. Do gebot herr Tristrant dem schiffmann das er jrlant vermeiden sőlt. wenn sy all wol weßten. Wer
615 von kurnewalischen landen dar kåm das der sterben müßte. Nun můssen wir ye durch [25/1489] alle land faren Wo man

594 etlich der ewern W.
596 offentlich erzeigen / W.
597 vmb eüer liebe die frawen sůchen. A.
601 darumb schafft A. schaffet mir Schiff / W.

602 *Nach* bedarf *Üs. in W.:* Wie Herr Tristrant nach der Frawen fůhre / vnd wie jm auff der reise gelange.
603 ein Schiff bereiten / W.
609 weder eim andern / W.
614 ir lannd (!) A.

mit kyelen vnnd pferden hin mage. sůchen ein frauwen wo wir
dye halt vinden werden. gott wŏlle das wir den tag erleben
daran wir sy vinden. vnd die weil sy also redten. hůben sich
620 die vnden mit einem grossen sturmweter. vnd wurffen den
kiel mit gewalt in der selben nacht gen jrland zů der burg
dabei herr Tristrant vor geheilet ward. vnd als der tag er-
schein. herr tristrant sahe. das sy ze jrland warn. erschrack
er gar ser. vnd saget seinen mitkommenden. das er vormalen
625 den enden geheilet wår worden. vnd ist kein zweifel wir můs-
sen all hie sterben Oder mit grosser lüstigkeit hin ein kom-
men. Darumb so schweigent all still vnd lassent mich allein
reden. ob jch vnns gefristen müg.

*Holzschnitt: Tristrant reicht dem Marschall aus dem Schiff
einen Kelch*

☾ Nun hŏrent wie es in fürbas ergieng Als der künig auf
630 stůnd vnd sahe dz der kiel der pruck so nahent lag. schůff
er balde mit seinem marschalck. das er dargienge. vnd sy
all enthaubtet. dyser aber der getorst das bot nit übergeen
es wår jm lieb oder laid. vnd als er zů dem kiel kam hieß er
die gest all außgeen. vnd sagt in sy můsten sterben. Herr
635 Tristrant botte groß gab. vnd begeret zeleben. schencket dem
marschalck ein guldin kopff. bat den betlich dem küng sein
red zesagen. Vnd sy die weil ließ leben. der marschalck wz
ein frommer getreüer man. vnd erbot sich des zethůn. Hierauf
sprach Tristrant. Jch bit eüch dem künig zesagen meyn ge-
640 fert. vnd [26/1548] meinen namen. Jch bin geheissen Tantrist.

617 Schiffen vnd Pferden W.
die Frawen zu suchen/vnd
wissen doch nit wo wir sie
finden werden/W.
619 erhůben sich die wind W.
620 mit eim sturmweter A.
wurffen das Schiff W.
621 zu der Statt/W.
622 der tag her schyne (!) A.
623 an Irland W.
624 mitgesellen W.

629 Nun ... ergieng *fehlt in W.*
630 vnd sahe das Schiff/daß es
der Statt so nahe W. der
burg A.
632 dorffte das gebott W.
633 Do er zů dem kiel A. dem
Schiff W.
636 bat jn fleissig W.
640 Jch byn Tristrant (!) ge-
heissen. A.

25

vnd meiner gesellen zwölf mit mir. vnd seind kaufleüt von Engelland. haben hören sagen. Wie grosser hunger in disem küngreich sey. do verkauften wir all vnser hab. vnd legten die an speiß. darmit lůden wir zwölff kiel. vnd hofften dardurch all
645 reich zů werden. do bekamen vns leüt auff dem mör den man starck nach jaget. dye sagten vnns. Ob wir kåmen. so heten wir gewißlich den leib verloren. Als wir das horten. begunden wir gemeinklich klagen. vnd nicht vnpillich der grossen schåden halb vnser angelegten hab vnd gůt. die wir nemen
650 wurden. ob wir nicht vol fůren. Volfůr wir aber. das wir dann leib vnd gůt mitteinander verfůrten. Hierauff wurden wir zerat. vnd wurffen loß vnder vnns auf wellichen das geuiel. der solt her faren vnnd besehen. ob dem also wåre als vns gesagt ist. Also geuiel das loß auff mich armen. vnd bin
655 allso herkommen auff genade. So seind mein gesellen noch auf dem mör. Lieber herre das alles bit jch eüch dem künig zesagen. vnd dz er mir den leib laß. jch bring jm die speyse alle zesamen. So jch gesagt hab der marschalck meint die red wårn also vnd brachte die zehant für den künige dardurch
660 wurden jr not gelenget. vnd auch durch ander geschicht hernach volgent.

☾ Abenteür. Wie herr Tristrant ein serpant erschlůg. vnd wie jm gelang.

*Holzschnitt: Tristrant kämpft mit dem Drachen*

☾ Also lag das betrůbt hör bis über mitten tag. vnd redten
665 vnder einander. leycht man sy leben ließ. so můsten sy aber

644 xij. kiel A. zwölff schiff/W.
645 do kament A.
648 wir vns zu klagen (vnd nicht vnbillich) der grossen W.
650 nicht volfůren/Volfůren wir W.
557 so will ich jm die speise/so ich gesagt habe/alle zusamen bringen. W.

658 als ich gesagt A.
660 wurd jnen jr leben gelengert/W. ward ir not A.
662 Wie Herr Tristrant einen grossen Serpenten erschlůge/darumb jm der König sein Tochter gabe. W.
664 biß aber mittentag. A.
665 ob man sie schon leben liesse/ W. *In $A_1$ fälschlich* lieben

ymmer in jrland gefangen sein. vnd wagen die sach [27/1598]
hin vnd wider. Jn dem kam eyn man zů in gangen. ward mit
in redhaft. Vnd saget herrn Tristrant das ein serpant in dem
küngreich wår. der tåt das zemal ser wůsten. an leůt vnd vich.
670 Nun hete der künig gebieten lassen. Wer den serpant er-
schlůg. dem wolt er sein tochter geben. Do herr Tristrant
das hôrt. nam er keyn lenger bit. Sunder wappnet sich nach
noturfft. vnd rayt gegen der not. wann er was zemal ein
kleiner vnuerzagter helt Als er über das feld drabet. sahe
675 er fünff man ser fliehen. vnder den einer den anndern verr
fürkommen was. dem eilet herre Tristrant zů. ergraiff in bey
dem har vnd fraget wen er so ser fluhe. dyser bat lauterlich
durch got. das er in ließ. vnd sprach. der serpent jacht do
her. vnd wyll mir den leib benemen darumb laßt mich das
680 mir das leben vor jm beleiben müge Herr Tristrant fraget
wellichen enden der wurm wår. er wôlt jm engegen kommen.
ob jm gelück fůget. das er in tôten môchte. diser saget jm
die gelegenheyt gancz. aller erst ließ er in. hieß in mit heile
faren. vnd keret er gegen dem serpant. Hielt sich in ein
685 grund. vnnd warttett bis der wurm neben jm kam. Do zehant
zerstach er sein sper auf jm. vnnd ee der schafft gar volbracht
het er sein schwert in der hand. vnd hawet mit ganczen
krefften auff in so lang. das er mit grosser arbeit vnd manheit
den syg gewan. Aber der wurm verbrannt das pfårde vnder
690 jm vnd er můst zů fůssen vechten als er den wurm erschla-

666 vnd wůgen A.
668 der redet zů yn A. mit jnen zureden / daß ein grosser vnd grausamer Drach in dem Königreich were / der thet dem Land grossen schaden anleuten vnd viehe. W.
670 König ausrůffen lassen / W.
672 lengern verzug / W.
675 vnder disen einer die andern ferr fürgelauffen hette / W.
677 was oder wen er so W.

678 vmb Gottes willen / W.
679 lassent mich lauffen / W.
681 der vergifft Serpant were. A.
682 ob jm Gott der Allmechtig glück wolt zůfůgen / W.
685 der grausam vnd vngehewr Wurm W.
686 schafft zerbrach / W.
687 sein scharpffes schwert W. vnd schlůge W.
689 verprennt A.
690 Als er nu den Serpenten W.

27

gen het. schneid er jm die zungen auß. vnd trůg die mit jm hinweg. Nun het [28/1676] in der wurm sŏllich feüer angeworffen. das das harnasch schyere an jm verbrunnen was. do sahe er eyn moß vor jm. darein er gieng vnd woltt sich erkůlen. das
695 er in dem harnasch nit verbrunn. Als er darein kam. ward jm das harnasch alles kol schwarcz. on allein den halßberg. der was guldin. do er das sahe. gieng er ein wenig fürbas. Da vande er einen lautteren brunnen. Darjnnen er sich aller erst erkůlet. vnd legt sich durch rů zů dem brunnen. nicht vn-
700 billichen. wann in der wurm vast vmb getriben. gemůt. vnd auch ser verwundet het. vnd lag also do. gar nahend vnuersunnen.

ℂ Abenteür. Wye sich des künges trucksåß berůmet er het den wurm erschlagen.

*Holzschnitt: Der Truchseß vor dem König und Isalde*

705 ℂ Nun lassen wir herr Tristrantten ein weil růwen vnd sagen von den flichtigen zagen die herr Tristrant vor gesehen het. Das waren des künigs trucksåß vnd seyner diener vier. do die vermerckten. das der wurme erschlagen was. riten sy dar. vnd schnitten dem ertŏten wurm das haubt ab vnd bat der
710 trucksåß sein diener. das sy jm der vnwarheit gestůnden vnd sagten er het den serpant erschlagen. er wolte sy ymmer darnach reychen vnnd füdern. vnd thåt das vmb das jm der künig sein tochter geben solt auch het er sich mit sŏlicher

691 auß dem rachen/W.
692 Es het jn aber der grausame Wurm W.
693 daß er in dem harnasch schier verbrunnen war/W.
696 so kolschwartz A. on allein das halßkoller/W.
700 vnd seer A. mŭd gemacht/ vnd verwundet/W.
701 lag also do gar onmechtig vnd nahent vnuersunnen. A.

704 erschlagen/vnd wie jn Herr Tristrant zu schanden macht. W.
705 Wir wŏllen Herr Tristranten ein weil rŭhen lassen vnd von den flüchtigen sagen/W.
709 dem grossen wurmb A.
712 reich machen/W.

manheit für geben. das er den wurme allein besteen wolt.
wiewol seyn zagheyt genůg wissenlich was vnnd offenbar. vnd
darumb was not. das er mitt jm zeügen brǎcht. [29/1720] wann
er wol wissett das sein eines worten. wenig darumb gelaubt
wurd. hiermit kam er zům küng vermanet den seiner gelübt
vnd das er jm sein tochter geben solt. dem küng wz aber
sǒllichs nit vermeint. das er sein tochter seinem trucksǎssen
solt geben. Auch so wisset er vormalen sǒllicher manheyt
von jm nicht. darumb widerriet er das vnd saget jm offen-
lich. er gelaubet sǒlliches von jm nit. vnd in het ein ander
erschlagen nicht er. sǒllich red den trucksǎssen zů zorn er-
wegten vnd sprach. er het den wurm erschlagen allein mit
sein eynes leib. vnd wolt das genůgsamklichen beweisen mit
vier mannen. die das von jm gesehen heten. man solt in auch
nit darfür haben. das er sich der ding an nǎme der er nicht
gethan het. Er hoffet auch. das jm nicht abgeschlagen wer-
den mǒchte die junckfrauen zů geben. mit sǒllichen vnd mer
worten Rett er den küng das der die wort gelaubt. doch sprach
er jch wil vor mein tochter darumb besprechen. vnd gieng
damit hin zů jr. saget ir wie der trucksaß sy eruochten vnd den
wurme manlichen erschlagen het. die junckfraw mit namen die
schön ysalde erschracke. vnd gelaubet der geschicht nicht. vnd
sprach Herr vnd vatter. Wo nam der nun sǒllich manheit. der
doch ye eyn zag gewesen ist. gelaubet es nicht. Jch weiß das er
den Serpant nicht erschlagen hat. auch in hat nye getürren
ansehen. Got wǒl. das der held funden werd der den wurm

715 meniglich wissent W.
716 daß er gezeugnis mit brǎchte W.
717 wißt wol/daß man jm allein nicht leichtlich glauben würde. W. west wol das seinen einigen wortten wenig zeglauben wer. A.
719 daß er jm (dieweil er den Serpenten erschlagen) sein Tochter geben solte. W.
720 nicht gelegen/W.
724 Solche rede beweget den Truchses zu zorn/W. bewegeen. A.
725 den Serpent allein erschlagen mit seiner eigen handt/ W. mit seim einigen leibe A.
731 vberredt W. das er solichs gelaubt. A.
734 Wurm erschlagen W. (mit namen die schöne Jsald) W.
736 wol an hat der nun solche manheit ertzeigt der ye ein zag gwesen ist. ich gelaub es nit. A.
738 dǒrffen ansehen/W.

740 erschlagen hat. jch hab aper sorg. der verzagt bőßwicht
[30| 1753] hab in erschlagen. wo er in in vnkrefften ligend
funden hat. Sőlich råt sy wol von warn schulden. wann er
vnd sein helffer. sůchten fleissiklichen nach jm. vnd wo sy
in funden hetten. wőlten sy in ertőt haben. vnd als sy nicht
745 vanden. meinet der trucksåß alle seine not überwunden
haben. Darumb was er mit worten so kåck gegen dem künig.
vnd getrauet nicht das kein ander abred do sein wurde. dann
dz man jm die schőn ysalden geben solt. vnd als die nun mit
dem vater geret het. antwurt er vnd sprach zů jr also. Nun
750 mag kein lenger verzug sein. dich jm zůgeben. Jch hab so
hoch gelobet. wer den wurm erschlag. der sol dich zů weib
haben. vnd wie wol du dich darjnnen widerst. doch můß es
sein. Er will es auch redlich beweisen. mit vier mannen. das
er dich erfochten hab. Hyerauff antwurt sy. So sagent jm
755 das er beyt bis morgen. Doch weiß jch das er nicht gefoch-
ten hat alls er sagt. Gelück fůg mir den. der mich erfochten
hat. Hiermit gieng der küng von jr. der trucksåß vermanet
den herrn aber vnd sorget jm wurd sein freüd zů lang ver-
zogen. Do saget jm der künig das er verzug het bis morgen.
760 Des ward er zemal hoch erfreüet. vnd meinet sich selbs yecz
küng zesein.

741 hab jn ermordet/W.
742 redt sie auch nicht vergeb-
lich/W.
744 hetten sie jn getődt/W. als
sy yn A.
746 so frech W.
747 vnd versahe sich keiner
andern außrede/W.
748 mit irem vater A.

750 dann dich ym zegeben A.
751 hoch verheissen W.
755 daß er warte W.
758 hett sorg W. vnd besorgt A.
759 biß an den andern morgen.
A.
760 zůmal fro A.
765 Nun vernement *bis* eruoch-
ten het (766) *fehlt in W*.

⁜ Abentewr. Wie fraw Ysalde herren Tristrant vand
ligend bey einem brunnen. vnd wie es jm darnach
ergieng.

*Holzschnitt: Tristrant wird am Brunnen gefunden*

765 ⁜ [31| 1766] Nun vernement mit wellichen lüsten fraw Ysalde
erfůr vnd auch befand den helden der sy eruochten het. Sy het
einen kamrer mit namen Peronis. dem sy gar wol getrauet. den
bat sy wol bald bringen drew pfård. vnd zů morgens ee es
taget. rayt sy selbs mit peronis. vnd einer jr junckfrauen
770 namlich Brangel. vnd kamen gerichcz auf herr tristrants
schlage do die fraw das sahe bat sy fleissigklichen dem schlag
nach zereiten. vnd sprach dz pfård ist nit in dem lant er-
zogen. ach got wo ist der held den es getragen hatt. aber
die morder haben in ertőt. Sůchtt nun nach dem grab. er
775 ligt etwo in der nehin hiebej begraben. Als sy die wort redet.
kamen sy do der tod wurm lag. vnd dz verbrunnen pfård.
auch der versegnete schilt. das alles was als gar versengett
vnd verbrant. das sy weder farb noch wappen sehen noch
erkennen mochten dye frau hůb an mit sunder grosser klag
780 vmb den werden manlichen leib. vnd bat ståtlich für sich
zů sůchen. ob man in totten vinden mőcht. vnd wer in fund.
dem wolt sy geben hundert marck goldes. die zwei warn
dester fleissiger zesůchen. vnd Brangel sahe vonn verren. den
helm geleissen die eilet wol bald zů der frauen. vnd sagett
785 sy het den helden funden. do riten sy mitt grosser eyl. vnd
kamen do er lag bey dem brunnen. kranck vnnd vngesund.

766 vnd vande A.
767 dem befalhe sie/daß er bald drey pferd solte zů-rüsten vnd bringen/vnd auff den abend als es tunckel warde/reit sie selbs mit Peronis/vnd nam noch ein Junckfrawen/nemlich Brangel/W.
771 Do sy das A. dem nach zereiten. A.

773 hergetragen W. her getragen hat. ob yn die mőrder haben ertőt. A.
777 vnd der besengt schilt das sy weder farbe noch A. *(Auslassung)* besenget W.
780 vnd bat daß W.
782 hundert stück goldes W.
785 sy het den helm funden. A.
786 kranck vnd vnbesinnet. W.

Dye schŏn ysalde enstricket jm den helm. vnd [32|1836]
nam jm den von dem haubt. Herr Tristrant der hort wol.
das frawen bey jm warn. warff die augen auf vnd sprach
790 Wer nimmet mir den helm. die frau warde on massen fro do
sy in reden hort. vnd antwurt jm bald. hab nicht sorg. er
wirdet dir wol wider. wann jch dir den selber behalten will.
also fůrten sy den halb todten man mit in verholen in dye
stat die fraw nam selbs helm vnd schwerte Brangel den
795 guldin halßperg. vnd ander gereyd. Als sy in nun gancz auß-
zugen. bereytten sy jm ein bad die frau bracht salben. die
jm zů seinen wunden gehŏret sy salbet. sy band. vnd badet
in. das er gancze zů seinen krefften kam. vnnd weil er also
in dem bad saß. vnd die frau von jm vmb gieng. gedacht er
800 bey dem har das er mit jm gefůrt het. das sy die frau wåre.
die er sůcht. vnd ward in jm selbs schmollen. des nam die
schŏn Ysalde war vnd gedacht. wes lachet diser. jch weiß
doch nichcz. das jch getan hab. Aber jch sollt jm leicht sein
schwert gewüschet haben zwar des ist er gar wol wirdig.
805 nam damit das schwert. vnd wolt daz wischen do ersahe
sy ein lucken in dem schwerte. dauon all jr freüd verschwand.
legt daz schwert von jr. vnd bracht die scharten die in das
selb schwert gehŏrt. vnd dye sy vormalen behalten het. Als
sy sahe dz es gerecht darein was. hůb sy czestunde an den
810 held zeveinden vnd hassen. vnd sprach. Du bist Tristrant.
vnd hast den serpant [33|1894] erschlagen. aber wz mag
dich das gehelffen. du kommest lebentig nimmer von hinnen.

787 stricket jm den Helm auff /
  W.
789 daß Weibßbilder W.
790 Die frauen wurden on mas-
  sen A.
793 mit jnen verborgenlich W.
795 güldin ringkragen / W. Nach
  gereyd (W.: gerethe) Üs.
  in W.: Wie Jsald Herrn
  Tristranten ein Wannen-
  bad bereiten ließ / als sie jn
  aber erkant / wolt sie jn
  jrem Vatter verrhaten / das
  wehret jr Brangel. Als nun
  Fraw Jsald Herr Tristran-
  ten gar außgezogen het /
  ward jm ein bad bereit / W.
797 sy salbt sy (!) bald vnd
  badet yn A.
806 ein scharten in dem
  schwert / W.
807 vnd bracht das stück das
  in die selb lücken gehŏrt /
  W. das schwert A.
810 helm zůfeinden A. helm (!)
  zu hassen W.

vnd ist auch kein zweifel du můssest meym ôhem mit dem
tod gelten. vnd will dich selbs nit vngemelt lassen. wenn du
815 hast mir den liebsten man den ye keyn junckfraw gehabt
hat. an meinem ôhem erschlagen. Tristrant laugnet dz er es
vnschuldig wår. Sy beschied in aber dz er nimmer laugnet
vnd sprach. Dz in schlůge tåt mir not wenn er schlůg mir
nach meim leben vnd zwang mich not. das jch mich wern
820 můst. getrau das jch des nit engelten sol. das jch mich leibs
not gewerett hab. Kurcz sy sagt jm er můst leib vmb leben
geben. da hülf kein bet für. vnd sy wôlt das jren vater wis-
sent machen. hieauf redt herr Tristrant. Es ist doch nit sit
das man leib vmb leib geb. wo einer den andern mit kampff
825 besteet. Sy sagt du můst aber den sitten lernen. Sol ich den
ye lernen das ist mir ye zů frů. vnd thů es auch hart vngern.
vnd bit eüch betlich vmb aller frauen vnnd besunder vmb
eüer selbs ere willen. Jr lassent mich vngemeldet hinein kom-
men. Bedenckt dz es eüren hohen namen vnd ere schwechen
830 wurde. das jr mich in freüntschaft vnd gůter handlung in
eüer haus auf meinen schaden gefůrt vnd gebracht habt wie
gezåm das weiplichem pild einen sôllichen vnuerdienten mort
zů stifften. besunder in sôlicher maß vnd form als jr mich
hie her gepracht [34| 1929] habt. vnd jch meinthalben sôli-
835 chen fleiß vnd arbeit gehabt hab eüch vnd eür leüt vnd
lannd erlediget. von sôlicher not. darumb denn eüer vatter.
eüch zů widerlegung der selben arbeit vnd nott zů geben
gelobt hat. sol jch denn darumb sterben. das jch der bin.
der sich vmb eüren willen in so groß angst geben hat. wåre
840 gar ein vngeleicher wechsel. deßgeleichen nye erhôrt wår.
darczů auch. wurd ewer hoher breis ganncz genyderet. das

815 den ye kein iungfrawe noch weiblichs bild gehebt hat A.
816 Aber der kôn helde herr Tristrant A.
817 Isaldis aber beschid yn in solcher bescheydenheit das er A. daß er des gestund / vnd sprach: W.
820 verhoffe daß ich des W.
821 leib vnd leben A. W. leben verlieren W.
822 irem vatter zewissen tůn. A. jrem Vatter selbs anzeigen. W.
828 von hinnen komen W.
834 ich ewert halben W.
838 verheissen hat. W.

jr in gůter vnd freündtlicher hanndlung. sôlich verborgen
mordt tragen sôlt. Ach mein fraw schonent ewer selbs eren
an mir. bas dann jr mir geheißset. Sy sprach jch habe das
845 alles vor bedachte. das es mich nicht eret. yedoch so zwinget
mich die klag vmb meinen lieben ôheim. das jch das alles
czů rugk geschlagen habe.

⁌ Her tristrant sol siczen in einem wannen bad. vnd
die schôn ysalde vor jm steen mit dem blossen
850 schwert. aufgeczogen als ob sy in tôten wôll. vnd
die junckfraw brangel von verren zů geen mit der
geperde als ob sy jm helffen wôll

*Holzschnitt: Isalde vor ihrem Vater*

⁌ Vnd als sy yecz waffen schreien wolt vnd ser wainet gieng
brangel jr getrewe junckfraw zů der thür ein. die erschrack
855 ser. vnnd fraget was das wåre. das die fraw so herczenlich
wainet. es warde jr gesagt mit zåherden augen vnd daz der
ye sterben můst. Ey sprach brangel daz wår ein vnerhôrte
sach. ob jr dem seyn leben verliesen wolt. der eüch ritter-
lichen vnd manlich als ein held erfochten vnd erarnet hat.
860 wie gezåm das. das jr in zů seinem tod in freündtschafft her
habt gefůrt. Ach wz grossen vnleümden wurde eüch dar-
durch ersteen. vnd nicht allein der vnleümd. ja jr můßt auch
eürs vatter schüsseltrager zů man haben. Ey wie ein schône
ere eüch das wirt. wo man in den landen sagen wirt. eürs
865 vatter schüsseltrager hab eüch mit listen vnd vnwarheyt

| | |
|---|---|
| 843 eüwer selbs eren A. | *Holzschnitt selbst offensicht-* |
| 844 besser dann W. | *lich nicht gehört.* |
| 845 daß es mich jrret/W. | 856 weinte. A. |
| 848 *Keine Üs. in W., desgleichen* | 858 verlieren A. W. |
| *in A., wo an dieser Stelle je-* | 861 was grossen vnehre vnd |
| *doch wie in A₁ ein Holz-* | vnglimpff/W. daruon er- |
| *schnitt erscheint. Die Über-* | steen A. |
| *schrift in A₁ liest sich wie* | 862 allein der vnglimpff/W. |
| *eine Anweisung für den* | 864 das würd A. sagen würd A. |
| *Holzschneider, zu der der* | |

eürem vatter abgeredt. So ist [35|1952] doch her tristrant
von gepurde vnd ein sŏlcher werlicher held. dem sich keiner
geleychen mag. vnd ob er all ewr mag erschlagen het. jr solt
in dannoch geren nemen dann den czagen. vnd der von
870 ringem geschlăcht geborn ist. von dem jr keiner gůtten tat
noch wirdikeit warten seyt. durch sŏliche wort ward ysald
erwegt. stellt jren zorn ab von jm. vnd schůf klaider brin-
gen Vnd als er beklaidet ward. ward er jren augen so geuell-
lig. das aller klage. so sye vor gehabt hett. vergessen ward.
875 wann es geschicht dick das weipliches gemůt durch schŏne
gestalt vnd hübsch geberde. von zoren in gůtigkeit vnnd
sennftigkeit gewandelt wirdt. also geschach an frawen ysalden
auch. Sy vmbfieng her Tristrant freündtlich. kusset in liep-
lich an seinen mund. vergaß aller veindschafft vnd hasses.
880 vnd saget jm zů stătten frid vnd freündtschafft. sy gelobt
jm auch frid vnd gelait von jrem vatter erwerben. Als sy
jm das gelobet het, gieng sy zů jrem vatter. jm sagend. das
sy erfaren het. wer der wår der in allen auß der nott geholffen
vnnd den wurm erschlagen hett. vnd sprach. Vatter. dein
885 czage rŭret den wurm nye. biß in ein ander getŏdt hat. Ant-
wurt der küng. hastu in denn funden. Nun will doch diser
bezeügen. dz er in ertŏt habe. darauf redt ysald also wer sind
doch die. damit er bezeugen wil es seind leicht sein diener.
so ist nit dauon zehalten. wenn sy můssen sagen als er wil
890 vnd jm geuelt. wiltu es aber an sy lassen. so mŏchten wir
wol betrogen werden. jch waiß aber warlich. das er den
serpant nicht ertŏdt hat. Der küng [36|1985] sprach was
waist du. du redest gleich. als ob du den gesehen habest. der
es gethan soll haben. jch halt aber ye het es der truchseß
895 nicht gethan. das er sich dann damit fürgåbe. vnd zeugen

867 von geburt edel A.
868 all eüwer freünd A.
869 lieber nemen W.
872 hiesse klaider W.
875 geschicht offt / W.
879 aller veintschafft vnd alles haß. A.
881 zů erwerben A.

882 verheissen hett / W.
887 Darauff redet Jsaldis vnd sprach also. A. sind viel-
leicht W.
895 er würd solchs nit fürgeben vnd bezeugen wŏllen / W. darmit nit fürgeb A.

but. ob aber die zeugen seyn diener oder wer die seind. ist mir nit wissent. aber waistu den. der vns der not von dem serpant entladen hat. so heyß in für mich bringen. Hierauf antwurt die schön ysalde das wil jch geren tůn. aber vor
900 allen dingen wil jch. das der held frid vnd gelait hab vmb alles. wz er dir ye getan hat. do sprach der küng. frid vnd gelait sol er haben. vnd wz er mir halt getan habe sey jm ewiklich vergeben. do die fraw dz hort. sprach sy zů dem vatter. so mach die sůn oder frid ståt. vnd kuß mich an des
905 helden stat. das tet der küng vnd sprach. Mit disem kuß ist nachgelassen vnd verkoren alles das diser wider mich verschult hat. vnd als der frid geben vnd beståt ward. Redet fraw ysald mit jrem vater also Du hast dem truchseß zů gesagt auf morgen so nym all dein mann darzů. jch wil dir
910 den held bringen. dem truchseß zů schaden auf ein vermessen streit. darinn du selbs sehen vnd hören wirst. das der betrieger den wurme nicht bestanden noch ertöt hat. auch nit hat türren sehen. wie er sein endt genomen hat. Nun het der küng in seinem land vnd küngreich schreiben lassen.
915 allen fürsten. grafen. freien. ritter. vnd knechten. das die kommen solten zů der hochzeit. deßgleichen het auch der truchseß allen seinen gůten herren freůnden vnd bekannten geschriben vnd gebeten. das die auch kåmen. vnd in jn küngklicher wirde [37|2024] vnd seinen grossen eren sehen.
920 vnd jm darzů helffen solten. den er nit anders weßt. dann jm wurd der künig sein tochter geben. in dem wz her Tristrant noch verborgen in einer kemnaten der het groß verlangen nach seinem gesind das er in dem schiff traurig vnd betrůbt gelassen het. vnd berůfft peronis der frauen kamerer
925 vor benannt. bat den in dz schiff zů geen zů seinen dienern.

898 für mich kumen A.
902 was er mir leids gethon W.
904 mach den fride steht / W.
906 nachgelassen vnd verzihen W.
909 so nimm nu morgen all dein Hofgesinde W.
910 zůschanden A.

913 wie er hab gnomen den tode A.
914 lande A.
918 geschriben vnd embotten A.
920 dartzů hülffen. A.
923 in dem schiffe betrůbt gelassen het. A.

vnd jm kurneualem bringen. das ward getan. als jm beuolhen
was. vnd saget in die botschafft. Als die erhorten das ir herr
noch in leben wz. wurden sy zemal hoch erfrewt. vnd gieng
curneual mit peronis zů seinem herren. als er zů jm kam.
930 sprach er jm zů gar freündtlich. vnd beualch jm wider in das
schif zů geen. den andern sagen. dz sy zů morgens all jr
beste klaider an thåten vnd zů hof kåmen. da selbs an ein
banck siczen mit nyemand reden. noch aufsteen als lang biß
sy in selbs kommen sehen wen er hofft. die sach wurd geendt
935 vm der willen er auß kommen wår. darmit gieng curneual
wider in das schiff. den herren vnd gesellen allen sagen.
seins herren will vnd bot. die wurden des gar jnnigklichen
fro Sy danckten vnd lobten got den allmåchtigen. das sy
jren herren lebendig vnd gesund sehen solten. zů morgens
940 bereyteten sy sich auf das aller kostlichest mit klaider vnd
kleinot. so kostlich vnd zierlich der geleich in jrlanndt vor
nye gesehen ward. besunder was her tristrant zů seinem leib ge-
hort. das alles wz weit kostlicher dann das ander. Aber was sol
jch sagen von klaidern vnnd kostlicher gezierde oder kleinot.
945 oder auch yegliches besunder [38|2095] nennen. man waiß
wol das in der küng hôf. sind gezierd vnd kostlicheyt die
vns gar fremd zů nennen vnd vngelaublich seind. Sy heten
gar keinen mangel an allem. so sy bedorfften vnd begerten
Zů morgens kamen sy all zů hof. czů erfüllen jrs herren
950 gebot. all schweigendt. siczend an ein banck. vnd růchten
sich wer wider oder fürgieng. so stůnden sy doch nit auf.
gaben auch niemand antwurt wie vil man sy fragt. Der küng

928 noch lebete. wurden sy fro. A.
933 biß sy iren herren Tristranten A.
937 deß fro. vnd lobten got mit dancksagen. das A.
940 mit kleidern vnd kleineten A.
943 war alles vil kôstlicher dann W.
944 oder kleinet. oder auch yegklichs besunder. man A.
947 vns gar vnbekant vnd frembd zu nennen sind. W.
948 das sy A.
949 all gen hoff A.
950 vnd setzten sich auff ein banck/vnd achten nicht wer wider oder für gieng/ auch stunden W. auff einem banck A.

ward dz mercken. vnd fraget sein diener. wer die herlichen
vnd kostlichen weigant wåren. aber niemand west jm das
955 zesagen. Nun wz zeit. das der truchseß sein manlich getat
bezeugen solt mit den vier mannen als er dann geredt het.

⊄ Abenteür. Wie der truchseß sein manlich tat solt
beweißt haben. wie er überwunden wart. Vnd der
künig gab Tristranden die schön ysalden

*Holzschnitt: Isalde führt Tristrant vor den König*

960 ⊄ Do schickt der küng heimlich nach seyner tochter. dz sy
den held mit jr pråcht der sy eruochten het. Als sy die bot-
schaffte vernam. nam sy her tristrant bei der hend fůrt in
für jren vater. vnd als er in den sall gieng. sprungen die
herren sein diener all auff. mit grossen freüden. empfiengen
965 jren herren. stůnden jm an sein seyten vnd gaben damit
zůuersteen. das sy bereit wåren jm zů dienen. auch mit jm
zů sterben vnd czů leben. Do der küng das sahe. fragt er
frauwen ysalden. wer der heldt wår. sy sprach du solt in
vor kussen. zehand ward seiner tochter gebot volpracht.
970 vnd kusset den helt [39|2128] bestâtet auch damit den frid
vnd gelait. so er vor geben het in abwesen herren tristrands.
der ward da nun zů dem andern mal geben für sich vnd alle
die seinen. so er mit jm het dar bracht. als das geschahe.
sprach fraw ysald. jch waiß was du gelobest vnd redest. das
975 du das ståt vnd vnzerprochen haltest. so wil jch auch sagen.
wer der helt ist. Er hat dir den liebsten vnd kůnesten man
erschlagen an meinem öheim. Do der küng das hort ward
er eyn teyl betrůbt. vnd sprach. waiß gott her tristrant wår
die gethat nit versůnet jr kåmet vngehönet vnd vngeschimp-
980 fiert nymermer von hinnen. Aber was mir laides von euch

953 mercket das/W. die herr-
   lichen Weigant W.
954 west es ym A.
957 *Keine Üs. in W.*
964 auff in freüden vnd emp-
   fiengent A.

969 der Tochter will W.
978 Gott weiß (Herr Tristrant)
   W.
979 vngeschumffiert W.
980 nymer von A.

geschehen ist. hab jch alles nachgelassen vnd verkoren. solt auch gůtten ståten frid haben. Hierauff redet ysald das das recht vnnd billich wåre. wann tristrant wår ein sôllicher werlicher heldt. des er billich zů breisen wår. das aber er. 
985 jren ôheim erschlagen hette wår an seinen danck geschehen vnd môchte auch seins nefen land. von dem zinß. noch seinen leib vor dem tod anders nitt gefreien. Seitemal es sich aber ye also verhandelt hat. ist es im doch lait. vnd hat sich durch des willen auserhaben. vnd über môr gefaren. ob er 
990 sich vmb dich verdien môcht dz du sein freind wurst. vnd er hat sich dir zů lieb. der not vnderstanden vnd den serpant erschlagen. dardurch wir auch dz gancz land mit vns erfrewt ist Als sy die wort volendet. stůnd der truchseß auff vnd sprach zů her tristrant. warumb er sich außgåb des. daz 
995 er nit getan het. vnd wår ein groß unfůg an jm. daz er sich der sach anzüg. vnd vermonet hierauf den künig das er jm sein tochter gåb als er gelobt [40|2164] het. Her tristrant aber wolt sein recht auch nit lenger verschweigen. vnd redet zů dem künig ein teyl in zorn. herr der sagt vnrecht. das wil 
1000 jch beweisen. dz er auch den wurm. nye torst gesehen. wie oder wo jch den erschlůg. ist er aber so manhafft als er sagt. das er mich allein besteen tharr. so trett er zů mir in einen kampff da sôllt jr all sehen. das sein sagen. auch sein zeugen. valsch vnd vnwarhafft seind. Auch beweiß jch das mit der 
1005 zungen die jch dem wurm oder serpant auß seinem halß geschnitten hab. der rede bedauchte Sy all genuog. sy gieng aber dem truchseß auß dem schimpff. vnd spilet seiner freü-

981 nach gelassen vnd verzihen/ W.
984 Daß er aber Morholdten erschlagen het/W.
987 Dieweil es sich W.
989 willen auffgemacht/W. aufferhaben A.
992 darmit das gantz lant mit vns erfreüwet ist. A.
997 verheissen hett. W.
998 recht nit lenger A. vnd sprach A. W.
999 Kônig (ein teil in zorn) W.
1000 torst nit ansehen. A.
1001 den erschlagen habe/W.
1003 all zů sehen A.
1005 dem Serpenten auß seinem halß W. aus seinem rachen A.
1006 Diser rede bedaucht sie alle gnůg/aber es war dem Truchses dardurch sein freud bald verloschen/W.

den kling. in dem hefft enmitten von eyn ander. doch begert er. sich mit seinen freinden zů besprechen. wenn in wol
1010 bedauchte. jm besser wår. er ließs den streit. dann das er våcht. Da was einer vnder seinen freünden. der sprach. Vichtestu. so mage leicht kommen. du verliesest den leib. wann her tristrant ist ein starck man. vnnd zemal ein kůner vermeßner helt. als er an manchen ennden in hertten streit-
1015 ten vil vnd offt erzaigt hat. darumb rat jch dir mit ganczen treüen. ob du den serpannt nicht erschlůgest. so laß dein fechten mit jm. wenn bestest du in mit vnrecht. das wirt dich reüen. so můstu doch verunleümdet werden. du vechtest oder nit darumb ist [41|2204] ee zů raten du verperest
1020 den kampf. vnd bringest den leib daruon. denn das du beide den leib vnd leümden miteinander verliesest Do sprach der truchseß. jch will nit fechten mit tristrant. wenn er ist ein starck man. mit den worten gieng er für den künig. verjach vor allem volcke. das er den tracken nicht erschlagen het.
1025 Her tristrant wår der recht. der sollt auch billich vnd zů recht des küngs tochter haben. als er nun so offenlichen sein aigen laster verjehen vnd bekennet hett. sprach der künig Dicz hetet jr billich vor gethan. vnd ee jr ewch selbs. zů sölichem grossen spot vnd laster gemacht habt. Der truchseß
1030 gerau das er der ding ye gedacht. jm ward auch aller mengklich vnholt vnd vnginstig Er ward so gar verspotet vnd verhasset. vnd so gancz vnwert allen menschen. auch gesagt. von allen eren vnd wirden. das laster vnd vnere. darein er sich selbs gefůrt het. wart er aller erst bedencken vnd fürne-

1008 begeret der Truchseß A.
1010 er kempfft W.
1012 Kempffest du/W.
1013 ein starcker köner vnd vermessner helde. A.
1015 rat ich mit gantzen treüwen hast du das nit thon so laß A.
1016 hast du den Serpent nit erschlagen/W.
1018 můst doch den vnglimpff haben/du kempffest oder nicht/W.

1020 des kampffes A. vnd bringest den leib daruon *fehlt in W*.
1022 nicht mit Tristanten kempffen / W.
1023 sagt vor W.
1025 billich vnd rechtlich A.
1030 auch jederman vngünstig/ W.
1031 verspotet vnd gehast. A.
1034 bedacht er erst hernach/ vnd ward jm selbs feind/W.

40

1035 men. vnd ward jm selbs auch vngenåm vnd vnwert. schambt sich so ser das er von dem land rait. und nymmermer darein kam. mir ist auch nit kund. welchen enden er der land oder wie jm geschehen sei dann her tristrant vermant den küng seyner gelübd. da was die schön ysalde auch nicht
1040 wider.

☾ Abenteür. Wie her tristrant die schön ysalde mit jm wegfůrt. vnnd wie es in auf dem weg ergieng.

*Holzschnitt: Die zwei Mörder mit Brangel am Brunnen (hier an unpassender Stelle)*

☾ Her tristrant sprach. herr hört welcher [42|2233] weiß jch ewr tochter nemen wöll. jch will sy nemen meinem öheim.
1045 dem söllt jr sy geben da ist sy bas mit bestat vnd versehen dann mit mir. wenn jch der jar jung bin vnd sich mir nit gepürt ein frauen zenemen sunder weil jch wol waiß. das eur tochter ains måchtigern vnd würdigern mannes. dann jch bin. wol würdig ist. Hier antwurt der küng. das wil jch
1050 geren tůn seyd es dir lieb ist vnd geren sihest. wenn du nymbst villeichte für das du jr laide gethan hast an jrem öheim. ob sy des gegen dir ingedenck sein wurde. das jr denn nicht so wol miteinander leben wurdet als billich wår. vnd sein solt. So es aber dein will ist. will jch sy jm geren

1036 also sere das er darumb aus dem lannd rite vnd kam nymer wider. A.
1037 wo er hin komen/oder wie jm geschehen sey. W. in weliche end der land er kem oder wie ym A.
1039 seiner verheissung/W.
1041 Wie herr Tristrant Jsalden hyn weg fürt. vnd wie es ym ergienge. A. Wie der König Herr Tristranten die schönen Jsald befalhe seinem Ohem König Marchsen in Kurnewelisch Land zu bringen. W.
1045 besser nit versehen dann W. bas versorgte vnd versehen dann mit mir. A.
1047 ein weib zůnemen. sunder so ich nun weiß A.
1049 Jm antwurtet der künig vnd sprache. A.
1050 vnd es allso gern A.
1054 will ich sy gern geben deinem öhem. A.

41

1055 geben Her tristrant ja ja herr das waiß got dz jch jr nyemannd bas vergunn noch ginnen wil dann meinem herren vnd ŏheym Damit ward die heyrat bestât vnd die junckfraw herren tristrant beuolhen. die seinem ŏheim zebringen. Der küng vertiget sein tochter mit sŏlcher grosser habe vnd
1060 reichtung das es vnseglichen ist mit allem. was einer küngin zů gehŏrt vnd haben sol. nitt mynder bereyt auch die alt küngin grosser gezierd vnd kostlicheit jrer tochter. vnnd vast vmb des willen. das sy so verr. in ein ander lande faren solt. wolt sy jr tochter ye heymsteüren. das die über ander
1065 jr genossen berůmet vnd gebreiset wurde. Auch machet sy ein getranck. das wol billich das vnsellig getranck genennet wirt. vnnd beualhe das jr aller liebsten iunckfrawen einer. mit namen Brangel. das sy disen getranck solt verwarn. daz niemant [43|2269] darüber kâm. noch daruon getrunck. dann
1070 allein küng Marchs. vnnd dye schŏne Ysalde. so sy der ersten nacht bey lâgen. Sy solten auch das getrancke alles außtrincken. das sein sunst niemant wurde. denn nun den zweien. Ditz bat sy mit fleiß zů volbringen. wann sy wol sorge hett. wurd es andern leüten zeteyl. daz denn nichssen
1075 gůts dardurch ersten wurd. Der getranck wz also gemachet. wer des trancke. die můsten lieb an einander haben. Vnd so lieb. das eines on das ander nitt beleiben noch geleben mocht. Sy mochten auch einen tag nicht gesein. sy můßten an einander sehen. So es sich aber allso fůget. das eines das ander
1080 nicht sahe. nur ein tag. so wurden sy kranck. vnnd so lang vngesund. bis sy wider an einander sehen wurden. dz ge-

1058 ym befolhen A.
1060 vnsâglich ist/mit allem was W.
1064 ye haussteüren. A. ander jres gleichen W.
1068 bewaren A.
1069 trüncke/W.
1070 in der ersten A.
1071 außtrinken/daß niemand nichts daruon würd/W.
1072 dann nur alleine den zweien. A.
1073 zweyen/Solchs gebot sie mit fleiß W.
1074 das dann wenig gůts A.
1076 welche zwey des trüncken/ die můsten einander lieb haben/ daß eins on das ander W.
1079 also zůtrůge/W.
1080 sahe allein nur einen tag A.
1081 sehen mŏchten/W.

schahe durch wirckung vnd krafft des vnseligen trancks der mit sôllicher maisterschaft getemperiert was. das die krafft der grossen starcken lieb also anhefft ward. das sich Jr keins
1085 daruon geziehen noch gemeistern mocht vor vier jaren. So aber vier jare verendert wurden. So môcht eins dz ander wol lassen des getrancks halb. Was würcket aber das natürlich feüer der liebe in so langer zeit jch laß mich bedencken wo die menschen also freüntlich in allen lieplichen gebården. so
1090 lang bey Vnd miteinander wonen. das dann das feüer der lieb so groß vnd starck werd damit es füran gar hart zů leschen vnd zů tilgen sey. also mag jch reden von disen zweien lyeben menschen. Do nun die lieb von der krafft des getranckes nach den vergangen vier jaren auff hôret. was
1095 [44| 2301] der natürlich flammen der liebe so hoch vnd weit inprünstigklichen in in beyden enzündt mit sôllicher grosser krafft das in vnmügenlichen was das zů erleschen. vnd müßten also jr lebtag prinnen in den flammen der starcken vnd vnsåglichen grossen liebe.

*Holzschnitt: Tristrant, neben Isalde im Schiff sitzend, trinkt aus einem flaschenähnlichen Gefäß*

1100 ⟨ Do der künig nun sein tochter herr Tristranten vermåhelt vnd beuolhen het ward vrlaub zefarn genommen vnd geben von dem künig. der künigin. vnd allem hofgesind. vnd füren hin weg. Herre Tristrant het die frauen in grosser sorgueltikeit. vnd machet jr ein besundern gemahe an dem kiel. do
1105 sy jnnen was mit jren junckfrauen. Er gieng zů dem morner.

1085 entziehen A.
1086 vier jar verschinen weren/ W. iiij. jar volendet A.
1088 gedunken A.
1089 leiblichen geberden A.
1091 daß es darnach schwerlich zu leschen sey. W. zů erleschen vnd abtzetilgen sey. A.
1096 mit solicher mechtigen vnd grossen krafft A.

1100 *Nach dem Holzschnitt in W. Üs.:* Wie Herr Tristrant die schönen Jsald mit jm hinweg füret/vnd wie es jnen auff dem Meer ergienge. W.
1101 hyn zefaren A.
1104 inn dem Schiffe/W.
1105 zů dem schiffman A. zu dem Schiffmann W.

43

oder schiffman. beualhe dem das er balde faren solt. darmit
sy nit lang vnder wegen lågen. Aber fraw Ysalde. mocht
sölliches eylents farn nicht erleiden. vnnd bat wo man kåm.
zů einer habe. Solte man zů lenden. das geschahe. vnd als
1110 yeder man auß an das lande gieng durch lust vnd schawen.
was auff dem lande wår. gieng herr Tristrant zů der frauen
besehen was jr wår. oder ob sy lang do můsten still ligen. in
dem begab sich. das er mit den frauen allen redhafft warde
saget in hübsche abentewr. darmit er in die zeit kürczet. vnd
1115 lang stund vertreib in dem reden ward in ser dürsten. vnd
begeret zů trincken. der schenck wz nit gegenwürtig. Aber
ein kleines junckfrålin sprach. Herr jch weiß wol trincken.
gieng darmit. do der verflůcht vnsållig tranck stůnd. vnd
bracht jm den. Es weßt aber nicht anderst. er wår ein wein
1120 als ander [45|2348] wein. So weßt auch herr Tristrant nicht
das jm der trunck zů söllichen nöten vnd angsten geraten
solt. vnd thåt eyn gůtten trunck. wann in ser dürstet.
vnd bedaucht in der wein gůtt den bot er der frauen ysalden
auch dar. zehand als sy getruncken heten wurden jr hercz
1125 vnd all jr inwendig krefft verwandlet vnd erweget in in-
prünstiger lieb enzündet. vnd so hoch in dem flammen der
lieb enprennt das jr yegklichs das ander jnnerlich begeret
lieb zehaben. sy wyßten vor sollicher großer vngestůmer
lieb nit wie sy barn solten. vnd meinten von jren synnen zů
1130 kommen. sy geben sich dann aneinander zů erkennen. doch
so west er von jr noch sy von jm der geschickt nit vnd meint
jr jetweders die not allein haben. yedoch wurden sy beyde
offt bleich vnd rott. heiß vnd kalte. vnd wurden dick ver-

1108 vnd batte wo man zu einer anfart kåme/W.
1111 was do were A.
1113 allen ward reden. A. allen reden ward/W.
1114 die weil kürtzet A. vnd lange weil vertribe/W.
1118 das verflůcht vnselig getranck A.
1124 Zů stund als sy A.
1125 verwandelt vnd inn jnbrünstiger liebe entzündet/ W.
1128 vor solicher grossen vngestůme nit A.
1131 meynet yetweders A.
1132 es hette dise not allein/W.
1133 vnd wurden jr geberd gar offt verwandlet vnd vil anderst dann sie vormals gewont waren. W.

wandlet alle jr gebård. weder sy vormalen gewon waren.
1135 Was sol jch sagen. die lieb ward also groß. vnd jr kummer
so mannigueltige. das jr yegkliches sorg het. es wurd das
ander mercken. so das geschåhe möchte kein versagen noch
verzeihen do sein wz der ander bat. Als herr Tristrant des
in jm selbs war nam vnd enpfand. schied er traurig rewig.
1140 vnd hart kranck von der frauen die auch nit mynder not
het denn er. Sy legten sich beyde zů pedt vngeeßsen vnd
vngeredt.
Also da jr keins weder aß noch tranck noch mit niemant
ret. sunder mit ståter vnd empssiger klag. [46| 2398] jr yegk-
1145 lichs jm selb So streng on auffhörn anlag. das sy meinten ye
eines von dem andern den tod haben gewiß. vnd weßt doch
eins des andern not nit. Vnd als die fraw lag so schwåre vnd
hart versert vnd verwundt mit dem stral der mynn. auch so
gancz enzündet mit dem feür der lieb. vnd sahe sich selbs
1150 so hörtiklich brinnen. redt sy zů jr selbs Ach vnd o wee
herr mein got. was jch grosser sorgen vnd reüen in meinem
herczen verborgen trag. vmb disen lieben vnd laiden man.
Wie getharr jch aber sprechen laiden. Nun bin jch jm doch so
holt vnd hab in so lieb. das jch on in nit genesen mag. Er
1155 benymmet mir essen vnd trincken. schlaffen vnd wachen
auch all mein freüd. vnd dz jch anderst nichß mer gedencken
kan denn in. vnd es sey denn das jch mich jm zů erkennen
geb vnd er mir helff. sunst stirb jch. Aber wz sol jch sündigs
weib. jch fürcht er acht mein nicht Warumb bin jch jm

1135 Was soll ich nun mer sagen. A.
1137 noch kein vertzeihen A.
1138 ander begert. W.
1139 traurig vnd hart kranck A. trawrig vnd hart kranck W.
1140 weniger not vnd schmertzen W.
1142 *Nach* vngeredt *Üs. in W.:* Wie sich Fraw Jsald sehr beklaget von wegen der inbrünstigen liebe.
1143 Als nu jr keines weder essen noch trincken mochte / auch mit niemandt redten / W.
1144 mit emssiger steter klag A.
1147 lage / gar hart versehret vnd W.
1148 mit dem pfeil Cupidinis / W. mit dem stral der liebe A.
1150 zů ir selber vnd sprach. A.
1153 byn ich ym A.
1157 kan dann an yn. A.
1158 so stirb ich. W. ich armes weyb. A.

45

1160 dann holt. Ja wie môcht jch jm veint sein. Wann zwischen
himel vnd erden lebt nicht bessers noch kůner held dann er
ist. Er hat auch das dick vnd manichen enden wol erzeyget
das er groß vnd manlich tåt besteen vnd gethůn tharr. jch
erkenn auch sein adel. sein tugent. sein schôn. sein hôffisch
1165 vnd warhafft gemůt. sein zucht vnd wolgezogenheit. vnd
das er alwegen würbet vmb er. vnd den hôchsten preiß. wz
soll der red mer. jm gebricht keiner tugent. vnd ist der aller
sůssest man. den junckfraw je lieb gehebt hat. durch sôllich
sein tugent [47|2431] vnd frümmkeit. bin jch jm worden
1170 hold. Er leüchtet mir auch in meinem herczen für ander
volck. recht als golde für bley.
⁜ Aber sprach sy Herre got wie ist mir geschehen. wie ist
mein gemůt so jehes verwandlet worden. Nun habe jch in
doch vormal offt gesehen. das er mein gemůt nie erwegt hat.
1175 Wye bedunckket er mich nun so gůt. wie bin jch jm nun so jnnk-
lichen hold. den jch vor kurczen zeiten tod wolt haben.
O wee hercz vnd můt. môcht jr von jm wenden der eür doch
nit achtet. noch lieb hat. O cupido. hab jch dein gebot ye
übergangen. oder hab jch arme ysalde ye jchcz gewürckt.
1180 dz jch solt vermiten haben. dz hastu nun wol an mir ge-
rochen es sey denn dz du mir dein huld gebst .mir gnad
beweisest. sunst zerbricht meyn hercz vnd stirb von dein
schulden. Darumb bit jch. Stell ab dein vngenad. vnd senft
mir ein teyl der grossen not. die doch ist gancz vnleidlich.
1185 vnd dz jch nit so gar erbårmklich vnd senlich sterb. jch gelaub
nit dz du allen frauen so vngenådig seyest als mir. warmit

1161 noch kein kôner helde A.
1164 sein hôflicheit A.
1166 vnd vmb den A.
1167 ym gebricht keiner eren oder tugent. A
1168 den kein iungkfraw A.
1170 holt in meinem hertzen. vnd er villeicht auch mir für ander frawen vnd iungkfrawen. Recht als A.
1172 Herr allmechtiger gott. A.
1173 worden. ich hab yn doch

vormals offt A.
1174 bewegt. A.
1175 so ynnerlichen hold. vnd weiß doch nit wie er gegenhalb mir ist. den ich vor etlichen kurtzen zeiten A.
1181 mir huld A. Wo du mir nit gnad beweisest/so zerbricht W.
1182 erbricht mit A. mů̈ß von dein schulden sterben. W.
1183 vnd milter mir W.

hab jch dich nun erzürnet. dz du mich so håßlichen ångstest.
vnd peinigest. vmb dz. des jch vor nie kunde gewan dz
machstu mir nun so kündige. dz jch wicz vnd synn. leib vnd
1190 leben [48|2497] dardurch verliern můß. du hast mich deyn
gwalt so gar vnderworffen. dz jch nit anderst beger denn du
wilt. jecz wirt jch kalte als ein eyß. vnd wil also erfriern. yecz
wird jch brynnen als ein feür. vnd dringet der schweiß durch
alle meine gelyder. Ach wz wunderlich siten hastu mich in
1195 kurczer zeit gelernet. Du hast so schwåren last auff mich
geladen. daran ein ganczer perg genůg zetragen het. Nun
zürnest du doch on recht mit mir vmb disen man jch hab
in lieb. vnd er mich nit. darumb zürnetestu billicher mit jm
dann mit mir. vnd du solt in darzů halten. das er mich
1200 auch lieb het. wann jch meinthalben thů was dein gewalt
gebeütet. O zů wz grossen sorgen vnd angsten hastu mich
brachte. sol jch also jåmerlich ersterben. Ey laß dich mein
groß not erbarm vnd kumm mir zehilff. jch meint dein
arbeyt wåren sůß vnd sennfft. Nun seind sy bitter vnd herber
1205 dann ye kein essich vnd mirren. sol jch sôlich groß not leiden
vmb einen der mich veracht hat do mein vater mich jm
geben wolt. zwar jch will versůchen. ob jch mein hercz vnd
mein gemůt auch von jm wenden müg. vnd will auch nimmer
an den helden gedencken. O wee wie mag dz ymmer gesein
1210 dz jch mein hercz von dem abziech. den jch so gar
herczenlich lyebe hab. vnd vmb des willen jch so jnnerlichen
hart gepeiniget würd. Es ist aber besser jch hab in lieb. vnd
werd sein weibe. dann dz jch den leib verlier. O ach der
großen not. wie sol jch das aber anfahen das er mein not
1215 weßt vnd jnnen wurd geschicht des nicht. so můß jch ster-
ben. jch main jch můß jm es sagen.
⁋ O wee wie thůn jch dann so groß [49|2584] vnrecht jch
wird den tag gen meyn freünden nimmer mer überwinden

| | |
|---|---|
| 1192 yetzt wird ich eißkalt vnd A. yetz so prinn ich als A. | 1205 essig vnd mirr A. |
| | 1206 mein lieber Vatter W. |
| 1193 durchtringet mich der schweiß in allen meinen gelidern. A. | 1210 so hertzlieb A. |
| | 1211 so ynnigklich A. so jnnerlich gepeiniget W. |
| 1200 wann ich meine zetůn A. | 1216 ich wöll es jm sagen. W. |

47

noch gen jm. vnd auch mir selbs. wz wurd er jm gedencken
1220 Wie leichtuertig wurd er mich schåczen Jch will aber mein
ere behalten. vnd den leib verlieren. ee jch jm das ymmer
sag. Ach nain. das wår übel vnnd wåre auch schad. Der
leib ist mir lieb. So istt er mir auch lyeb. Ach gelücke nun
walte sein. jch will es wagen. wer weißt ob er mir mein red
1225 zůgůt verfahet vernimmet er recht wie gar jnnklichen lieb
jch in habe. wirt leicht sein hercz auch ein teil gegen mir in
lieb erwegt. Jn sőllichen sorgen vnd angsten was fraw ysalde
befangen. vnd kund noch mocht doch jr hercze noch jr
gemůt von dem man nit gewenden. weder tag noch nacht on
1230 vnderlas Nicht mynnder wz auch herr Tristrant vmbgeben
mit sőllichen grossen angsten vnd klagen das es on massen
ist. wann der flamm der vngestůmen lieb. het in so krefftik-
lich enzündet vnd durchgangen dz marcke seiner gebain. vnd
durch drungen all sein geåder. das er gar nahent tod was
1235 Der fůrt nun wol zwiuåltige klag wy der ysald gethan het.
wann die man all wegen vil hübscher vnd geblůmter worte
künden. dann dye frawen. Vnnd darumb was seyn klag
souil mer vnd grősser dann die jr. Vnnd allso lagendtt sy
vierd halben tag. vngeessen. vngetruncken vnd vngeschlaf-
1240 fen. vnd wißt auch jr yekliches nit anderst dann gewißlich
nach dem anndern sterben. oder aber sich jm offenbarn. als
gar warn sy enzündet beyde. [50| 2620] das sy nit anderst
gedencken kunden. denn nun wie sich eins dem andern mőcht
offenbarn vnd zů erkennen geben durch sőllich groß not. wur-
1245 den sy gancze enstellet. Jre liechte volgeferbte anttlücz er-
bleichet vnd mißuar. vnd lagent gar on alle krafft vnd macht.
Als aber Curneual vnd Brangel sőllich kranckheyt vnd jamer
an jrer herrschafft sahen wurden sy erwegt in grossem mit-

1222 vbel gethon W.
1225 zu gůt helt/vernimpt er recht W.
1226 villeicht A.
1230 Herr Tristrant war auch nit minder mit vnmåssigem klagen vnd ångsten vmb- geben/dann der flamm W.
1235 weder Jsald A.
1237 darumb war sein klag vil grösser dann die jre. W.
1240 dann das eins gewislich nach dem andern sterben würde. oder aber ym offen- baren. A.
1245 wolgeferbte angesichter W.

leiden Vnd redt Brangel czů Curneualen. O wie sol wir arm
1250 leüt tůn leicht wir vnser herrschaft also verliesen. jch stirb
mit in. O weßt jch doch was in wåre. oder wo mit man in
czů hilff kommen möchte. Mit söllichen vnd mer worten
klageten dye jr not. Vnd weil sy miteinander redten ge-
dacht Brangel an den getrancke der jr beuolhen ward zů-
1255 uerhietten. gieng bald do sy in behalten het. vnd vande nicht.
Do erschrack sy von ganczem herczen. vnnd allem jrem ge-
můt. Schlůge die hend ob dem haubt zesamen vnd sprach.
O wee lieber Tristrant vnd lyebe fraw. Nun seyt jr beyde
verlorn. es seye dann das jr zesamen komment. O wee vnnd
1260 ach diser grossen not das jm gott geschweych. der ewch dysen
getrancke ye geben hat.


℃   Abentewr. Wie sy zesamen kamen vnnd der gar
strengen not eyn teyle entbunden wurden.

*Holzschnitt: Tristrant vor der im Bett liegenden Isalde*

℃ Vnd als Brangel nun erfunden hett. die kranckheit jrer
1265 herrn vnd frauen gienge sy wider zů Curneualen. jm sagen
wye die kranckheyt geschaffen wz vnd dz sy ein [51|2645]
getranck getruncken hetten. dauon si sich lieb můsten an
einander haben wie in auch vngeholffen wår dann alleine
man bråcht sy zesamen. Wellicher weiß aber des geschehen
1270 möcht was in vnkunde. doch sprach brangel. ee jch deyn
herren vnd mein frauen also sterben laß. Ee so wag jch ere

| | | | |
|---|---|---|---|
| 1249 | sprach Brangel W. wir arm elend vnd trostlosen leüt tůn. Jst das wir vnser A. | | eüch dises tranck gegeben hat. A. Daß dem Gott verzeihe/der euch W. |
| 1250 | verlieren so kan vnd mag ich mich nit auffenhalten ich stirbe mit yn. A. | 1262 | Wie Jsald vnd Herr Tristrant zusamen kamen/vnd der grossen not ein theil offenbarten/vnd entbunden wurden. W. |
| 1252 | Mit solchen worten klagten W. | | |
| 1254 | an das getranck A. | | |
| 1255 | do sy das hynbehalten A. | 1268 | wie yn nit zehelffen A. auch nicht zu helffen were/W. |
| 1260 | das yn gott schende der | 1271 | will ich wagen A. |

49

leib vnnd gůtte. Curnewal thů dein teyl. vnd hilff das wir
sy zesamen bringen. jch můß doch zů letst den leybe darvmb
verliern. wann jch solt des getranckes bas gepflegen haben.
1275 So aber das nicht geschehen ist. so můß sein glůcke walden.
vnd ist auch besser wir tůnt hilff dann das wir sy also ster-
ben lassen. Wann geschâch das so wår mir lyeber vnd besser
vngeborn. Curneual sprache also ist auch mir. denn wie vnd
in wellicher weiß jch darzů helffen mag. bin jch willig vnd
1280 bereyt. Als der rat beschloßen ward. kamen sy aber an ein
hab. dz was nun an dem vierden tag. dye lewt giengen ab
dem schiff. das jr nit vil darjnn belaib. Do sprach Curneual
zů seinem herrn. Herr geent zů fraw ysalden jr wirt auch
jch weiß nit was. ob eür not gesenfftet wurd. vnd wie ob
1285 sy auch geren weßt wie es vmb eüer sucht geschaffen wår.
sôlichs redt Curneual auß listigkeit. vnd durch rat der ge-
treüen brangel. Herr tristrant hůb sich auf vnd gieng zů der
frawen. als er zů der thür [52| 2683] kam. het er so vil krefft
nicht das er fürbas môchte. Als aber sy in von verren sahe.
1290 begund sy růffen. Herr vol kommbt bald. da er dz hort.
erschrack er. vnnd gedacht jch bin jr vnwert. sy bewt mir
nicht durch gůt dise grosse ere. wår jch jr lieb sy hieß mich
nicht herr. vnd was jm die red laide doch gedacht er wider-
umb. sy hatt es durch grosse lieb gethan. vnd mir damit
1295 geôffnet. das jch jr vor aller welt der liebest bin. der gedanck
gabe jm newe kraft vnd macht. vnd volgieng zů der frauen.
secztsich neben jr an jr seyten vnd ward mit jr redhafft.


1273 den meinen leibe darumb A.
     das leben darumb W.
1275 můß es gelücke A.
1280 an ein anfart / W.
1281 von dem Schiffe / W.
1283 Herr ir sôllent geen zů der
     frawen A.
1284 gelindert würde / W.
1285 ewer kranckheit W.
1289 fürbas môchte kumen. A.
1290 Herr volhument (!) A.

1291 gedachte in ym selber A.
1294 durch grosser liebe willen
     A. damit angezeiget / W.
1295 der aller liebste A.
1296 newe krafft / vnd er gieng
     W.
1297 an ir seitten. Sy ward mit
     ym reden vnd klaget ym
     das das sy dann verwundet
     in irem hertzen. A.

⁌ Wie tristrant vnd die schön ysald bei einander siczen vnd jr liebe gegen einander freündtlichen offenbarten.

*Holzschnitt: Tristrant und Isalde sitzen beisammen, Brangel steht unter der Tür*

⁌ Do das sahen. curneual vnd brangel. namen sy in bald ander geschåfft. vnnd giengen zů der thür auß. die zwey aber. beliben bey einander. Welliches aber ee sprach ward mir nicht bescheiden. dann es verjahe je eins dem andern. der grossen liebe vnnd freündtschafft so sy zesamen hetten. die lieb gesigt. vnd ee sy sich schyden. wurden sy beyde gesundt vnd ward vergessen aller clag angst vnd nott. so sy vor gehabt heten. Da sy nun jr liebe an einander geoffent vnd verkünt heten. vnd ye eins von dem andern mit gleicher maß lieb gehabt ward. pflag sy sölcher grossen freüden vnd wunn daruon vil vnd lang zesagen wår. besunder gebar in dye liebe teglich neüwe [53|2723] lieb vnd freüntschaft durch sölich lieb die raiß auch etwz dest lenger verzogen ward. vnnd das sy der lieb. jr gebird ein wienig deßtbas möchten ersatten. wie wol kein ersattung noch benůgen da sein mocht. noch dann. namen sy die zeit daran die in mocht werden. so lang biß sy küng marchsen land sahen. do gieng es in auß dem schimpff. vnd sorgten das künfftig schaiden vnnd meiden. vnd wurden dardurch ser betrůbet. aber groß inprinstig lieb gab in hofnung vnd gůten trost in allweg czesamen kommen. das auch nicht müglich wår jnen den wege der grossen liebe czů beschliessen. Sy waren aber angsthafft vmb das. zwischen jr geschehen. durch würckunge vnd kraffte. des vnseligen getranckes. vnd sy wurden mitein-

1298 *Keine Üs. in W.*
1303 Welches aber am ersten anfienge zu reden / ist mir nicht wissent / W.
1304 es saget W.
1310 pflagen sy wunn vnd freüde A.
1315 kein ersettigung W.
1317 do gieng es in auß dem schimpff *fehlt in W.*

1325 ander zů rat wie sy den küng betrůgen mőchten. doch. dz sy
füran jrer lieb nach geen vnnd vngeschiden beliben. der rat
gieng aber alleyn über die getreüwen brangeln.

☙     Abenteür. Wie fraw ysalde brangeln bat. dem künig
der erste nacht bey ligen.

1330 ☙ Hie hőrt wie fraw ysald. jr rede mit brangeln anfieng.
O brangel mein freündin. du mein allerliebste getrewe. Gibe
mir deinen getrewen rat. wye jch meyn sach anfahen sol.
so jch bey dem küng sol ligen. Brangel sprach des waiß jch
nitt. Ach nain. du mein helfferin in meynen nőtten. nicht
1335 sprich also. gib mir bessern trost. O was sol jch reden oder
raten. jch waiß noch enkan laider. Do ysalde das hort. er-
schrack sy vnd ward zemal ser betrůbt. Vnd sprach. nun
ist alle mein freide dahin. vnd alle mein hoffnung ist ver-
schwunnden. Brangel sprach. das wåre mir herczenlichen
1340 laid [54|2754]. ob jch sőlich not an euch wissen solt. Ach
mein Brangel so erschein es durch dein frümkeit. vnd thů
mir helffen. sihe an meinen grossenn ernst. vnd laß mich
nit lenger biten. jch wurd dir zů willen. laß mich desselben
geniessen gegen dir. vnd würd czů willen meiner gebete. ja
1345 fraw jch wolt dz geren thůn. weßt jch welicher weiß. Da
begere jch ein ding von dir czethůn. vmb meinen willen.
vnd will dir des ymmer danckber sein. Fraw so laßt hören
wz es doch seye. Ach mein brangel. mein besundere liebe
freündin vnd getrewe. jch bitt vnd begere betlich. das du der
1350 ersten nacht dem künig ein weil beyligest. das will jch gar
groß vmb dich verdienen.

1326 fürthin W. bleiben wolten/
W.
1330 Als nu diser rhat beschlos-
sen war/gieng Jsald zur
Brangel/vnd redet mit jr
also: O Brangel W.
1341 so erzeig das durch dein

frőmbkeit/vnd hilff mir/
W.
1343 laß mich meiner trew gegen
dir geniessen/W.
1349 begere/daß W. die ersten
nacht A.
1350 bey dem Kőnig ligest/W.

Fürwar fraw. das ist ein ding dz nymermer geschicht. da habt nitt zweifels an. so wil jch dich aber mit lieb vnd dienste darzů bringen. ja mit wz diensten möcht jr mir das wider-
1355 legen. O mein Brangel biß mir nit so hört vnd hab nit zweifels es sol dir widerlegt werden. das wil jch dich sehen lassen Fraw jr legts gnůg dar. aber euwer dienst mügen mich wol vergeen. vnd jch jr enperen. So bitt jch dich aber durch got. du wöllst dich mein erbarmen. Nun was sol die red so lang.
1360 jr habt einen üppigen vnfůgen spot gen mir. O wee laider. wye groß nott mich angeet. zwar die red steet euch doch nit wol an. wie sol jch jm aber tůn. [55|2771] jch mag jr yedoch nicht enperen. so laßt auch ab wann jr bedürfft der ding nicht mer begeren. Ach nain. mein branngel. meyn
1365 fraw vnd künigin. du solt mir also nitt geschwechen. stelle ab dein herttigkeyt. vnd hilff mir auß den engstlichen nöten Weil jch doch bereyt bin. dir widerumb zů dienen. die weil vnd jch lebe. Frawe jch hab euch verr geuolgt über mör. vnd euch ye vnd ye getrewlichen willig vnd vnuerdrossen
1370 gedient. bitt jch dasselb zů bedencken vnd ansehen. vnd mich nit so ser verkrencken vnd entseczen meiner eren.
ℂ Ach vnnd o wee. so verlewß jch alle mein ere. jch mag auch füran. dir noch mir selbs. nymermer gehelffen noch geraten. noch nichts gůtes gethůn. das alles möchtest du wol für-
1375 kommen vnd bewaren. bist mir auch des vor gott schuldig. Nu hast du mir doch selbs gesaget. das mir sölich mein nott vnd vngelick von dem getranck entstanden sey den du verwart soltest haben. vnd dir allein beuolhen worden ist. Auch sunst niemand die würckunge des selbigen verflůchten ge-

1352 ein ding / das on zweifel von mir nimmer geschicht. W.
1355 sey mir nicht so hert / W.
1357 aber ich will ewer dienst lieber emperen. W.
1358 fürgeen A.
1359 Was soll dise lange red / W.
1360 ir treibt nur eüwern üppigen vnd vngefůgen spot gen mir. A. O wee der grossen not / die mich angeht. W.
1364 mein liebe vnd getreüwe. du solt mich nit also schwechen. A.
1365 nicht also betrůben / W.
1367 so ich doch A.
1369 je getrewlichen vnd vnuerdrossen gedienet / W.
1371 krencken A. bekrencken W.
1372 *Kein Absatz in A. und W.*
1377 das du verwart A.

¹³⁸⁰ tranckes gewißt hatt denn du. bist du denn nicht schuldig
an meiner so grossen müseligkeyt. So du nun schuldig bist.
so bist du auch schuldig vnd gepunden mir widerumb zů
helffen auß meiner so grossen nott. laß mich doch geniessen
dz jch über sólich dein groß schuldt vnd so gar grosses über-
¹³⁸⁵ sehen. dich so gar freüntlichen vnd mit tugentlichen worten
bin bitten. vnd mich dir gar vnd gancz ergeben vnd zů dienst
erboten habe laß mich auch nicht verlieren den grossen
[56|2789] getrauen den jch zů dir hab. durch all deyn gůt
vnd frümkeyt. Da brangel das hort. warde sy jnnigklichen
¹³⁹⁰ wainen. vnd sprach Ja laider. es ist war. die schuld kommbt
von mir her. durch mein groß übersehen. vnd ist billich. das
jch darumb leid was mir zů leiden geschicht. vnd ergib mich
euch zů helffen. doch wolt jch mich lieber tot wissen. Als
sy das gelobt. gienge ysald zů her Tristrant vnd saget jm
¹³⁹⁵ die geschicht. der ward er ser erfreüwet. Nun waren sy der
statt Thintariol nit verr. vnd het her tristrant fürgeschickt
dem künig ein boten. er brächt jm die frawen. nach der er
geschickt wáre.


⁌ Abenteür. Wie küng Marchs der braute entgegen
¹⁴⁰⁰ raite. von jrem beyligen. vnd wie der künig. der
ersten nacht betrogen ward.

*Holzschnitt: Brangel vor der im Bett liegenden Isalde (?)*

⁌ Der künig rait mit grosser macht nach dem aller kost-
lichsten mit seiner ritterschafft engegen die frawen zů emp-
fahen vnnd füren mit freüden heym. die hochzeit ward groß.

---

1381 schuldig bist an solchem. A.
1382 widerumb schuldig A.
1384 das ich über solich deines
groß übersehen A.
1385 worten bitte/W.
1387 den innerlichen getrawen A.
1391 derhalb billich/W.

1392 zu leiden auffgelegt wirt/
W.
1397 vnd dem König entbotten/
W. ym das weibe A. nach
der er außgesandt were. W.
1400 von jrer hochzeit/W.

vnd zemal herlich. wenn her tristrant het den küng. durch
boten. die sach langst wissent gemacht. Also dz er sich. vor.
mit allen dingen nach noturfft darzů geschickt vnd versehen
het. Her tristrant gieng zů dem küng. vnnd sprach Herr wz
ligt euch daran. ob jr die frauen gewert des sy bitet. sy
begert. das jr. jren lantsitten. mit dem beyligen begeet. Der
küng fragt wz lantsiten sy hete. her Tristrant saget jm. so
sy beylåg der ersten nacht. solt kein liecht da sein. vmb das
man sy nit såhe biß zů morgens das sy widerumb auf stůnde.
Do sprach der küng. daz er jr das wol [57| 2822] vergunt. vnd
hieß seinen öheim her tristrant selbs kamerer seyn. das er
auch thet vnd ließ. was die künigin begert vnd haben wölte.
Her tristrant was nun kamerer vnnd stůnden alle geschåfft in
seiner hand. Auch was der nun füran tet gen der küngin.
het er gůt recht. wann es in der küng vor geheyssen vnd ge-
beten het. der vnderstůnd sich der kemnaten. fůrt dem küng
brangeln zů pedt. vnd lag er bey der küngin. dicz was vnd
ist die gróßt betrieglicheyt. die her Tristrant ye gethet. doch
mag es rechtlich. nicht betrieglicheyt sein. Weil herr Tri-
strant sölichs nit auß aigen můtwillen vnd frefel getan hat
sunder auß schickung vnd würckung materlicher kunst. vor
oft benennt. Vnd als nun die nacht jren lauf aines teyls vol-
pracht het. vnd sich wider umb kert gegen orient. gieng
brangel mit betrůbtem herczen vnd versertem leib vnd ge-
můt. von dem küng hin zů ysalden. hieß die auf steen. vnd
sich zů dem küng legen dicz ward getan. mit vnwilligem můt
vnd was jr vil zů frů. auff zů steen von herren tristrant. bey
dem ließ sy jr hercz. vnd gieng mit dem leib czů dem künig.
Also ward der küng betrogen. vnd dye fraw bey eren be-
halten. es belaibe auch her tristrant ein gancz jar in dem
hoff vngemeldet. vnd vnwargenommen von yeder man. wie

1405 dem König die sach langest durch botten kunth gethon/ W.
1410 mit dem beyligen haltent. W.
1416 die Königin begeret. W.
1419 vor geheissen. Er vnderstůnde sich der Kammer/ W.
1435 vngemeldet/vnd vnuermercket von jederman/W.

groß die lieb wz. so kunden sy es doch beydenthalben helen.
Er redt offt zů seinem diener curneual mich hat wunder wie
jch sŏlich groß lieb also geleiden vnd gedulden müge. vnd
der. nicht ståte beywesen sol bey der schŏnenn ysalden. dye
1440 doch mein hercz vnd mein gemůte alle zeit gar bey [58| 2858]
jr hatt. vnnd regnieret wie sy selben wil. werlich curneual
glaub on zweifel. solt jch sy nur einen tag nit sehen jch wurd
kranck. solt jch aber zwen tag von jr sein. so můst jch ster-
ben. Nun wz auch die fraw geleich so sere verwundt als er.
1445 wenn sy heten beyde ein kranckheit.

⫛   Wie die künigin jr getrewe Brangel schůff czů
tŏdten. vnnd doch nicht geschahe.

*Holzschnitt: Die Mörder bringen Brangel zur Königin
zurück*

⫛ Darnach über vnlang. bedacht die frau jr wesen. her tri-
strants halben. vnd viel jr zů. brangel mŏcht sŏlichs nun von
1450 jr sagen vnd offenbaren. des sy doch wol sicher was. vnd
wolt der mit dem tod lonen. Schicket nach zweyen armen
gesellen. gab den sechczig marck silbers. vnd weißt in einen
prunnen in einem garten. beualch in bey jrem leben. wer
mit einem guldin trinckuaß zů dem prunnen kåm. er wår
1455 man oder weib den solten sy tŏdten. vnd zů einem zaichen
solten sy jr die leber bringen. die zwen gelobeten der frawen.
das also zethůn. namen das silber. vnd wurden zemals ser
erfrewt. Die künigin aber. leget sich nider vnd ward sich fast
klagen. vnd begert von der brangel des wassers auß dem
1460 baumgarten. die getrew brangel ward betrůbt vmb jrer
frauen blŏdikeit. nam ein guldin trinckuaß nach heyssen

| | |
|---|---|
| 1438 vnd der schŏnen Jsalden nicht stehts beywesen soll/ die doch W. | 1451 tode also lonen. A. |
| | 1452 vnd weiset sie W. |
| 1442 sy nun ein tag A. | 1458 vnd klaget sich sehr/vnd begeret W. |
| 1448 Nicht lang darnach/bedachte W. | 1461 nach geheiß W. |

jrer frawen. sy weßt aber nit den verborgen mord vnd vn-
treü jrer frawen. noch nicht. dz sy yecz sterben sollt. vnd
gieng zů dem prunnen. als sy des wassers schöffen wil. tre-
1465 ten die zwen herfür. greiffen sy an vnd sagten jr. sy mŭst
sterben. Brangel erschrack des onmassen ser Vnd sprach.
jr herren was sol das sein. nun waiß jch doch nichts getan
haben. darmit jch den todt verdient hab. aber wol [59|2912]
waiß jch. das jch meiner grossen trewen entgilt. nun thůt
1470 es durch ewer tugent auch durch die liebe gotes. vnd last
mich leben. biß ewer einer gee zů der künigin. vnd jr sag.
jch sey erschlagen. vnd sagt jr dabey. dz jch wider sy sprech.
jch wiß nicht. was sy rech an mir. das sy mich on schuld
so mörtlich verraten hab got waiß. das jch nicht gedenck ye
1475 jchcz gethan haben. darumb sy zoren gen mir hab. jch ließ
freünd vnd mag. vnd fůre auff genad in fremde land darinnen
jch on schuld meinen leib so jåmerlichen verliesen sol Waffen
des grossen mordes wz maint dises ding vnd groß vnpild.
Es sey dann das. da wir von jrland in dises küngreich faren
1480 solten. da gab vns mein alte fraw jr můter zwai weisse hemd
geleich kleyn. vnd sy solt die erst nacht in jrem hembd bey
dem küng ligen. ward jr hemd zertrennt vnd zerbrochen.
das sis mit eren bey dem küng nit mocht anhaben. do wz
das mein noch vngetragen. gancz vnd neü Sy erbat mich mit
1485 grosser bete. gelobet mir souil trew vnd freüntschafft. das
jch jr mein hembd lihe. nur die ainig nacht das sy bey dem
küng mit eren in dem hembt geschlaffen möcht. sölchs wz
mir nit gemaint. vnd tet das zemal vngeren. yedoch erweget
sy mich. mit sölicher jrer bet vnd geheyß. das jch jrs zů

1465 sagten sy můste A.
1467 nichts das ich geton hab A.
1468 tode hab verschult. A.
1469 entgelten můß. W.
1472 darbey vnd wider A.
1473 an mir reche A.
1474 das ich ye ichts geton hab darumb A.
1476 freund vnd gesipte/W. dar-
inn ich on schuld mein
leben verliern sol. A.
1477 mein leben W.
1479 das wir von A.
1480 Fraw (jr Můtter) W.
1481 gleich rein/W.
1485 verhiesse mir W.
1487 künig schlaffen möcht. A.
möcht/wiewol ich solchs
vngern thet/jedoch bewegt
sie mich mit jrer bitt vnd
verheissung/W.

1490 jüngst lihe. jch waiß nit wz jch jr mer erbewt. dann an der
selben ersten nacht. als sy bei dem küng lag. ward mir mein
hembd mißhandelt zertrennt vnd vntôchtig in jrem dienst
Dicz sagt jr von mir. wann jch nichcz waiß gehandelt haben.
damit jch den tod verschuldet habe.

*Holzschnitt: Derselbe wie nach 1447 (s. d.!)*

1495 ⁋ Durch [60|2959] sôlich jr klag vnnd vnschuld. wurden
die zwen mann erwegt in erbarmung. vnd verwunderten sich
sôlicher. der frawen fürnemen vnd rach. so sy het vnd doch
selbs nicht weßt wie oder warumb. vnd redten zû einander.
wz gieng vns nott das wir das weiplich pild jrs lebens be-
1500 raubten. wir môchten es nymmer überwinden. ja wir kåmen
auch von allen vnseren eren wo man sôlichs von vnß jnnen
wurd. wir wôllen vns an jr nicht vermailigen. vnd weil sy
also mit einander redten. lieff ein hund vergebenlich für den
tôtten sy. vnd namen die leber von jm. mit der gieng der
1505 ein zû der künigin gar verholenlich jr sagen dye geschickte.
Sy hieß in grossen danck haben vnd fraget ob Brangel in
jchcz gesaget het. Er sprach ja. darauff begert die frau zû
wissen. was doch die sag wår. er hûb an vnd sagt jr von
wort zû wort. wie sie jr erboten. vnd was sy geredt het. da
1510 jahe die künigin. sag auff dein treü ob sy jcht mer redt en-
treüen nain. sy redtt nit mer. dann das sy gern gesehen het.
dz wir jr den leib lassen heten. Do das die frawe hôret.
mercket vnd verstûnd. die grossen trew vnd lieb. So Brangel
noch zû jr het. vnd in sôllichen grossen vnd letsten nôten

1490 ich ir entbeüt mer. A.
1491 nacht do sy A.
1494 *Nach* habe *Üs. in A.:* Wie Brangel von den zweien gesellen irs lebens gefreit warde. A.
1496 beweget/W.
1497 der Frawen fürnemen/so sie hette/W.
1502 nicht beflecken. W. Vnd die weil A.
1505 gar verholen ir sagende die geschicht. A. gar heimlich W.
1508 wissen/was sie doch gesagt hette. W.
1509 enboten vnd A. Do sprach A.
1510 Trau nein. A.
1512 ir das leben A. Do die fraw vermerckt die A.

1515 sy noch nicht offenbaret. ward si sich selber veinten vnd hassen. vnd sprache. Nun mŭß es got erbarm. das jch den tag nie erlebt hab. Was sol jch nun Jch arme. das jch mich selbs also gefelschett vnnd sŏllichen mort begangen hab. Sy ward so gar betrŭbt vnd bekümmert das sy jr selbs gancz
1520 vergaß. vnd in dem selben grossen herczenlichen laid. recht als auß einer vnsinnikeit oder vnuernunfft begert sy. das sy der bŏß geist sŏlt hin nemen. [61 | 2996] vnd ward gar herczenlich wainen klaget auch so starck vnd ser das der gesell. der die mår bracht. geleich still stŭnde. vnd sahe sy
1525 durch wunder an. Alls aber sŏllich groß vngefŭg rew vnd laide er an jr sahe. mocht er sich nit lenger enthalten. vnd sprach fraw trŏstent eür gemŭt. Brangel lebt vnd ist nit tode. Jch getorst es vor nicht sagen. wann jch sorget es wår eüch laid. So jch ewch aber also hŏr. bin jch fro. das wir jr
1530 den leibe gelassen haben Sy sprach ach waffen mir jch geriet deins gespŏts wol. wann mir ist nichcz zŭ freüden. seyt jch sy so jåmerlich verlorn hab. Als diser iren grossen ernst hŏret vnd sahe. sprach er zŭ jr. frau Es ist in der warheyt nicht mein spott. Brangel lebt als war als jch. Aber wŏlent
1535 jr das jch sy bring. das thŭn jch auch. Die fraw sprache. mŏchtestu mir sy lebentig wyder bringen. darumb gelobe jch dir. dich reych zemachen Diser warde der geheiß fro. gieng hinweg vnd saget das seinem gesellen. der hŏret die mår auch gern. Also namen sy Brangeln mit in. vnnd fŭrten
1540 die zu der künigin in jr kemenaten.

| | |
|---|---|
| 1516 sprechende. got erbarms das ich den A. | 1526 enhalten nit lenger A. |
| 1517 was sol ich arme das ich solichen falschen mort begangen hab. A. | 1528 ich besorgt W. |
| | 1529 wir sy leben haben lassen. A. jr das leben W. |
| 1519 selbs vergaß. A. | 1532 irn ernst hŏrt sprach A. |
| 1522 ward hertzlich A. vnd finge an hertzlich zu weinen / W. | 1534 sy lebt A. |
| | 1535 tŭ ich. A. |
| 1523 so sere A. | 1536 darumb verheisse ich W. so gelob ich A. |

⁋ Abenteür. Wie die küngin vnd brangel wider freünt
wurden. Auch wie Tristrant ser gegen dem küng
versagt ward.

*Holzschnitt: Isalde und Brangel reichen einander die Hände*

⁋ Nun hôrent wie die fraw sprach. als Brangel zů der thür
1545 ein gieng. bis willkommen vil liebes weib. mein frau. meyn
künigin. vnnd du mein gebieterin. Jch vall dir zů fůß. jch
[62|3033] sůch dein fůß. vnd begere genad von dir vmb
mein groß schuld. will dir auch ewiklich darumb zů bůß
steen. nach dein selbs geuallen. gott sey gelobet ewigklich.
1550 das du den leybe behalten hast. er ist auch wol mit seinen
genaden herniden gewesen. vnd dir geholffen auß der not.
das aber er mir den selben tod thåt. den jch dir erdacht
hett. oder mich sein kraft vnd macht in abgrunde versencket.
So richtet er recht. vnd nach meinem verdienen. mir vor
1555 nun all mein sünd vergåb. Sy bot jr so vil freüntlicher wort
vnd grosser geheyß. das sy des mordes gegen jr vergessen
solt. durch sôllich hoch erbieten. ward Brangel gesenfftet.
vnnd bat dye frawen jr auch ze vergeben. ob sy ye jchtes
gethan hette. das sy solt vermiten haben. in dem wurden
1560 sy beyd vor laid vnd auch vor liebe stumm vnd vngespråch.
vielen vnuersunnen ernider. vnd lagen lang bis sy wider zů
sinnen kamen. do stůnden sy auf. Vnd versůneten jren neid.
wann es was niemant bey in. der in geholffen het. die zwen

1541 *Üs. in W.:* Wie sich Fraw
Jsald wider mit der Brangel
versůnet.
mit einander freünd A.
1542 herr Tristrant A.
1543 verklagt vnd versagt A.
1544 Nun *bis* sprach *fehlt in W*.
1545 Biß got wilkumb A.
1547 sůch dein sůsse miltigkeit.
A.
1548 steen zůbůsse nach deinem
gefallen. A.

1549 nach deinem wolgefallen /W.
1550 das leben behalten W.
1552 tod schickte A.
1554 recht nach A. recht (wenn
er mir nur zuuor all mein
Sünde vergebe) vnd nach
meinem verdienen. W. nun
mir vor all A.
1555 erbot A. gabe jr W.
1556 grosse verheissung /W. das
sy nur vergessen A.
1561 sy vielent A.

gesellen giengen hinweg zehand. als sy Brangeln wider zů
der frauen brachten do sich die sachen verhandlet heten.
wz herr Tristrant nicht anheyme. Sunder mit dem künig
pirsen. vnd kurczweil geriten in den wald. zů stund als der
kame. ward jm die sach geöffnet durch Curneualen. Do ward
herr Tristrant laide on massen vnd zorn. gieng zů der küni-
gin. [63| 3074] vnd sy mit worten ser straffent vmb söllich
jr fürgenomen übel vnd boßheyt. so aber dz ye geschehen
wår. wår nun anderst nichcz darjnn fürzenemen dann dz
Brangel dye vnthat vnd den mort verkiesen solt. vnd füran
zů arg nimmer gedencken. darwider auch solt die künigin
sy ergeczen mit allem dem das sy het. wz auch Brangel be-
geret oder båt. vnd haben wolt. Solt die küngin alles staten.
vnd volfůren. vnd sprach sy darauf wyder zů gůten freün-
den. in aller maß alls sy vor gewesen warn. Die fraw warde
zemal fro. das sy widerumb gefreündett wurden. Jr was auch
der spruch ringe. vnd willig zehalten. wann sy bedaucht zů
widerleg nichcz zeuil. darauf machten sy die sünn ståt. vnd
küsten aneinander nach gewonheyt jrer landts sitten.
In dem begab sich. das herr tristrant gar ser verschniten
warde. doch on all wunden vnd geschahe das durch ein
herczogen mit namen Auctrat. vnnd vier grafen. die auch
in dem hof waren. diß fünf man vielen in söllichen grossen
neid vnd haß gegen jm. das es on maß wz. vnd was vmb

1564 Die weile sy A.
1566 vmb kurtzweil mit dem Kŏnig in den Wald beitzen geritten. W.
1567 Als bald er aber kam/W.
1568 sach durch Curneual angezeigt. W. geoffenbaret dise sach A.
1569 on alle massen. vnd zornig gieng er zů der künigin vnd straffet sy seer mit wortten vmb A.
1573 mordt vertrücken solte/W. für an nymer gedencken. A.
1575 Brangel begeret vnd haben wolt/W.
1576 wölt das sölt A.
1577 wider darauff A. zu gůten Freundin/W.
1578 weren gewesen A.
1579 sehr fro/W.
1580 außspruch W. vnd den willig A.
1581 sie den frid steht/W.
1582 *Nach* sitten *Üs. in W.*: Wie Herr Tristrant feindtlichen gegen dem Kŏnig versaget warde.
1583 Tristrant seer A.
1584 das ein Hertzog mit namen A.

anderst nichcz dann dz herr tristrant so gar tugentlich vnd
frümmklich lebt zů aller zeit das best thåt. mit manlicher
1590 getat vnd allen dingen. vnd darumb das er yederman genåm.
vnd für sy all fürgenommen vnd gebreißt ward. in allem
seinem tůn vnd lassen. wurden sy jm tőttlichen gram vnd
håssig. was sy jm auch schanden vnd vnere erbieten mochten
des waren sy fleissige. Es geschichet auch noch wol. das der
1595 frumm [64|3098] von dem bősen geneidet vnd gehasset
wirt. wann was der frumm gůtes thůt. das ist dem bősen
alles lautteres gifft. Er laßt auch gůt bey gůt nitt beleiben.
Sunder er verkert dem gůtten alles gůt in args. wo vnnd
wie er mag vnd kan. jch halt aber. wer gott vor augen hab.
1600 nach frümmkeit stell. vnd sich tugent fleiß. dem schat die
vngunst der boßhaften neider nicht hart. Ob sy wol ein
weile fürgang habent. Kommet doch zů dem aller letsten.
das in jr teyl auch würdett daruon. Nun Auctrat der lieb
herczoge was herr Tristrants geborn freünd vnd zweier leip-
1605 lichen schwester sün. das er in vil pillicher het lieb gehabt
dann gefeindet. Aber was sag jch wo boßheyt vnd valscheit
gesiget. da hilft kein freüntschafte noch frümmkeit. Also
mag jch reden wie wol jm antrant so nahent gesippt wz. so
drang sein boßheyt doch allweg für. vnd ließ in nichcz gůts
1610 schicken. das erzeiget er auch wol an seinem geborn freünde.
Nun als erståtlich darauf gedacht wie er Tristranten dar-
geben vnnd versagen möchte. das jm der künig vngünstig
wirde. vnd vom hoff thåt. keret er allen fleise für. ob er

1588 tugentlich zů aller zeit lebt. vnd darumm das er A.
1591 für sy all warde gebreist in allem A.
1592 darumb wurden A. feind vnd håssig/W.
1596 vnd was der frumb A. das ist den bősen alles leid. W.
1599 habe. vnd nach A.
1601 der boßhafftigen nit so gar hart/ob W.
1602 den fürgang haben. A.
1603 daruon wirt. A. W. Diser obgenant Hertzog Auctrat war W.
1604 freund (dann sie waren zweyer leiblichen schwester sőn) daß W.
1606 falschheit vberwindt/W.
1608 ich auch reden. A.
1611 stetigklich gedacht darauff A.
1613 vnd yn von A.

yendert ein vrsach gehaben möcht durch sölichen sein fleiß
1615 vnd erforschen er zů letst erfůr das herr tristrant die küng
lieb het. als er des gewar warde. erfreüet er sich in jm selbs.
vnd gedachte er möcht kein vrsach gehaben dye jm als eben
wår als die. vnd darmit er herr Tristranten nåher kommen
möcht Hiermit gieng er zů seinen gesellen. beriet sich mit
1620 in dem [65| 3165] künig die geschichte czů offenbarn. Auctrat
aigenlich zů nennen nach meinem versteen ist ein fürst der
bosheit. der nam zů jm die vier graffen sein mit gesellen in
aller bößlüstikeit vnd vaigenheit legt zeruck alle natürliche
lyeb vnd freüntschafft. vnd zoch auß dz schwerte des ver-
1625 flůchten neides wider sein nåchst gesippt freünde. vnd gieng
zů dem künig. Herr jch můß dir ein ding sagen dz mir doch
schwår ist. yedoch daz du mich nit verdenckest. das jchs
auß vngunst thů. Es wissent jr vier als wol als jch. vnd ob
es zů schulden kåm das vnser nit wåren genůg an fünffen.
1630 so seind noch zwen die auch darumb wissent. Tristrant hat
dych gehönet. ist deinen eren vårig. vnd bůlet dein weib.
das wissen wyr siben in ganczer warheyt. vnnd darumb soll
er billich sein leib verlieren. wann der schanden ist gar czeuil.
dye er dyr tåglich thůt vnd mert von tag zetag. Auch hastt
1635 du herr deinen můt allzeuil an den einen man gelassen. vnd
helst vns al geleich als ob wir nichcz seind. das duncket mich
eyn groß vnmaß an dir. vnd ist halt vnmüglich darzů. Der

| | |
|---|---|
| 1614 möcht wider yn. A. fleiß vnd emssiges erforschen A. | 1626 zů dem künig sprechend. A. můß eüch A. |
| 1615 nachforschung W. | 1627 das ir mich nit A. |
| 1616 ward deß gewar do erfreüet A. | 1628 thů aus vngunst so wissent es A. |
| 1617 als gar eben were A. | 1629 genůg were A. |
| 1618 so gieng er A. | 1630 hat eüch A. |
| 1619 mit ym die geschicht dem A. | 1631 ist eüwern eren A. |
| 1620 Auctrat (eigentlich zu nennen nach meinem verstand/ist ein Fürst der boßheit) der nam W. | 1634 die er eüch A. habt ir eüwern A. |
| 1622 Er name A. | 1635 vnd haltent vns A. |
| 1623 bößlistigkeit vnd verwegenheit/W. | 1637 an eüch A. halt ein vnmügliche sach an eüch. A. |

künig sprach. freünt schweig. ob jch dir anderst lieb sey.
vnd beger auch söllichs nimmermer. Tristrantt der sol mir
1640 stet bejwösen. wann jch sein nit enbern noch geraten mag.
Du solt auch nit gedencken. das jch jm von deinen wegen
gram oder vngünstig werd. So mage jch den schaden vnd
schand so jch sein genommen hab gar leicht verklagen. Jch
weiß nit. was dir gegen jm ist. aber das weiß jch wol. das jch
1645 tristrants mer frommen vnd genossen hab dann schaden [66|
3200] oder schand von jm enpfangen. auch warde er durch
mich gewundet bis in den tode do er Morholten bestünd.
zů der selben zeite behielt er mir mein leib. leüt. land vnd
gůt. vnd all mein ere. ob er mir auch sunste ainichen dienst
1650 noch treü beweißett het dann dye allein. So het er mir doch
mer treü. lieb. vnd freüntschafft erzeigt dann jr all. vor vnd
nach ye gethan habent. vnd darumb laß ab von deym tör-
lichen begern. Tristranten wyll jch miteylen leib. gůt. vnd
was jch hab diewell vnd jch leb vnd getrau dir als meinem
1655 freünde. du laßt dir dz auch lieb sein. Als aber die neider
hörten das jre wort vnnücz vnd vmb sunst warn. vnd der
küng so sere wider sy wz. erschracken sy. vnd torsten doch
wider in nit reden. giengen sy czornige hinweg vnd vnfro.
das sy nichcz geschickt heten. vnd kerten allen jren fleiß zů
1660 sölicher hůt. das Tristrant nit mer zů der künig kommen
mocht. Sy weßten daz zů stundan. mit dem kamen sy denn

1640 noch auch geraten A.
1641 wegen vngünstig werde/W.
1642 ich die schande vnd den schaden A.
1644 was du wider jn fürhast/W.
1646 Auch so ward er von meint wegen verwundet A.
1647 meinet wegen verwundet W.
1648 leüt vnd land. gůt vnd eer A.
1649 ob er mir schon sunst keinen dienst noch trew mehr beweiset het dann dise allein/W. sunst keinen dinst noch A.
1651 mer mit treü vnd lieb gedient dann ir all A.
1654 vnd versihe mich zu dir als meinem Freunde/W.
1656 ire wörtter vnnütz vnd gar vmsunste A. jre wort vmb sonst W.
1657 doch nit mer wider yn A.
1659 nichtz geschafft hetten A. nichts geschafft hetten/W.

aber für den künig. sagten dem starcke mår Der herr ge-
trauet nit das den dingen also wåre. wolt sein nie gelauben.
vnd het es auch allweg für ein vnwarheyt.

1665 ⓒ Abentewr Wye herrn Tristranten der hoff versagt
warde.

*Holzschnitt: Marchs vor den sich umarmenden Tristrant
und Isalde*

ⓒ Vnd als Auctrat das hôret vnd verstůnd sprach er. Nun
mag vns wol reüen das es alles sol gelogen sein was wir dem
künig sagen weßten wir doch wem wir das klagen sollten.
1670 vnd der vns der not půsset. die vns der groß herr thůtt.
damit [67|3238] maint er herr Tristrant. Hierauf antwurt
der künig. Schweigt vnd laßsent mich sôlich red nimmermer
hôrn. Jr gleicht eüch selbs den thoren daz jr dem drôet
dem jch gůts gan vnd lyeb hab. Herr Tristrant sol vor eüch
1675 wol genesen wie hart jr in neident. auch macht er eüch jm
wol gerecht. wann er es vmb meynen willen nit ließ. mit den
worten schied der künig von in ab zornig vnd vnmůtige Vnd
wolt nun zů růe geen Ach waffen Do vand er Tristrant vor
dem bet steen die künigin in seinem arm. recht frewntlich
1680 vmbfangen vnd sahe das er sy küsset. Do erschrack der herr
on massen sere vnd hůb yecz an Tristranten czů veinden.
vnd sprach mit grossem vngestůmem zorn. Tristrant. ditz ist
ein übel freünttschafft. vnd ist ein laster. des dir vnd mir
zeuil wirt. dann wo jch nit mer bedâcht wz mir zethůn wår.
1685 meiner eren halben du kåmest mit gesundem leib keinem

| | |
|---|---|
| 1662 dem aber starck mere. A. vnd sagten jm solche måre. W. | 1672 künig vnd sprach. A. |
| | 1676 er es durch meinent willen A. |
| 1664 auch dartzů allwegen für A. | 1680 erschrack der künig A. |
| 1665 *Keine Üs. in W.* | 1682 in grossem zorn: W. das ist ein übele A. |
| 1670 vns die not A. | 1683 des mir vnd dir A. |
| 1671 er Tristranten. A. | |

man nimmermer zů seiner frawen. jch wolt es nie gelauben. wie vil vnd offt man mir das saget. O wolt got. das jch in geuolget het. jch hab aber nit gedacht das du so ein vntrew man gewesen seyest. bald hinweg ab meinem hoff vnd danck
1690 got das jch dir dein leben laß. Hiermit schiede Tristrant ab. traurig vnd vnfro oder klåglichen not. O des senlichen behenden scheiden. so da geschahe. do sich die geliebeten zwei vngesprochen mûsten scheiden Herr Tristrant gieng zů seiner herberg. als er bedacht das er dz land raumen solt vor nicht
1695 vrlaub nemen von seiner aller liebsten. vnd also füran jr gancz berawbet vnd von [68|3287] jr abgeschiden sein. wolt jm sein hercz zerbråchen. jm ward auch so wee. das er den tod meinet gewiß haben Des geleichen was auch der küngi. die laid wol zwiuåltig not. Jr wz herr Tristrant also
1700 lieb. vnd also ser zů herczen gebunden. dz sy nit anderst begert noch gedacht dann in. vnd darumb wår sy vil lieber tod. dann das sy on in solt leben.
⁋ Was grosser vnuolseglicher schmerczen vnd angsten. in disen zweien betrůbten herczen do entstůnden. do sy beyde
1705 jr groß not vnnd schnŏlles abschneiden bedachten. ist von mir vngesagt. wann es erwegt mir mein hercz vnd gemůt. in sŏllichem getreüen mitleiden. vnd auch gedechtnuß verganger lieb. das jch nit weiter dauon reden mag noch will dann kurcze zesagen. Sy wurden aber beyde krancke. vnd
1710 lagen in grosser schwårer suchte. es trauet auch yetweders nit genesen on des andern beywonen. Dem künige ward ge-

1686 zů seinem weib. A. zu seinem Weib. W.
1689 *Auslassung in $A_1$ durch $A_2$ korrigiert:* Heb dich bald
1690 got dem herren A.
1691 trawrig vnd mit klåglicher not. W.
1692 das do geschach A.
1693 vngesprochen mit einander scheiden mûsten. A.
1694 gedacht das land zůraumen vor nit vrlaub zenemen A.

1697 erprechen A. daß er meint er mûste gewißlich sterben. W.
1701 dann an yne. vnd sy wer lieber A.
1705 bleibt von mir W.
1708 weiter reden mag. A.
1710 schwerer grossen sucht. A. getraut auch ir yetweders A.
1711 beiwesen A.

sagt wie herr Tristrant kranck wår. Der sprach. dz wiret mir nit. wenn er hat vngetreülich an mir getan. darumb laß jchs ein ding sein. Wie sol aber den betrůbten armen
1715 geschehen. oder wie sol jr ymmer rat werden. sy můssent gewißlich sterben. leicht sy nit an einander sehent vnd eins dz ander an reden müg. wie mag aber dz sein vor grosser hůt. voran so dem küng die sach kunt ist. dardurch sy nun mer vnnd mer mit grosser hütt verhůtt werden. Nun můssen
1720 sy ye zesamen sŏllen Sy anderst bey leben beleiben. O Brangel getreüe helfferin. gib rat vnd tů hilf damit sy zesamen kommen. vnd in jren nŏten nit so jåmerlich verderben. Brangel hůb sich auff. vnd [69|3313] gieng verholen zů herr Tristrant. als sy dann vormal dick getan het. Als sy dar
1725 kam. růrt sy die türe gar leiß. Curneual gieng herfür vnd ließ sy ein Herr Tristrannt der siech man enpfieng sy. vnd fraget wie sich die künigin gehůb. vnd wie es jr gieng Brangel sagt jm. sy gehabt sich recht übel do vmb eüren willen. dann mŏcht sy eüch sehen. vnd mit eüch reden. vnnd wurde
1730 auch an den bŏsen låsterlichen neidern gerochen. so gebråch jr nichcz mer. schaident jr aber also von hinnen. so stirbt sy. Do sprache er. sag meiner frauen. Jch wŏlle sy sehen noch heüt in dyser nachte. Wŏll auch das durch nyemants dro noch vorchte vermeiden. Will sy zů mir geen. So heyß sy do
1735 warten in jrer kemnaten. so sy den span. daran. eyn creücze gemalet ist. sicht her rinnen durch jr kamer. so sol sy kom-

1712 Er sprach das irret A. Das bekümmert W.
1716 wo sie einander nit sehen / vnd W.
1717 nun mit grŏsser hůt A.
1718 sonderlich weil die sach dem Kŏnig kunth ist / W.
1723 gieng heimlich W.
1724 offt gethon W. sy nun darkam A.
1725 Curneual der gieng A.
1726 der krancke Mann W.
1727 wie sich die künigin gehůb. Brangel sagt ym. A.
1728 übel vmb A.
1730 den übeln. bŏsen. vnd lasterlichen neydern A. so brech ir A.
1731 von hynnen on iren willen vnd auch vngeurlaubt so stirbet sy A.
1733 vnd wŏll das A.
1734 meyden. will sy gern so heiß sy mein warten in irer kemnaten. A.
1735 in jrer Kammer W.

men in den baumgarten da vindet sy mich bey dem brunnen
des flusses. durch jr kemnaten fleusset. daz saget meiner
frawen. Brangel nam vrlob gieng wegk. vnd pracht jrer
1740 frawen liebe mår. vnd dauon sy bald ward gesunde.

⁋ Abenteür. Wie tristrant vnd die küngin zesamen
giengen des nachtes in den baumgarten. vnd wie in
der küng heimlich auffwartet in der linden.

*Holzschnitt: Der Zwerg wird vor Marchs gebracht*

⁋ Vmb das loß het es ein sólche gestalt Es was ein schóner
1745 baumgarten gleich an der küngin kemnaten. darinn ent-
sprang ein brunn. darob ein grosse braite linden [70|3365]
Der selb prunn het seinen fluß gerichtes durch der frawen
schlaff kamer. vnd wenn sy nit redhaft miteinander moch-
ten werden. so gieng her tristrant zů dem prunnen prach der
1750 bletter von der linden. darauff leget er den span mit dem
gemalten creücze. das ran dann durch die kamer der frawen.
die dann bey dem selben fluß sólcher botschafft warttend
was. Vnd als nun das loß geben ward. kamen sy zesamen.
ce mittnacht ward. vnd ward aber ain teyl jr grossen nott
1755 gesenfftet. beliben da als die zeit verhenget. aber es wz gar
eyn kurcze zeit. die jnen verlihen ward. nach jrem begeren
zů rechnen. Des wurden sy beide frisch vnd gesund. ee sy
sich schiden vnd ward vergessen aller vorigen clag so sy ge-
habt heten. sy schiden aber ab in groser lieb vnd freünt-
1760 schafft vnd vil lieplichen geberden. Darnach kamen sy durch
sólch jr loß zesamen als oft sy gelust vngejrrt aller neider

| | | | |
|---|---|---|---|
| 1737 | in dem baumgarten kumen A. | 1746 | darob stůnd ein W. |
| 1739 | vnd gieng hynweg. A. | 1751 | der ran durch A. das floß dann durch W. |
| 1740 | mere. daruon sy A. | 1753 | do kament sy zůsamen ee mittnacht warde A. |
| 1742 | *Teil der Üs.* vnd *bis* linden *(1743) fehlt in W.* | 1754 | ehe es mitnacht war/W. |
| 1743 | auff einer linden. A. | 1755 | gesenfftiget. A. |
| 1745 | Kónigin kammer/W. | 1759 | aber in grosser A. |

vnd auf seher. zů morgens lag her tristrant dannocht. als ob
er kranck wår. vnd saget niemant welichen arczet er der
nacht gehabt het. vnd klaget sich so hart. als ob der todt
1765 siech wår. er gienge aber nicht deßt mynder czů der frawen.
so es die zeit begab. damit wurden den neidischen auf sehern
die augen verhallten. dz die noch nit fürwar westen wie jm
wz vnd redten zů einander. Tristrant hat mein frawen. einer
sprach ja. der ander neyn. der dritt sprache jch zweifel
1770 daran. doch wolt jch geren die warheyt wissen.

⁋ Auctrat eyn fürst der bößlistikeit sprach das wil jch vns
wol erfaren. es ist ein gezwerglin nit verr von hinn. daz kan
geschechne vnd auch künfftige dinge an den gestiren sehen.
geben wir dem selben souil gůtes dz es [71|3397] vns die
1775 warheit sag der rat geuiel in allen wol. vnnd wurben vmb
das mennlin. dz bracht in auctrat zewegen. wenn sein gesell
sathanas. weißt in gerichts dar da er das mennlin fande. er
fůrt es mit jm heym. da die anderen auch waren. vnd hůben
an. dem mennlein zesagen vnnd auch fragen. wie es doch
1780 vmb die sach geschaffen wåre. der böse volant das geczwerg-
lin. begund an daz gestiren sehen. vnnd sprach. Mein fraw
hat tristranden lieb. vnd ob das nit war sey. so benemmet
mir den leib. mit welcher marter jr wölt. Vnd wil mein herr
der küng. jch laß in das selbs sehen. das jch war sag. her
1785 tristrant ist lugenlich siech beuind sich das anders. so heist
mir mein haubt abschlahen. mit den wortten. brachten sy das
verflůcht mennlin für den küng. vnd sagten jm die ge-

1762 aufseher. Morgents A.
1764 als ob er tot siech A. als ob
    er todt kranck W.
1768 Tristrant hat mein gnedige
    Frawen lieb. W. Tristrant
    bůlt die frawen. A.
1770 wolt ir yeder geren A.
1772 zwerglin A. Zwerglin W.
    kan künfftige ding W.
1773 vnd künfftige ding A. dem
    gestirn A.
1774 etwen vil A.

1775 yn wol A.
1777 do er es vande. A.
1778 heim vnd hůben A.
1780 Zwerglin A.
1781 Mein gnedige Fraw W.
1782 so nembt mir das leben A.
    so nemet mir mein leben/
    W.
1785 ist lugenthafft. A. ist fålsch-
    lich kranck/W. so schlahet
    mir mein haubt ab A.

69

schicht. das klein bôß wüchtel. sprach zů dem künig Herr
wôlt jr die warheyt selbs beuinden So reyt jagen. mit dem
1790 hofgesind in den wald. vnd sagt meiner frawen. jr wôlt
siben nåcht auß sein. so laßt sy nicht. sy sag das tristanden.
der wirt dann zehandt gesund. so bald vnd so kůn. das er
keiner dro. noch forcht nicht acht. vnd geet zů der frawen.
so es dann nacht wirt. so laßt das gesind an der enden. vnd
1795 geet jr mitt mir. da wert jr sehen. wie dye sach vmb sy
beyde gestalt ist.

ℂ Abenteür. Wie der küng vnnd das gezwerglin in der
linden sassen vnd der künigin vnd her tristranden
auf sahen.

*Holzschnitt: Tristrant und Isalde im Baumgarten*

1800 ℂ [72|3463] Der küng thet das alles nach heyssen des
schnôden mennleins alls die nachte kam. vnnd stigen auff
die linden. die ob dem brunnen was. der mon schain der
selben nacht gar hell. das sy wol mochten gesehen alles das
da geschahe. Sy stůnden vnlang in dem baum. her Tristrant
1805 gienge daher. brache der bletter von dem baum. leget den
span mit dem gemaleten creücz darauff. vnd warff das in
den brunnen. als er dises gethan hett. sahe er den schein
von den czweyen mannen ob jm. in dem brunnen. des er-
schrack er zů mal hart. vnd gedacht es ist kein zweifel nun

1788 bôßwichlin sprach W.
1789 selbs erfaren A.
1790 meiner gnedigen Frawen/W.
1793 keiner tro nit mer A. keiner forcht nicht achtet/W.
1794 gesinde an dem geyeide vnd geet A.
1798 vnd der Künigin vnd dem werden Helden herr Tristranten A.

1800 tet nach heissen A. geheiß W.
1801 kam stigen sy A.
1802 schine das sy wol gesahen. A.
1804 nit lang W. in der linden. A.
1806 creütz in den prunnen. in dem sahe er A.
1808 er erschrack hart A.
1809 gedacht. nun můß ich sterben. A.

1810 mŭßs jch sterben. O west du mein künigin vnd mein fraw.
die hût die vnß getan ist. vnd das du nit her kåmest. wann
dein nott geet mir mer zŭ herczen. dann mein selbs sterben.
yedoch saßs er stille. thet niendert der geleichen. vnd sahe
auch nicht auff. Die künigin aber hette mitt fleiß des loßs
1815 gewartet. vnd alls sy das fand gieng sy eylent zŭ jrem aller-
liebsten liebhaber. her tristrant stŭnde nicht auf als die
künigin das von jm gewon wz. vnd wincket jr verholen alls
vil er mochte. die künigin gedacht. Ach reycher got was ist
disem jüngling das er nicht auf steet vnd gegen mir geet alls er
1820 vor gethan hatt. jch waißs nicht was dises ding mainet. noch
nicht was in wirret Aber es ist villeichte ettwer hye bey der
vnser hût hat. in dem mercket sy dz wincken das her Tri-
strant verholenlich tet. vnd stůnd bei dem brunnen still. do
sahe sy den schatten von den spehern auf der linden. [73|3532]
1825 sy thet der geleichen nicht. vnnd gebaret als ob sy der nicht
weßt. Do ließ die fraw jr weißheyt scheinen. vnnd sprach mit
grossen listen. was sol jch her zŭ dir. oder was begerest du.
Er antwurtet. Fraw da bitt jch. das jr mir seyt helffen vmb
meines herren hulde. vnnd das er mich in seinem hof wesen
1830 lasse in sölcher massen als vor. angesehen. groß vnschulde.
so jr dann selbs wol wißt. vnnd das sich die sach vngeuer-
lich vnnd on übel verhandelt haben. Sy sprach du solt wis-
sen. das jch dir darzŭ nit frumm noch hilf Vnd sihe auch
recht geren. das dir deyn herr veindt ist. wenn ich bin von

1810 mein künigin die hût A.
1811 du kemest nit daher. A.
1812 hertzen/weder mein selbs sterben/W. mein sterben A.
1813 still/liesse sich gar nicht mercken/vnd sahe auch nicht vber sich. W.
1814 gewart des loß. A.
1816 liebhaber in den baumgartten. A. auff gegen ir als er vormals gethon het. Als sy kam do wincket er ir A.
1818 gott von hymel A.
1820 ding bedeutet/W.

1821 irret. A. jrret. W.
1822 Tristrant heimlich thet/W.
1823 tet verholen. A.
1824 von den die auff der Linden auffsahen/Sie ließ sich nit merken/vnd stellet sich als ob W.
1827 was sol ich tůn oder was begerest du. A.
1829 hoff beleiben laß A.
1830 mein grosse vnschulde A.
1831 das ich A.
1832 hab. Sy sprach wiß das A.
1833 nit hilffe noch rhat/W.

1835 deinen wegen zů wortt kommen. on alle schulde Jch laugen
nicht. jch was dir hold von meines herren wegen. darumb
das du seyn mag bist. vnd das du seiner eren baß pflagest.
dann all ander. Nun bin jch zů schimpf vnd schall dardurch
worden. das du mir vil lieber verr hindan bist. dann das jch
1840 dich wider in den hof biten sollt. dir thů mein herr den tod
oder wie er wólle istt mir alles gleich. Ach nain. mein frawe
durch ewr ere. des thůt nicht. seyd mir nit so hertt. laßt mich
doch geniessen. dz jch souil grosser arbeyt vmb euch erliten
habe. vnnd nembt zů herczen. das grosse vnrecht. das mir
1845 mein herr vmb euren willen thůt. vnd so hart zürnet wider
mich on alle schuld. dann wólt jr mir gnådig sein. so wirt
mir auch die huld meines herren. Sy sprach jch hilff dir
nicht darczů. will dir aber mein herr genad tůn des gunn
jch dir wol. vnnd ist mir lieb Jch bit aber in darumb nicht.
1850 Do sprach her tristrant. so můß jch von hinnen reyten. wie
lüczel mein herre das klage. doch waißs jch. das er den
schaden nymmer überwinndet. ob jch mit vnwillen auß sei-
nem land reyt. mein wirt leicht [74|3580] ettwa rat. jch
kumm auch da man mir es wol erbewtet mich ander leüt
1855 auch erent lieb vnd schon haben. mein herr wil des yecz
nicht wissen. wenn jch zů land fare das jch als wol ein
künig bin als er. jch waiß aber wa jch beleib. vnd da jch
nit also geneidet vnd verhasset wird als da vnd da man mir
tausent ritter helt. den allen darczů gibt harnasch vnnd
1860 pferd. auch alles was die bedürffen. dann wår jch so selig.
fraw das jr noch meinen herren båtet. das er mir durch
sein selbs ere. meine pfand lóset. so wil jch zehand dz land
raumen. Werlich sprach die frawe das thůn jch ye nicht.
wenn er hat so ser geczürnet wider mich von deinen wegen

1835 wegen in ein wort A.
1837 sein Blůtfreund W.
1838 Nu bin ich durch disen schall darzů bewegt worden/W.
1840 an den hoff A.
1842 mich des geniessen A.
1850 Wie wenig mein W.
1853 mein wirt etwen A.
1856 das ich geleich als wol A.
1858 mir auch thausent A.
1860 dann liebe fraw wer ich so selig das A.
1861 noch ein male A.
1862 ich darnach A.

1865 das jch vmb dich nichts bitten will. vnd ob du sein huld
nymermer gewinnest. gibt mir nichts zeschicken. vnd ist
mein mynnste sorg. mit den wortten gieng die fraw hinweg
wider in jren gemach.

Her tristrant stůnd auch auff vnd sprach. Nun můß gott
1870 erbarmen vnd geklaget sein. das groß vnrecht das meyn
lieber herr an mir thůt. vnnd gieng damit czů seiner herberg.
Als er für den bawm garten kam. mocht sich der künig nicht
lenger enthalten. zoch auß sein schwert. wolt das geczwerglin
erstochen haben. do viel es von dem baum vnd kam dar-
1875 uon laider. Der künig ward gar ser fro des so er gehőrt vnd
gesehen hett. vnnd klaget auch. das jm das mennlin ent-
lauffen was. dem sathanas sein geselle halff das es dem künig
entlieff. Der herr erbeitet des tages gar kaum. vnd alls es
tag ward. gieng der künig zů der frauwen. bat die mit
1880 grosser bete. jm sagen. wz sy mit tristrant geredt hett heint
jnn diser nacht. Sy sprach lieber herr jr mőchten mich der
rede wol vertragen. jch sahe in in zwelf tagen nye. vnd wil
in auch füran nymermer gesehen. es geschehe dann on
danck mir ist wol souil vnmůtes vnd laides von seinen wegen
1885 entstanden. der herre sprach. fraw du sahest in zwar heint
in diser nacht. vnd jch was auf dem baume darunder jr
miteinander redten vnd anander sacht. da hort jch ewer
beyder red das laßs dich nicht betrůben. mein frau vnnd
hilff mir durch dein frümkeit das tristrant hie bey mir be-
1890 leibe. jch will jm vndertenig machen alles das jch habe. des
sol er gewaltig sein.

1865 gar nit bitten A.
1866 gewinnen soltest das alles gibt mir doch nichtz zůschaffen A. nichts zu schaffen/W. vnd ist auch meiner sorg der aller minnisten eine. A.
1867 geringste sorge. W.
1869 Vnd herr Tristrant A. můß es A.
1870 vnd ymmer geklaget sein A.
1872 nit enthalten. A.

1873 schwert vnd A.
1874 kam leider daruon. A.
1878 *Nach* entlieff *Üs. in W.:* Wie der König die Königin vnd Brangeln sehr bat/daß sie Herr Tristranten wider an Hof brechten. Der König erwartet W.
1879 bat sie fleissigklichen/W.
1881 in diser vergangen nacht W.
1882 wol vberheben W. gesahe A.

73

⊄    Abenteür. Wie der küng die künigin vnd auch brangeln [75/3626] bat mit grosser bet das sy her tristranden wider an den hoff brǻchten.

*Holzschnitt: Marchs vor Brangel und Isalde*

¹⁸⁹⁵ ⊄ Die fraw sprach. vmb den kůnen heldt hilff jch ewch nicht. wann heint da jch in sahe. schieden wir mit zoren. jch bitte auch in darumb nicht. dann mir ist lieber er werde vertriben dann das er hye solte sein mit seinem wesen. wann es ist mir nicht zethůn. Es mǒcht auch leicht kommen. das
¹⁹⁰⁰ ewr holden. auß neid. ewch aber vor liegen mǒchten. als sy vor getan haben. so wurd mein schmach dardurch gemert vnd souil grǒsser. es ist besser wir lassen tristrant reyten wo er wǒll. Ach nain mein fraw. das wǻr vns beiden nit gůt. beker dein gemůt. gee zů jm. vnd sag jm die [76|3682]
¹⁹⁰⁵ botschafft Nain. jch getar jm nit mer zů sprechen. es wurd mir leicht aber verkert. Du getarst jm wol zůsprechen. vnd jch gibe dir ganczen gewalt. neyn Herr jch sol. vnd wil in vermeiden. Du solt in nicht vermeiden. jch hab dir ganczen gewalt geben vnd gib dir den noch mer. das dir tristrant heimlich
¹⁹¹⁰ vnd bey dir sey. als offt vnd wye dich gelust. da er dich nun küsset das nam jch annders für dann jch solt. vnd zürnet als zů ser darumb. das sol mir nymmer geschehen. wann jr habt mir beide erscheint vnd beweißt das jr vn-

1892 *Keine Üs. in W.* die Brangel A.
1893 grossem ernst vnd bete. A.
1894 widerumb A.
1899 mir wol zethon A. villeicht W. das er eüwer hulde aus neid aber verlogen würde A. daß jn ewere Diener auß neid W.
1900 verliegen W.
1901 vor mer haben geton A. würd gemert sein schmach A.
1904 verkǒr A. *Im Folgenden weitgehende Änderungen der Wortfolge in W.*
1907 Nein. ich sol A.
1909 das Tristrant heimlich bey dir sey als dick vnd offt dich gelust. A.
1911 anders für mich dann A.
1912 zǒrnet zů seer A.
1913 erscheint beiwesende eüer vnschuld. A.

schuldig seyt. nicht mit trewen mainet vnd sŏlichs von mei-
1915 ner lieb wegen getan habt. darumb bit jch dich betlichen. du
helffest vnnd ratest. das tristrant bey mir beleib. Hierauf
antwurt die frawe. in keinem weg bitt jch in darumb. wŏlt jr
in aber wider haben. so bitet brangeln. dz die vmb ewr liebe
euch wider vmb den held werb. jch main aber sy thů das
1920 geleich als vngeren als jch. Der herr begunde brangeln auch
ser biten vnd vermanen das sy durch all jr gůt beholffen
wår da mit tristrant belibe. Brangel sprach. herr wz sol jch
darumb helffen oder in biten hetet jr in geren gehabt jr het
in vor nitt vertriben. Ey sprach der herr das laß nun sein
1925 er wz wider mich veruolgen. Sy fragt wer das getan hett.
er jach ein herczog. der gewinn in auch wider. des mag er
nitt gethůn. also mag auch jchs nit gethůn. Ach waffen so
geschach mir nye [77| 3712] so laid Ja ist dz war sprach bran-
gel. ich getarr es aber nit getrawen. ja für war brangel du
1930 magst es mir wol getrauen. waran mag jch aber dz erkennen.
dz will jch dir sagen. jch will in bas halten dann jch vor ye
getan hab auch sol er mit ysalden seyn vnd bey jr wesen.
so dick er selbs wil. Sy sprach jch main nit das er wider
kumm. es wår jm auch nit zetůn noch jm frommen So er
1935 mit so kleiner schuld eur huld verloren hat. vnd jr den
sagern vnd neidern gelaubt. so geschåch jm leicht morgen
aber also. vnd darumb wil jch des nit werberin sein. jch wolt
jm auch vngeren darzů ratten. aber wolt er mir volgen er
rit als måre bei zeit an end vnd stet. da man jms bas erbut
1940 dann hie Der küng ward sere betrůbt. bat brangel mit grosser
bet. globt jr zů geben groß gůt das sy fleiß tet. ob sy den
held am hof behalten môcht. vnd hieß jm sagen alles dz

1914 mit vntreüen gemeinte A.
1915 geton. darumb ich bit dich
 du A. bitt ich dich fleissig/
 W.
1920 Der Kŏnig bat vnd erma-
 net Brangeln W.
1925 gegen mir verlogen. W.
1926 er nit geton. Ach waffen A.
1929 ich darff es W.
1930 das wol A.

1933 so offt er W.
1934 nit gůt zuthon/W. zethůn.
 noch brecht ym keinen
 frumen A.
1936 sagern oder neidern A. den
 neidigen schwåtzern ge-
 glaubt/W.
1937 des nit werben. A.
1940 mit bet. A,
1941 verhieß jr W.

er jm zů laid getan het wolt er in schon ergeczen. er solt
auch sein pedt heissen seczen in die schlaff kamer der kün-
gin. Also das er füran frů vnd spat. mit der küngin sein
môcht on menklichs jrrung. wenn er mich wol erjnnert hat.
das er alles übels wider mich vnschuldig ist. vnd darumb
verheng jch das sein bete bey mir vnd der küngin sein sol.
brangel saß auff. rait in die statt. in herrn tristrants herberg.
vnd saget jm dise bottschaft. die er gar gůtlich aufnam. sy
mocht in auch gar leicht erbitten. des. dz er geren thet. Sy
rait wider wegk. sagt dem küng wie sy in überbeten [78|3746]
het mit grosser gebete vnd vil můe. vnd wye gar vngeren
er das gethan het. Also traibe sy mit listen zesamen. das
her tristrant wider an den hof kam. als dicz geschach.
schůffe der küng mit allem seinem hofgesind. alles das sy
tristrant hieß. das sy des zů thůn willig wåren. das wåre sein
ernnstliche mainung wolt das also haben. Vnd sprach offen-
lich. Er was gegen mir verlogen worden von ettlichen her-
czogen die sôllens auch nymmer deßt besser haben. noch
mich füran also betrůgen. Vnd keret sich zů Tristrant. sprach
dem gar freüntlichen zů. mit sôlichen worten. Freünt vnd
ôhem. du solt den vnwillen verkiesen noch in vngůtem nim-
mer melden. jch wil alles thůn das dir lieb ist. Du solt auch
hinfür meiner kemnaten selbs pflegen. Vnd allweg mit mir
darjnnen schlaffen. auch mit der künig wesen. so dick dir
geualle vnd zerrissen sy sich all vor zorn vnd vor laid. die
dich darumb neiden. du solt daz auch durch jr keinen nim-
mer gelassen noch meiden. Nun hôrt was wunders dz gesein
müg. der künig hat nun zům vierden mal Tristrant vnd der
frauen geben gewalt. mit willen vergünstet. das sy bey ein-
ander sein sôlen. als offts in geual hawet aber Tristrant über
die schnůre. Es ist jm ye nach meinem versteen nitt zům

1944 beth lassen setzen A.
1947 übels über mich on schulde ist A.
1950 die er tugentlich aufnam. A.
1952 erbeten hett mit grossem bete A. vber redt hette W.
1953 wie vngern A.
1955 an hoff A. Als das A.
1957 herr Tristrant A.
1958 meinung. er wôlt A.
1963 vnwillen nit gedencken/W.
1969 das müg sein. A.
1973 zů argem auffzenemmen noch nit darumb A.

argen. noch nicht darumb zestraffen. dann wo mir souil
1975 gewalt wurt geben über dz. dz jch lieb het. Jch keret auch
ye allen fleiß für. darmit jch mich des gebrauchen môcht
nach allen leiplichen begirden. vnd auch nichcz vnderwegen
gelassen. dann was jch nit thûn môcht. [79| 3765]
Als nun herr Tristrant wider zû hulden vnd freüntschaft
1980 kam hieß er Curneualn sein bet tragen vnd seczen in der
frauen kemnaten. nach heissen vnd geschâft des künigs. vnd
mocht nun wol mit freüden verklagen wz jm durch meiden
vnd zû leid geschehen wz. wann er auch nun bey der vnd
mit der künig sein mocht. nach allem willen vnd beyder jr
1985 begird. Dyses weret auch nun etwe gûte zeit. dz sy keiner
freüden mangelten. vnd ob jchts von den neidern geredt
ward vnder in selbs so torsten sy es doch nit für den künige
bringen. Eins mals gebürt sich dz Thinas des herczogen
trucksâß. vnd herr tristrants aller bester gesell rayt an den
1990 jaid zû dem selben wald. vand er das laidig getwerglin. als
er das sahe fraget er. was es in disem wald tât. dz betrieger-
lin klagt es het des küngs huld verlorn. es sagt aber nit
warumb. so weßt auch Thinas nit. die gischicht so sich ver-
handlet heten vnd sprach. jch wil dir meins herrn zoren wol
1995 hinlegen het aber er gewißt die schuld des schalckhafften
mândlins Er het es mit seiner aigen hand erhenckt dz wz
jm laider verborgen vnd vnwissendt vnd darumb fûrt er dz
bôßwichtli mit jm. vnd bracht das wider in des küngs huld
In der zeit begab sich dz dye neider grossen verdrieß daran
2000 heten. dz herr Tristrant so lang in genaden wz. vnd jm so
gancz nach seym willen alle ding ergiengen. Auctrat ward
aber mit dem mândlin reden vnd schwûr bej seym haubt.

| | |
|---|---|
| 1981 Frawen kammer/W. | 1990 do vand er ein leydiges |
| 1983 bey vnd mit der A. | zwerglin. A. |
| 1985 weret auch nun etwen lange zeite A. | 1993 Thynas die geschichte nit A. |
| 1986 ob villeicht A. | 1999 begab es sich A. |
| 1987 warde so getorsten A. | 2000 das Tristrant A. |
| 1989 an dem geyeide in eim walde. A. | 2001 ergiengen. do warde Auctrat A. |

ob es in die warheit nit gesagt het. so mŭst es sterben.
[80|3800] sathanas redt aber auß dem verflůchten twerglin
vnd sprach. von welhen listen dz geschehen sey dz wir die
warheit nit vinden kunden das waiß jch nit. Aber dz tri-
strant küngin lieb hat. vnd wann mir mein herr noch volgen
wolt. jch wolt jm weisen. das er nimmer mŏcht betrogen
werden. aber er ist mir nit als günstig als vor. vnnd getrauet
mir nichcz mer.

⁋ Wie Auctrat vnd dz twergel Tristranten vnd die
küngin verrieten in den tode.

*Holzschnitt: Tristrant wird gebunden hinweg geführt*

⁋ Was mochten aber die neider nun tůn do sy solich red
vernamen. giengen die aber zům küng. sagten dem souil vor
mit vnwarheyt vnd mit warheyt. bis sy in dar zů brachten.
das er sich verwilliget. vnd sprach. Jch will es aber versůchen.
ist aber das er vnschuldig ist. des jch got getraw. gesell
twerge. so můstu in dem feüer verbrinnen. Ey du verflůchte
creature hessig vnd vnmår got vnd der welt. sol dich ein
frummer küng gesell heissen der dych billicher verachten
vnd vertilgen lyeß dann als senftmůtiklich mit dir reden.
dz vngeheür twerglin sprach. herr ob das nit also sey. als
jch sag. so růch jch was mir darumb geschicht. dann wŏlt

2003 wo es jnen die warheit W.
2004 verflůchten mendlin A. Zwerglin W.
2007 die Kŏnigin lieb hat/daß weiß ich gewißlich/vnd wenn W. *In $A_1$ und $A_2$ hier offenbar eine Auslassung*
2008 nymer würd betrogen. A.
2009 vertrawet W.
2011 *Üs. in W.:* Wie Herr Tristrant abermal verrhatten/ vnd bey der Kŏnigin inn der Kammer verhŭtet vnd gefangen ward.
2013 Als nu die Neider solche rede von dem Zwerglin gehŏrt hetten/giengen sie aber zum Kŏnig/W.
2015 vnwarheit vnd warheit A.
2017 getraw (gesell Zwerg) so W.
2021 senfftigklich A.
2022 Der vngeheür zwerge A. Herr wo das nit W.
2023 so leid ich W.

jr mir volgen. so sagt Tristranten zů. Er werd eüch ein rayß
2025 tůn. darzů eüch niemand als taugenlich sey als er. vnd hab
nit lenger verzug dann auf morgen. er werd auch [81|3830]
nit lenger auß sein dann siben nåcht legent jms nach dem
freüntlichesten dar mit hohem erbieten eür dienstś vnd eürs
guttes. so mag er nit lassen. er můß die küngin sehen noch
2030 heint in diser nacht ee er von dannen scheidt. so will jch
mit weißsem målb den estrich zwischen der zweyer pedt be-
streüen. vnd so er darein trit. So mag er nimmer laugnen.
noch vns mitt keinem lüst betriegen. auch wil jch vnder
dem bet verborgen sein. vnd so jch in dar hör geen. will
2035 jch eüch wecken. Vor allen dingen solt jr hundert man
haben vor der thür. wann Tristrant ist freißlich starcke.
besunder solt jr auch die thür niemant befelhen dann Auctrat
vnd seyn gesellen. Jr gewynnt dannocht all zeschicken. ee
jr den helden vahet. Ob aber er die küngin heint vermeidet.
2040 vnd nit zů jr geet so heist mir mein haubt abschlagen. Vnd
als nun der rat beschlossen vnd Tristrant verraten wz. sprach
der künig zů Auctrat vnd seyn gesellen. dz sy der thür
pflegen sölten. vnd bestelten die andern auch. der sy be-
dorfften der laidig Auctrat vnd sein nachuolger wurden fro.
2045 das es zů dem kommen wz dz sy jr neidisch begird an Tri-
stranten ersatten möchten. vnd mainten wol dz es nymmer
ein verborgen ding sein wurde.

*Holzschnitt: Tristrant sitzt (?) am Bett Isaldes*

⊄ Als es nun schier zů nacht ward redt der küng zů herr
Tristrant. vnnd bat den mit grosser bet zů reyten zů küng
2050 Artus auf vor geschriben meinung vnd so er wider kåm. wolt
er in füran vngemůt lassen vnd sprach. Lieber öhem. Mor-
gen so es aller erst tage. so soltu auf sein vnd mir sagen so
wil jch dir die botschaft beuelhen. herr Tristrant verwilliget

| | |
|---|---|
| 2024 saget zu Tristranten/W. | 2046 möchtent. vermeineten das |
| 2036 wann er ist A. freidig (!) | es A. |
| vnd starck/W. | 2052 so es tagt so biß auff so |
| 2040 so last mir A. | will A. |
| 2041 herr Tristrant A. | 2053 befelhen. Tristrant A. |

79

sich die sach auß zerichten. Er wißt aber laider den ver-
borgen [82|3888] mord nit der jm darunder zů gericht wz
vnd sprach herr jch tů dz gern wo hin jr mich schickt verr
oder nahent. vnd wo jch eüren frommen geschicken mŏcht.
wår mir nit zefer. vnd solt jch halt czů fůssen dargen. Der
küng danckt jm vast seiner gůtwillikeit. er schůf jm aber
nit dester mynnder hůt. Vnd als sy nun alle czů pedt lagen.
vnd die neider jres amptes auch verwarten. Gedacht herr
Tristrant an seyn hinreytten. vnd wolt vor die küngin sehen
vnd von jr vrlaub nemen. do sahe er das der estrich mit
målb bestreüet wz. er gedacht wz haben sy gesået. czwar
es hilft doch nit all jr hůt. jch wil meyn frawen sehen. wz
mir halt darumb geschyhet Sehent wz wunders würckt die
liebe. Er weßt wol wurd er ergriffen dz er darumb sterben
můst. noch dann schlůg er alle vorcht zerug. vnd wolt ye
vor zů seiner allerliebsten. yedoch habt jr wol vernommen
das sŏlich groß lieb vnder den zweien von erst sich begeben
hat nit auß schickung vnd ordnung der natur. sunder auß
krafft vnd würckung des getranckes so sy getruncken heten.
wann herr tristrant ist sunst so ein weiß man gewesen. dz
er natürlicher lieb jr maß het wol zů wissen geben. Aber
die krafft des getrancks machet in sŏllicher seiner weißheyt
vnwissent. er nam auch einerley fraiß. darjnnen nit mer
für nun wye er der liebe jrer begird ein wenig [83|3920] be-
nůgen getůn mŏchte. in dem wolt er zů jrem pedt gen sein
lüstikeit lert in aber ein ander syn. wie er solt von einem
pedt an das ander springen als er auch tåt. vnd sprang also
ser. das sich seiner vorgeheylten wunden aine widerumb auf-
brach. vnd warde die künigin sampt jm. alles ein blůtt Do
růfft der teüfel mit lauter stymm auß dem verflůchten ge-

2054 sich das auß zůrichten A.
2055 ym darumb zů A.
2056 jr mich schickent/vnd wo
    ich ewern frummen schaf-
    fen mag/W.
2058 ist es mir nicht zu ferr/W.
2061 gedacht Tristrant A.
2062 vnd wolte die vor sehen A.
2068 dennocht schlůg A.
2069 liebsten. A.
2073 ist sunst ein weiser man A.
2074 wol wissen zegeben. A.
2076 er nam auch keinerley
    freud (!) nicht mehr für/W.
2079 lernet yn A.
2081 widerumb auff risse/W.

twerglin. so jm gott nimmer helff. Wol auff herr Nun mügt
2085 jr Tristranten vahen er ist yecz bey der künigin. Ach waffen
des grossen mordes. mir thůt selbs wee das er so gar mŏrt-
lich vnnd fålschlich verraten ist. Herr tristrant wår dem
tod gern enpflohen. vnd sprang wider an sein bedt. aber mit dem
einen fůß trat er zů nider. vnd trat in daz målb. der künig
2090 vnd die seinen warent bald auf. viengen tristranten vnd
bunden jm sein hend auf den rucken låsterlichen als einem
dieb vnd schedlichen man Sŏlichs aber was yederman an
dem hof laid. on Auctrat vnd sein gesellen. Der küng ward
der geschicht czemal sere betrůbt. vnd gefieng ein sŏllichen
2095 grymmen grossen zorn wider tristrant vnd die frawen. das
er vor zorn vnd auch vor laid nicht weßt was todes er sy
beide antůn sollt. das man auch füran in aller welte dauon
sagen mŏcht. Hier auff fraget er sein råt. welliches todes sy
sterben sollten der in auch aller vnerlichest wåre. Auctrat
2100 ein fürst der boßheyt vnnd alles lasters sprang her für. gab
dye ersten vrteil vnnd erteylet herren Tristranten auff ein
rad. als einen morder des er doch nit was. [84|3973] vnnd
dye künigin sollt man verbrennen auff einer hurden darmit
sollte sy erarnen den mort. so sy gethan hette. hŏret wye
2105 vngeleych vnnd vngerecht vrteyl das seind. wie ist ge-
rechtigkeytt da hin hinder getrungen worden. Wer hat ye
gehŏrt das zwen liebhabend menschen von lieb wegen zů
dem tod verurteylet seind offenbarlichen. es seyen denn
ander vrsach darbey gewesen dardurch es geschehen sey.
2110 Aber was sag jch von dysen zweien menschen es was in vonn
aller erst von neids wegen erdacht vnd zů gericht darumben
hett gerechtigkeyt do nichssen czů schicken oder zů schaffen.
allein neyd vnd haß warent do richter vrteyler vnnd an-

2084 So mir got nymer helffe A.
2086 gar mortlich verraten ist worden. A.
2091 gar lesterlichen A.
2093 vast leid. A.
2096 tods er yn anton solt. A.
2099 am aller vnehrlichsten W.
2101 verurteilet W.

2104 den grossen mort A.
2106 hinder sich getrungen W.
2108 sind worden offenbarlich. A.
2109 vrsach auch darbey A.
2112 zůschaffen oder zeschicken. A.
2113 vrteiler vnd richter. auch an-
klager alles mit einander. A.

klager. alles miteinander. Dem künige dem was die nacht
2115 ser lang. vnd erbewtet kaum byß der tage kam daran er den
dingen end gåb. als jm geraten wz. als der tag kam. ließ er
waffen schreien. in all sein land. vnd wz man leüt anheym
fund. dz die all zů gericht solten kommen. in ward aber
vertagt warumb das recht sein wurde.

2120 ℂ  Abenteür wie herr Tristrant vnd dye küngin ver-
urteilt wurden zů dem tode.

*Holzschnitt: Thinas kniet vor Marchs, dahinter Tristrant und Isalde*

ℂ Als es darnach noch frů was rayt der künig auß der stat
zů siczen an das gerichte. vor aller månklichem angesichte.
vnnd was [85|3995] vor zoren auch vor laid verwunt vnd
2125 nahent gancz vnsinnig also dz in yemant jchts gebieten
torst. Nun waren dise ding dem getreüen trucksåß herczog
Thinas verhalten gewesen. Vnd hat auch darumb nichcz
gewißt. wann solt ers gewißt haben. es wår hierzů nit kommen.
Tristranten het er also lieb alls sein eigen leib. vnd als die
2130 sach nun offen warn. vnd Thinas auch zů dem gerichte wolt.
nicht vmb vrteilen willen. sunder ob er in beyden daruon
gehelffen möcht. gieng er zů dem küng. viel dem zů fůssen.
vnd bat betlich mit grosser bet vnd hohen fleiß. Der künig
nam aber sölich bet in übel auf. verachtet die miteynander.

| | | | |
|---|---|---|---|
| 2115 | vnd erwartet W. | 2122 | noch gar frů A. |
| 2116 | ein ende machet/W. Als nun der tag A. | 2123 | aller menigklichen. A. |
| | | 2125 | ichts gefragen A. |
| 2118 | vande. mann oder frawen. iung vnd alt A. | 2128 | dann hett er es gewißt/es were W. |
| | aber angezeigt warumb W. | 2130 | offenbar A. |
| 2119 | das recht würde. A. | 2132 | helfen A. |
| 2120 | *Üs. in A.:* Wie herr Tristrant vnd auch die Künigin verurteilt wurden vor aller menigklich von dem Künig zů dem tode. | 2133 | bat mit A. mit grosser bitt vnd fleiß. W. |
| | | 2134 | veracht das mit einander. A. |

2135 vnd sprach. eüch ist mein ere also lieb. nicht als jch gemeint
habe. seydt jr mich so hart nôtet vnd bittent vmb tristranten
Ach lieber herr gedenckt der grossen treü vnd dienst so er
eüch getan hat vnd laßt in geniessen. Der herr redt auß
grossem brinnenden zorn. er mûß geradt bracht werden. ee
2140 diser halber tag fürkommett ist kein bet für. thinas sprach
auß betrûbtem herczen. so will jch doch nimmer dabej sein
noch sehen dz der aller best vnd werlichest held. so er in
diß land je kam vnd so ein frumm weib jr leib also verliern
sollen. got vom himel sey ewigklich geklagt. das jch in nit
2145 helffen mag. dann wegt es recht wie vnd jr wôlt so über-
windent jr disen tag nimmer mer ob man mein frauen vnd
den manlichen frommen helden also jåmerlich verderbet.
Ey laß von deinem bet. sy mûssen beide sterben heüt dises
tags. vnd das mûß also sein. thinas wolt nit nachlassen
2150 vnd bat mer vnd mer vnd sprach. wz eüch Tristrant zû
laide [86|4034] gethan hat wil jch mit meinem leib helffen
bûssen. wie jch kan vnd mag. Ach lieber herr. nit verderbt
disen man. nit verderbt eür eigen blût noch die frauen. be-
denckt eüch bas hierumb. vnd laßt sy beyd genesen. der
2155 küng ward durch sôlich gebett vnd anstrengung. noch mer
erhiczt vnd erglût in seym zorn. vnd bran geleich als ein
kol. vnd sagt jm zû. daz kein gnade do wår. dann dz sy
mûsten sterben. als thinas sahe den grossen ernst vnd bryn-
nenden zorn. getorst er nit fürbas reden. vnd schiede ab von
2160 dem küng betrübt mit grossem herczenlichem laid. jm môcht

2135 nit als lieb A.
2136 Tristranten. Er antwurt. Ach lieber A.
2138 lasset jn der geniessen. W. genesen. A.
2139 geratbrecht A. geradprecht W.
2140 do hilfft kein bitte für. A. da hilfft kein bitt für. W.
2142 noch auch zûsehen A.
2143 ein getrew Weib W.
2145 wegent es wie A.

2148 von deinem biten sprach der künig A.
2150 bat ye mer vnd mer A.
2152 nit verderbt disen man fehlt in W.
2156 erhitziget vnd erzürnet W. als ein flamm/W.
2157 dann sy mûsten sterben. A. dann daß sie schlechts sterben mûsten. W.
2159 dorst A.
2160 mit grossem hertzenleide A.

sein hercz erbrochen sein. do er Tristranten nit erledigen
mocht. kert er mit jamer dannen. sŏliche geschicht. wz alle
frommen menschen laid. vnd heten mitleiden mit in.

⁋ Wye herr Tristrant außgefůret ward.

> Holzschnitt: Thinas vor Tristrant und zwei Wächtern vor
> der Kapelle

2165 Do Thinas nun also traurige vnd betrůbt dannen rayt. fůrte
man Tristrant gen jm mit gebunden henden auff seinem
ruck als eim dieb vnd übeltåter. vnd vil groß månig des
volcks. die jm nachuolgeten. Als Thinas das sahe. ward er
herczlich wainen. vnd sprach. O we tristrant mein allerlieb-
2170 ster freünd. mŏcht jch dir meiner gůten willen vnd meyn
treü so jch zů dir hab. beweisen vnnd erscheinen. so hab
nicht zweifels. jch wolt dir helffen. wie es mir halt hernach
ergienge. vnd solt jch gewißlich wissen dz man mich hieng
als ein dieb. noch dann wolt jch dir helffen. oder den [87 | 4073]
2175 tod mit dir leiden. Nun mag das laider nicht sein. So will
jch dir doch deine band lŏsen. mit meinem gewalt. seyd jch
nit mer getůn mag darmit schneid er jm die band enzwey.
vnd gebot den die in fůrten. das sy in vngebunden liessen.
auch ob er behelt seyn recht. so mag es euch wol czů nucz
2180 kommen. als er die wort redt. kußt in Tristrant mit wainen-
den augen. wenn er weinet jnnigklich mit herczen vnnd mit
augen. Do schrey her Thinas mit lautter stymm. vnd grossem
bitterlichem wainen O wee ach vnd o wee. das dich mein

2161 zerbrochen W.
2163 yederman leide A.
2164 *Üs. in A.:* Wie herr Tristrant ausgefürt ward yn zetőten. *Üs. in W.:* Wie Herr Tristrant außgefůret ward/daß man jn solt richten/vnd er in ein Capellen begert/Gott seine Sünde zu klagen.
2167 vnd ein grosse menig des volks volget ym nach. A.
2169 mein freünde A.
2171 erscheinen lassen / so hab keinen zweifel / W.
2173 mich auch solt hencken als ein andern dieb A.
2175 doch wil ich dir deine A.
2177 nit mer mag getone. A.
2178 liessent geen. A.

augen ye gesahen. Nun mag jch disen tage mymmermer über-
2185 winden. sy gebarten beid so recht klåglich. das der merer
teyl des volckes mit in klaget vnnd wainet. dardurch auch
billich die verråterischen mörder bewegt waren. aber sy
waren erhertt vnd erstockt in jrer boßheit. gleich jrem herren
lucifer. die herrn tristrants pflagen die waren auch all be-
2190 trübt durch die grossen klag. so diß zwen man fürten vnd
wurden mit in wainen. Also fürten sy in für ein capellen.
Tristrant bat mit grosser bet. das sy in liessen in die
capeln geenn. vnd sy die weil hie aussen beliben. biß er sein
gebete volprácht. vnd got dem herren seiner sünd verjech.
2195 einer sprach wir haben vns vil zů lang gesaumt. vnd ist
zeit das wir geen. darwider redt der ander. was dann das
ist bald geschehen. auch bat vns der herr Thinas das wir jm
wåren gůt. laß wir disen [88|4110] rewigen sein sünde er-
klagen. damit er sich dem teüfel geuerren müg. was schadt
2200 vns wir thůen seinen willen. wenn des wirt leicht gůt rat.
die cappellen hat nicht mer dann ein thüre die ist auch so
klein das wir der gar leicht hůten. so geet zů der andern
seiten der see mit wilder flut an der maur für also daz er vns
nicht entrinnen mag. jm geschech recht wol oder wee.
2205 darumb thůen wir jm die freündtschafft vnd lassen in sein
sünd klagen. so es vns doch nicht schaden bringet. söliches

2185 Sie stelleten sich beid W. so gar kleglichen A.
2186 mit jnen weinet/dadurch W. mit yn klagten. vnd vermeinten (!) dardurch auch billich die verreterischen mörder bewegt ze-werden. A.
2187 die verrhåterischen bewegt W.
2188 verstocket in W.
2189 Luciper (!) A.
2192 bat sie fleissig/W.
2193 heraussen bliben biß er volbrecht sein gebete. vnd got sein sünd veryehe. A.
2194 sein sünd beichtet. W.

2197 Auch bat Thynas. das wer (!) ym gůt. A.
2199 vor dem teufel gefristen mòg/W.
2201 Die Capell hat nur ein kleine thür/der wir gar leichtlich hütten/W. die ist klein der hüten A.
2204 es geschehe jm gleich wol oder wee/W. wee. tů wir A.
2206 Sünd Gott lassen klagen/ W. so es *bis* bringet *fehlt in* A. Solichs redeten sy mit einander vnd liessen yn A. Solchs redet er mit seinen gesellen/W.

85

redet er heimlichen mit seinen gesellen. vnd liessent in jn
die cappelen geen da seine sünd zů beclagen vor gott dem
allmåchtigen.

2210 ℭ Abenteür. Wie her Tristrant daruon kam. vnd doch
on die künigin nicht daruon wolt.

*Holzschnitt: Tristrant schwimmt im See, am Ufer reitet
Curneval mit einem zweiten Pferd an der Hand, vor der
Kapelle stehen die Wächter*

ℭ Als her Tristrant in die cappellen kam schloß er die thür
gar wol zů. vnd růfft zů got dem allmåchtigen vnd seiner
werden můter vmb hilff vnd genade. daz sy jm seinen leib
2215 fristen. vnd staig damit zů dem venster. brach das auff. vnd
drange so hart. biß er sich doch zů jüngst hindurch drang.
sprang in den see. vnd schwamm auß an das land vnd kame
daruon vnd lieffe bey dem wasser czů tale offt wider sehend.
ob jm yemandt nach jaget. Dye aber die sein wartetent die
2220 ward sôliches langes gebet gar übel verdriessen. doch ver-
manet ye einer den andern. das sy jm weil genůg liessen. in dem
was curneual sein getrewer vnnd liebster diener. von grossem
herczenlichem laid gar nahend gancz vnsinnig worden.
[89|4149] vnd west vor sôlichem jamer vnd mittleiden so
2225 er mit seinem herren het. nicht wz er thůn solt. yedoch
rayt er auß der statt. fůrt seines herren pferd schon gesattlet
vnd sein schwert mit jm. Auff mainung ob gott seinem
herren daruon hulff. er gedachte auch in jm selbs. mein

2208 da seine *bis* allmåchtigen (2209) *fehlt in* W.
2210 *Üs. in* W.: Wie Herr Tristrant inn die Capellen gelassen ward/vnd daruon kame/aber one die Kônigin nit von dannen wolt.
2213 zů got vnd seiner můter A.
2214 sein leben W.
2216 trang sich hart A. zůletst A. zu letst W.
2218 offt vmsehent A.
2219 nach eilete. A. Die aber so sein vor der Capellen warteten/W.
2223 hertzenleid A.
2227 auff soliche meinung A.

herr ist listig vnd vindet ettwa weg. dardurch er daruon
2230 kommbt. Aber gebe mir got das glück dz jch in auf sein
pferd bråcht. so wåren wir vnere entritten. mit sôlichen ge-
dåncken rayt er hin vnd dar. vnd west selbs nit wie oder
wa. dann das er jnniklichen klaget das er ye geborn ward.
oder aber damit seinem herren sein end nemen. also rait er
2235 nicht verr. er sahe seinen herren vnd sy erkannten beyd anein-
ander. curneual rit eylend dar. pracht seinen herren auf
seyn pferd. vnd wurden jres zesamen kommen zemal hoch
vnnd ser erfreüwt. Her Tristrant gürtet sein schwert vmb
sich vnd stellet sich zů wôr ob in yemand nach reyten wurd.
2240 das sy czů streit wåren bereyt. Curneual sprach herr was
mag vnß nun geweren. gleich als ob er wölte reden. wer mag
vns nun thůn. so wir beyd zů streit geschickt seyen. heben
wir vns von hinnen wenn jch waiß wol als bald der
küng erfindet. das jr entlauffen seyt. so wirt groß nach-
2245 sůchen. wann wir dann geren von hinnen wåren. so mügen
wir nicht. darumb reyten wir entzeit. Hierauf sprach her
tristrant. jch will meinen leib nymmer von hinnen pringen.
es sei dann das jch die künigin auch daruon bring oder den
todt mit mir hye kiesen. solt sy gemartert werden. von
2250 meinen wegen sterben. vnd jch daruon kommen wie môchte
jch das ymer überwinden vnd verklagen. wo wår die groß
lieb vnd trew. so wir zů [90|4192] einander haben. solt ich
sy tod wissen. vnd mich lebend. wie môcht jch ymer on sy
geleben. jch wurde mich selber tôdten. auch waiß jch wol.
2255 dz sy mer klaget mich dann sich. vnd darumb wil jch mit
jr sterben oder versůchen ob jch sye müg dannen bringen.
beschåhe das. jch wolt meinen zoren an ettlichen neidern
beweisen. das sy mein füran gedenckenn solten. Also rait
er in einen dicken busch bestecket sich vnd sein pferd allent-

2235 beide von stund an einan-  2248 oder will den todt mit jr hie
     der. W.                         leiden/W.
2237 hoch erfreüte. A.           2252 zů einander hetten. A.
2241 als ob er spreche. wer A.   2254 leben. W.
2244 künig empfinnt A.           2257 geschech das ich wölt A.
2246 darumb lasset vns bey zeit
     reitten. W.

halben mit laub oder blettern von baumen. mit sŏlicher grosser listikeit. ob der küng selbs für in gen solt. so wår er jm vnbekannt gewesen vnd rait dem gericht also nahen das er wol sehen mocht wz da geschahe aber in mocht man nit gesehen vor der dicke des busch. vnd auch der bletter damit er besteckt was.

*Holzschnitt: Der aussätzige Herzog vor Marchs*

⸿ Nun hŏrt von den. die vor der cappelen stŭnden die belanget hart daz Tristrant sein gebet so lang macht. vnd redt ye einer zŭ dem andern. sy solten in herfür vordern. do sprang einer zŭ der thür. laut rŭffend. jr mŭst noch heut eur gebet lassen. wz ist. das wir so lang hie steen. es ist ein groß vnmaß. vnd mŭß yedoch sein. jm gabe aber niemand antwurt. do wurden sy erzürnt stiessen die tür mit grossem zoren auf. vnd wolten jren mŭtwille an im rechen si funden in nit. sy kamen zestund für den küng vnd sagten das tristrant entlauffen wår Vor grossem [91|3225] laid vnd zorn sprang der künig auff vnd sprach. Wol auf freind vnd mann vnd helfft in sŭchen vnd wer mir in bringt dem gibe jch souil schaczes das jm nymmer zerrint. Durch sŏlichs geheissen waren jr gar vil. die sich balt bereiten nach zesŭchen. ob sy in yenndert vinden mŏchten. Es was auch sŏlliches sŭchen. ettlichen laid. die selben sŭchten mit vnwillen vnd vnfleiß. in wz auch lieber sein hinkommen. dann das sy in funden hetten. Der laidig auctrat sŭcht auch nach. er wider rayt aber gar bald. wenn er forcht fund er tristranden der wurt

2260 mit laub mit so grosser listigkeit A.
2264 vor der dick des laubs darmit er besteckt was. A. des Laubs W.
2265 *Nach* was *Üs. in A.:* Wie der Künig die Künigin zŭ dem tode verurteilet.
2266 Die aber so vor der Capellen stŭnden/W.
2271 vnd mŭß doch sein. A.
2272 Sy ertzŏrneten. A.
2273 Da sie jn nit funden/kamen sie zu dem Kŏnig/W.
2275 yn wer entloffen. A.
2276 Wolauff mann vnd frawen A.
2277 gib ich ein solich gŭt A.
2279 jn zu suchen/W.
2283 aber er keret bald wider vmb/W.

²²⁸⁵ sŏliche pfand von jm nemen. der er nymer überwinden mŏcht. darumb was jm vil lieber er fund in nit. Als nun die sůcher wider kamen vnd nicht funden. ward der küng betrůbt vnd wolt sein prinnenden zoren an der frawen erkůlen. vnd ward jr vast droen mit fraißlichen worten. er
²²⁹⁰ wolt jr lieb zerstŏren. vnd jr den mort gellten so sy getan het. vnd hieß sy damit hinfůren das man sy verprennet auf einer hurde O edle künigin. nun bistu doch eins sŏlichen tods gancz vnschuldig aller sachen halben. Nun hat doch der küng euch beiden willigklich vnd vngenŏtt verginst eur
²²⁹⁵ wesen bey einander zů haben. wie vnd euch gefalle. O wie gar ein herttes vngerechtes vrteyl da erteylt ist. do ain einiger man allein erteylt hat. vnd nit nach ordnung des rechten. weder anklagt. noch der vrteyl gefragt hat. Wee wie grosser gewalt ist da geschehen. jch main nicht das der
²³⁰⁰ künig in sein selbs hercz rechter lieb nye empfunden hab. Ob er leicht lieb gehabt [92|4256] worden ist. so hat er doch nitt rechter lieb widerumb gehabt. dann wår jendert ain klaines fincklein der lieb in jm gewest all sein tag. er solt das billichen da haben erscheinen lassen. vnd als man
²³⁰⁵ sy yecz hinfůrt. kam mit grosser eyl ein herczog der wz außmerckig. růfft den küng an. mit grosser bet. das er vernemen welt warumb er darkommen wåre. Der künig hieß in reden. do sprach der siech. Herre jch hŏr die künigin můß sterben. vnd jr wolt jr geren ein låsterlichen tod thůn Nun
²³¹⁰ bedunckt mich. ob sy verprennt werde sy sterbe on laster. wenn jr seit so reych vnd gewaltig. jr mügt sy hencken oder

2287 die suchenden W.
2289 mit freuenlichen worten / W.
2291 das man sy auff einer hurd verprennen solt. A.
2295 wie es euch selbs gefalle. W. O wie ein so ein herttes vrteil erteilet ist. A.
2296 ist da geurteilt / da ein einiger Mann geurteilt hat/ vnd wider alle ordenung des rechten / weder angeklaget/ noch vmb das vrteil gefragt hat. W.
2298 Wee jme W.
2300 der rechten lieb A.
2304 *Nach* lassen *Üs. in W.*: Wie der König einem Außsetzigen Mann die Königin gabe/ der solte sie seinen gesellen heim fůren/ sie zu tŏdten.
2307 warumb er hieher kumen A.

verprennen. wie vnd jr wőlt. jch nenne aber euch ein tod.
ersturb sy des. so wår jr laster tausentfaltig mer. dann ob
jr sy hie ertődt. Der künig bate das er jm saget wz todes
2315 das wår. antwurt der siech. Herr jr sőlt mir die frawen
geben. so will jch jr den leib benemen mit einem bitterlichen
vnd låsterlichen sterben so ye kein man erhőrt hatt.

⁋ Abenteur. Wie der siech herczog die künigin wegk-
fůrt. vnd wie jm die her Tristrant wider nam. vnd
2320 selbs mit jm fůrt.

⁋ Vnd sag euch recht wie. jch wil sy meinen siechen pringen
der habe jch leichte hundert oder mer. die můssen all nach-
einander vnreynikeit mit jr pflegen. dz kan vnd mag sy
mit lebendigem leib nitt erweren noch hinkommen. ob sy
2325 hallt zehen frawen sterck het. das ist eyner künigin der aller
schmåhest vnd vnerlichest tod als er hie erhőrt ist. Der
künig sprach. jr habt war gesagt. wer thůt mir aber gewiß-
heit. das jr jr den leib also benemt. [93|4285] als jr geredt
habt Antwurtet der vngeheür siech herczog. Ich gelob euch
2330 dz so tewr. als jch ymer sol. ob jch die frawen bey leben laß.
das jr mich vnnd meiner sün einen heyßt hencken oder sunst
ertőtten. wie vnd jr wőlt. vnd alle mein siechen darczů.
Auff sőlich gelübde gab jm der künig die haußfrawen. vnd
vermeinet er hette sich hart wol an jr gerochen jm ward
2335 aber groß laster vnd vnere darumb geredt. als weit das
gancz land wz vnnd nicht vnbillichen. da er sich selbs sambt

2312 wie ir dann wőlte. A.
2316 das leben nemen W.
2318 *Keine Üs. in W.*
2322 ich bey hundert W. nach einander vnkeüscheit A.
2323 mit jr zu schaffen haben/ vnd vnkeuschheit mit jr pflegen/W.
2324 nit erleiden noch hynkumen A. nit erleiden noch hinkomen/W.

2327 sicherheit/daß jr sie also tődtet als jr geredet habt. W.
2329 siech vngeheür A. Der siech Hertzog Antwortet: Jch verheisse W.
2331 einen last hencken A.
2333 die frawen A. die Frawen W.
2336 in dem daß er disen zweyen so W.

disen zwaien souil vnere anlegt gepüret sich auch wol. dz
jm schand vnd vnere darumb gebreyst vnd zů geczelt wurde.
als weit sŏliches erhell. jener aber ward ser fro. da er dye
2340 schŏnen frauen mit so leichter bete erworben het. Vnnd nam
die für sich auff seinen maul vnnd rait hinwegk.

*Holzschnitt: Tristrant befreit Isalde*

⊄ Nun lag des siechen herren wege. das er gleich für herren
tristrant reyten můßt Curneual erkannt die schŏnen ysalden
oder künigin von verren. Vnnd sprach. jch sihe mein frawen
2345 dort herfůren. Do das herr tristrant gewar ward. klaget er
mit ganczem herczen. das ein vnrainer masselsüchtiger man
mit seiner hand den rainen leib berůren solt. vnd ward dar-
durch zů grossem zoren bewegt. vnd für rayt disem den
weg. als er nun nahend neben in [94| 4316] kam. namen sy
2350 die pferd gar fraißlich vnder die sporen. vnd mainte seinen
an den zů rechen. als er auch tet. mit grossem grymmigem
zoren. hawet er den herczogen der die frawen fůrt enmitten
von einander. das. das oberteyl des leibes tod zů der erden
viel. Darnach hawet er vnder den andern siechen er vnd
2355 curneual. das nitt mer daruon kamen dann ainer. hyemit
nam er die künigin sein allerliebste frawen gar freüntlich in
sein arm. vnd empfiengen so gar lieplichen vnd freüntlichen
aneinander. das jch dauon nit sagen kan Doch heten sy kein

2338 ym schame vnd vneer A.
vnehre darumb geschahe
vnd zůgezelet W.
2340 mit so leichtem gebet A.
2341 für sich auff sein pferd / vnd
reit damit hinweg. W. auff
sein maul vnd rit also mit
ir hynweg. A. *Nach hin-
wegk Üs. in W.:* Wie Herr
Tristrant dem Aussetzigen
Hertzog die Kŏnigin nam /
vnd mit jr daruon kame.

2343 die schŏnen Jsalden von
verren A.
2345 war nam A.
2346 vnreiner Aussetziger Mann
W.
2348 zu grimmigem zorn W.
2349 sy nun nahent neben yn
kamen A.
2350 gar freuenlichen W. mein-
ten sich zůrechnen. Als
auch geschache. A.
2352 schlůg er W. den hertzogen
miten von einander A.

91

zeit da zů beleiben sunder mit schneler flucht eilten sy den
2360 enden dannen vnd kamen in ein grossen wald. aber der
siech. der da genesen vnd hinkommen was Kam zů dem
küng. dem sagen vnd clagen. das sein herr vnd die andern
all erschlagen wåren. vnd dye fraw genommen vnd hin weg
gefůrt. vnd das dicz tristrant getan het. auch wie er kaum
2365 wår daruon kommen. Do der küng das hort. do gebaret er
als gar fraißlichen vnd zorniklichen das es wunder ist ze-
sagen. vnd bat all sein freünde vnd mann das die auf wölten
sein vnd nach sůchen. vnd globet wer in fund vnd über in
richtet vmb die grossen laide so er jm tet. dem wolt er mit-
2370 teilen leib vnd gůt die weil er lebet. Hierdurch wurden die
ritter vnd die andern aber gereiczt nach zesůchen. eilten
bald auf jre pferd vnd sůchten ein ganczen tag als vmb-
sunste ettlicher sůchet vngeren vnnd was fro das er nit fande.
[95 | 4354]

2375 ℂ Abenteür Wie her tristrant die künigin daruon
pracht. wahin sy kamen. vnd ettliche zeit bey ein-
ander waren. vnd wie es jnen ergienge.

Als sy nun verr vnnd nahen allenthalben in dem landt ge-
2380 sůcht hetten. vnd doch nichtt funden. kamen sy wider zů
dem künig. der fraget zestund. ob yendert eyner vnder in
allen wår der her Tristranden gesehen hette. Sy antwurten
all neyn vnd weßten auch nyendert mer zesůchen Dicz
klaget der küng so sere vnd so hoch das es mir eines teiles

---

2359 eyleten sy an die ende A.
2361 genesen vnd daruon komen war / W.
2365 da stellet er sich so gar zornigklichen / W.
2367 Freund vnd Ritterschafft / W.
2368 fünd oder yn hynrichtet A.

2373 das er nyemant vande A.
2375 *Keine Üs. in W.*
2379 vnd nichtz funden. A.
2380 Er fragt ob ir keiner Tristranten gesehen het. A.
2381 Sy antwurten all nein. Diß klaget A.

vngelaublichen ist vnd bat all ander fürsten vnd herren auch
2385 all sein holden. ob in tristrant yendert zů kåme. das sy jm
vmb sein willen vnnd sein gebete. den leibe nemen wölten
oder aber jm den czů schicken. So wölte er in selbs richten.
vnd bas versorgen vnd bewaren dann er vor gethan het. vnd
weil er also zornig und wůttend hin vnd her gieng. sahe er
2390 einen bracken angepunden vnd auß der massen ser fechten
vnd wůten. Der brack hieß vctant. den hette her tristrant
gar lieb für all ander hunt. denn er was sein vnd het in er-
zogen. Der künig fraget einen knaben wes der hundt wår.
der also frischlich vnd ernstlich vecht. der knab saget jm.
2395 er wår tristrants bürßs brack. zehand schůff er mit dem
knaben. das er den hund erhieng. ob er inn aber leben ließ.
so wolt er jm die augen ausprechen. Der knab nam den
pracken vnd rayt mit jm von dem weg jm was aber jnnigk-
lichen laid. das er in tödten solt. vnd seczet jm für. er wölt
2400 sich ee des landes verzeihen ee er den hund wölt töten wenn
er hett her tristranden gar lieb. er ließ den bracken lauffen
wa er wolt. vnd rait er hin heym. der brack vctant [96|4401]
lieff nach dem spor seines herren. vnd kam gerichtes in den
wald darinnen Tristrant wz der höret den hund von verren
2405 gellen vnd nachjagen. des erschrack er on massen ser vnd
sprach zů curneual. Nun můß wir verloren sein. wenn jch
hör mein bracken mit dem vert man vns nach. darumb rat
was wir thůn söllen. wenn jch nicht erdencken kan. wahin

2384 vnd bat sy all ob er yendert eim keme das sy ym das leben nemen oder aber ym den zů schickten so A. vnd Herrn darzů all seine Freunde /W.
2388 vnd bas versorgen dann er vor A. vnd besser bewaren dann er vor W.
2390 seer bellen vnd wůten. A. sehr zabeln vnd wůtten W.
2391 Der brack hieß vctant *fehlt A.*
2392 dann er het yn ertzogen A.
2394 also ernstlich billt. A. also freischlich vnd ernstlich zabelt. W.
2395 Zuhand gebott er dem Knaben /W.
2396 hencken solte /W.
2397 außstechen. W.
2400 wenn *bis* lieb *(2401) fehlt in A.*
2401 den hunt lauffen vnd reit wider heim. A.
2404 von verren bellen vnd nachyagen. A.
2406 Nu můssen wir sterben /W.

wir keren sôlen. wir mügen in nicht entrinnen noch nitt ent-
2410 lauffen. aber mit eren wôllen wir mit in streitten vnnd vnser
leib so tewr weren das jre weib daheim das nachjagen klagen
vnd bewainen weren. sy mûssen dz nachsûchen erarnen das
es in selber laid wirt. vnd on zweifel. er hatt den habich an-
gerennt. welicher zû vordrist jagt der sol auch nymer von
2415 hinnen kommen. curneual sprach. Herr das ist vns kein
fromm Sy seind werlich leüt. wir mügen jnen nicht geleich
fechten. Jr ist vns zû vil. ob wir sy nun geleich mit neid
besteen. So mûß wir doch zû letst todt wesen. Nun wil jch
allein die nott für vns leiden. reyt jr in den wald da jr ge-
2420 nesen müget. vnd nembt die frawen mit. wenn mit dem
bracken damit man vns nachuert. will jch wol bewaren vnd
fürkommen dz man nitt weiter damit sûchen noch nach mag
jagen. vnd bat den herren gar ser. das er beyzeit rit. da er
sich vnd die frawen behalten môcht. Secht wye ein getrewer
2425 diener der wz. wer hat ye seins gleichen gehôrt oder gesehen.
er wolt willig in den tod reiten der warten das sein herr den
leib mecht behalten. Her tristrant aber sprach jch wil mei-
nen leib mit eren verliesen oder meyn frawen daruon brin-
gen. mit dem kerten sy dannen. wurden alle drew zåhern
2430 vnd herczelich betrûbt wenn sy mainten nu aller erst den
tod gewiß [97|4450] haben. vnd ward in alle vorige clag vnd
kümernuß genczlich ernewet. Curneual der getrew sahe offt
wider. wie nahen der brack wår. vnd hielt also still in
mainung den bracken zû tôten vnd von den veinden seyn
2435 leben darumb zû verliesen. Curneual hielte mit zornigem

2410 vnsere Leib so frischlichen an sie wagen/W.
2411 nacheylen beweinen sollen/W.
2412 das noch erarnen A.
2415 kein nutz/W.
2418 zůletst do tod beleiben. A. zu letst sterben. W.
2420 dann mit dem pracken wil ich wol fürkumen A.
2425 diener das was. A. seins gleichen gesehen. A.

2426 auff das sein Herr W.
2428 leben mit ehren verlieren/W.
2429 alle drey weinen vnd von hertzen betrûbt/W.
2430 sie mûsten aller erst sterben/W.
2433 in meinung. den pracken zetôten. vnd vor den feinden sein leben darnach zů retten. A.

můt bey einem baume. wenn jm was laid das sein herr nit
fliehen wolt. vnd nam war wo der brack herkam. vnd nam
jm für. das er den bracken vnd die in fůrten wŏlt zů tod
schlahen Do kam dz gůt hüntlein allein auf der vert nach
2440 jagent. do curneual das sahe. ward er widerumb ser vnd hoch
erfrewt. Vnd sprach dem bracken zů. der auch fro was dz
er in funden het. curneual verklaget alles seyn laid. nam den
hund zů jm auf sein pferde vnd rait mit freüden in den
waldt nach seinem herren. er het aber der spor vermisset.
2445 vnd geschweig auch der brack gancz still der het vor ståtigk-
lich on vnderlose geklenckt. als dann die hündlin gemeink-
lich. in sůchen. vnd auch in freüden tůn Do ließ er in nyder zů
der erden. vnd hiesse in sůchen nach seinem allerliebsten
herren. Der bürsser Vctant kam auf das recht spore. vnd
2450 sůcht nach wildt das wz geschaffen gleich als man vnd weib.
als nun curneual seinen herren fand. vnd mit jm die künigin.
ward jm recht frŏlichen zů můt. zestund ward her tristrant
auch gar fro. vnd fraget wem er den hunt nåme. oder wie
er darkommen wår. daz sagt er jm alles. vnd wurden so sere
2455 erfrewet das sy vergassen aller vorigen klag. angste vnd
nott so in ye geschehen was. vnd ritten also den ganczen
tag. in dem wald so verr das sy gewißlich mainten. ob alles
volck in dem ganczen küngkreich sy sůchten. so mŏchten
sy jr doch nit vinden doch sprach er. [98|4515] jch will
2460 noch bas besehen ob vns yemand da gesehen oder gehŏren
müg. Vnd als er fand die stat oder die ende sicher sein. do
liessen sy sich nyder. vnd machten in ein wonung mit holtz
laub vnd mit gras. das trůgen die zwen herr Tristrant vnd
curneual zesamen. die fraw halff auch darczů souil sy kund
2465 vnd mocht. Also waren sy den enden nahen zwei jar vnd

2444 spor verfehlet/W.
2445 schwig A.
2446 on vnderlaß gebollen/W.
2449 Der birser hund A. Der Prack Vctant W.
2450 gewilde A.
2452 recht wol A.
2453 fraget wo er den Hund genomen hette/W.
2454 er dar keme. A. wurden aus der massen gar sere A.
2456 nott die yn ye geschehen was. A.

liten groß armůt. sy heten weder essen noch trincken dann
kreüter. so sy in dem wald funden. so ward in auch jr speis
zů zeiten gebessert. wenn her tristrant vŏgelin schoß. oder
visch fieng mit einem angel. in dem wasser. das dann nahent
2470 bey jnen für floß. Auch sagt die histori er sey der erst angler
gewesen. dann ob er wol fisch oder vogel gefangen hat. so ha-
ben sy das nymmer recht gesieden noch gepraten künnen. auch
weder brot noch keinerlei ander speiß noch tranck gehabt
mügen. vnd litten sŏlich groß hunger vnd kummer. das es
2475 vnseglichen ist noch machet ins die liebe alles sůß vnd gůt.
auch die sorg so sy heten vmb verlierung jrer leib. Jch laß
mich aber wol beduncken. solten yecz zwey liebhabende
menschen nur zwen monet in sŏlicher grosser kümernuß
hunger vnd armůt sein. sy mŏchten das nitt erleiden noch
2480 on den tod hinkommen. auch ist zů fürchten. ob sich in der
welt eynes vmb des andern willen. in sŏllich grosse nott
gåbe. als dise zwey gethan habend Nun hetten sy es ye auch
geren wåger gehabt. es mocht aber den enden nit seyn Auch
hetten jre pferd nicht anders zů essen dann laub vnd graß.
2485 damit wurden sy auffenthalten.

⁌ Abenteür Wie ein jåger hern tristranden vnd die
künigin schlaffendt beyeinander fand. vnd den
[99/4569] künig marchsen auch darfŭrt. vnd wie es
darnach ergieng.

*Holzschnitt: Marchs vor den schlafenden Tristrant und
Isalde*

2490 ⁌ Nun mŏcht man wunder haben. wie sy sŏlichs strengs
leben vnd groß armůt heten erleiden mügen. vnd sy doch
beide von künigklicher art in allem wolluste vnd senfftigkeit

2471 so habent sy A.
2476 darzů die sorge so sie hetten
vmb verlierung jres lebens.
W. irs lebens A.
2478 menschen nun A.
2482 auch gern besser gehabt / W.

2483 an dem end es mocht aber
nit gesein. A.
2486 *Keine Üs. in W.*
2488 dar fürete. A.
2491 dieweil sie doch W. vnd
das sy do A.

von jugent auff waren erczogen. vnd vor malen sôlicher nott. auf ein ainige stund nye empfunden heten Hierauff antwurt
²⁴⁹⁵ jch. das rechte ware liebe auch rechte nott. angst vnd kümernuß. sôlich leiden gar bald erlernen. wenn es ist ein gemain sprüchwort. jamer lernet wainen. Also ist disen zwaien auch geschehen. sy litten den enden alle dye armût. so die menschen geleiden mügen. es wår auch nit vnmüglichen gewesen
²⁵⁰⁰ das sy wåren zû tod erfroren. wenn der harb vnd die regen jre klaider. nahendt gancz ab in erfeült hetten. yedoch waren sy die vorbenannten zeit. als nahen zwey gancze jar das sy weder leüt weder stett noch dôrffer sahen noch auß dem wald nye nicht kamen. so lang vnd so vil biß sich jr sach
²⁵⁰⁵ anders wandelten. Nu het her Tristrant ein gewonheit mit der frauen willen. so sy sich zû rû legten mit freündlicher red vnd geperde aneinander ergeczeten biß zeit was zû schlaffen. so czoch er sein schwert auß. vnd leget das allso bloß zwischen jr beyder. dises ließ er keyn nacht vnder-
²⁵¹⁰ wegen. vnd was doch gar ein selczame gewonheyt. auch ein teyle vnmüglich der grossen liebe halben So sy zesamen hetten Aber es kam inen hernach zû grossem heyl. vnd sag euch als wie. Es gebüret sich das küng Marchsen jäger einer eines tages gar frû in den wald gieng. der hett einen hürß
²⁵¹⁵ gespirt vnd gieng [100|4596] dem spor nach. aber er verlore den wider. vnd kam geleich zû der hüten da die beyde schlaffend lagen. Er stûnde still vnd pidemd vor grossen

2495 angst vnd kumernuß lerne. A.
2500 das sy zû tod werent erfroren. wann der taw A. dann der Schnee/Reiffe/vnd die Regen hetten jre Kleider nahent gantz an jnen erfeulet/W.
2501 erfeület het. A.
2507 biß es zeit A.
2508 vnd legtz zwischen ir beider. A.
2509 zwischen sie beide/W. nie kein nacht W.

2512 zu grossem heil/als jr hören werdet. W.
2513 *Üs. in W.:* Wie der König eins tags mit seinem Jäger in den wald reit/vnd fand Tristranten vnd die Königin bey einander.
Es begabe sich daß König Marchsen Jäger W.
2516 do sy schlaffen lagent. A.
2517 Er stond still vnd erschrack. A. vnd zittert vor grosser forcht/W.

forchten. vnd als schier er tristranden erkannt hůb er sich
hinwegk. doch mercket er vor eben wie sy lågen vnd eylet
2520 sere vnd balt zů dem künig heym. jm sagent. wie er herr
tristranden vnd die frawen gesehen vnd gefunden hett. Der
künig hieß in zů den dingen still schweigen. vnd begeret an
dem jåger das er in selbs darbråcht czů dem hüttlin. der jåger
thet das. vnd brachte den künig mit jm dar. wenn es den-
2525 noch gar frů was. als sy in nahent kamen. da stůnd der
künig von dem pferde. ließ des den jåger pflegen. vnd gieng
er zů fůssen dar. als er zů der hütten kam. do fand er sy
beide schlaffend. vnd das bloß schwert zwischen jr beider.
als jm der jåger hette gesagt. er hett darab groß wunder.
2530 gieng in nåhner graiff leiß nyder. nam das schwert zwischen
jr. vnd leget das sein an die statt. er leget auch seinen hant-
schůch auff die frawen. vnd gienge wegk wider zů dem jåger
vnd rait zů seinen gesellen als ob er nye weitter kommen
wåre

2535 ℂ Do aber her tristrant der kůn held erwachet. sahe des
küniges handtschůche ligen auff der frawen der künigin.
Nam in gar frembd. vnd fraget zestund. wes der handtschůch
wåre. die fraw erschracke zemal sere. vnd sprach. Sy west
nit mit welichen listen oder wie er daher kommen wåre.
2540 Vnnd als her tristrand seyn schwert. will wider einstossen.
so sicht er das dicz. künig marcksen ist. vnd jm daz sein
darwider genommen. Do sprache er zů der künigin. nun ist
nicht zweifels dz wir lebendig oder mit gesundem leib nymer
von hinnen kommen. wenn künig marcks ist hye gewesen.
2545 er ist vns auch [101|4666] nicht verr. wa er halt ist. Nun
haben wir den todt gewiß. nun ist nichts. des wir unß ge-

2518 als er Tristranten A.
2519 legen. A.
2520 ser zů dem künig A.
2522 an yn A.
2523 dartzů fürte Der yeger A.
2528 zwischen ynen A.
2532 wider zů dem yeger seinem gesellen. A.

2535 des künigs hentschůch auff der künigin ligen. A.
2537 name jn gar sehr wunder/ W. weß diser W.
2539 were/oder wer jn dar gebracht het. W.
2540 wider einstecken/W.

trôsten mügen. wir haben seiner hübschkeyt genossen. das
er vns schlaffend nicht ertôdtet hat. so aber wir auffsteen.
so haben wir beyde den tod gewiß. Hiermit hieß er cur-
2550 neualen die pferde sattlen. vnd wol bald pringen. sy sassen
auff vnd ritten in schneller eyle alls ob man jnen mit einem
ganczen hôre nach jaget. vnnd sy weßten doch nicht. weli-
chen enden der künig was. Sy riten den tag biß auff vesper-
zeit. do kament sy in ein gerewt da beliben sy. stûnden von
2555 den pferden. vnd lasen kreütter vnd würczen die sy mit-
einander assen. dann hettent sy es besser gehaben mügen.
wåre in vaste nott gewesen. doch was der geding daz sy
mainten dem tode empflohen sein. wol mer. dann halbe jr
speiß. Nun was eyn geystlicher priester nicht verr von den
2560 enden. der was gar ein frummer man vnd eins gûtten lebens.
der hette ein clausen in dem wald. verr von den leüten. daz
er got dem herren deßtbas gedienen môcht Der selb briester
hieß vgrym. vnd was künig marcksen beichtuater. Eins tags
do rayte herr tristrant czû dem briester. vnd wolt bûß von
2565 dem empfahen. aber der briester wolt jm keyne nicht geben.
er gåbe dann die frawen jrem mann wider vnnd saget jm
darbey. ob er allso in den grossen sünden erfunden wurd.
das dann sein sele ewigklich darumb leiden mûßt. Es stûnd
aber tristranden dannoch nit also. das er die frawen so lieder-
2570 lichen môchte von im [102|4723] geben vnd sich jr ver-
wegen Vnd rait on bûß dannen. also waren sy in dem wald so
lang. biß gleich vier jar verenndet hetten. von der zeit. als

2547 hübschheit vnd hôflichkeit A.
2548 wenn wir aber nun aufston A.
2550 satteln. vnd das das bald geschehe. A.
2552 nach jaget vnd eylet/W. yaget oder eilete. A.
2553 den gantzen tag A.
2554 in ein wildes gereütte A.
2557 geding (daß sie meinten/ sie weren dem todt enflohen) wol W.

2559 Nach speiß Üs. in W.: Wie Herr Tristrant zu dem Priester Vgrym Kônig Marchsen Beichtuatter kam/alda bûß zu entpfangen.
2562 er got dem almechtigen vnd der iungkfrawen Maria dester baß A.
2565 keine geben/W.
2569 dennocht sein syn nit also A. liderlich A.
2571 von dannen/W.
2572 jar vergangen waren/W.

sy den vnseligen tranck getruncken hetten. czů hand ward
in das ermklich leben. vnd der groß vngemach. so sy in dem
2575 wald erlitten zemal ser laiden. vnd mainten sy möchten
sölicher grosser not vnd hertikeit nicht ein tag mer erleiden.
dz sy doch vor so mangen tag als nahen zwei gancze jar gar
williklich vnd on verdriessen geduldet vnd erlitten hetten.

❡ Nun hört vnd merckt wie so gar grosse krafft der ge-
2580 tranck in jnen gewürcket hat vnd sy gemeysteret hat. zů söli-
cher grosser herttigkeyt vnd jamer. so in daruon entstanden
ist. vnd sy sich mit nichte daruon ziehen noch genemen
mochten. als aber sein krafft vnd würcken het auffgehört.
in an einer nacht zů vil wz. das sy sich nymer in sölicher
2585 nott geleiden mochten. wiewol die natürlich liebe auch ser
in jn bran vnd so anhefft worden wz. das eins das ander ye
nicht wol gelassen mocht. noch dann so ward in der enden.
also ser laiden. das sy in kein weg lenger da beleiben moch-
ten. sunder jr wesen verkeren. wie vnd sy möchten. Als es
2590 wart tag riten sy alle drew für den wald. Vnd kamen zů
vgrym. her tristrant bate mit grosser bet. das er jm riet
vnd beholffen wår. damit er seiner sünden ledig wurd. vnd
saget jm. wie es in so ser het gerauen das er die frawen nicht
widergabe. zů der zeit als er in es geheissen [103/4746] vnd
2595 gebeten het Doch wolt er es nach seinem rat vnd heissen
noch geren thůn. Sölichs durch die künigin gar willigklich
ward verginst Als der briester das hort. ward er fro daz sy
sich zů sölichem verwilligten. vnd in vmb rat vnd trost
heimsůchten. schůffe in gůt gemach vnd tet in das beßt so

2574 das erbermbtlich leben A.
das armůtselig leben/W.
2575 mit grossem schmertzen vnd ellend erlidten schwehr/ W. erliden zůmal seer schwer. A.
2576 not vnd armůt W.
2580 gewircket hat/vnd hat sie gezwungen su solcher grosser hertigkeit vnd jamer/W.

2581 grosser hertigkeit die yn daruon A.
2582 noch enthalten mochten/W
2587 verlassen W. ward yn das elend also A. der ort so sehr erleidet/W.
2589 Eins tages ritent A.
2591 bat jn fleissigklich/W.

2600 er kund vnd mocht. Er fraget herren Tristrant ob er aber
rew darumb hett. das er die frawen so lang bey jm gehabt
hette. vnd ob er sy noch widergeben wölt. er antwurt ja.
er wölt es geren tůn. wåre auch sein maiste clag. das er es
nitt langest getan het. Der briester ward der antwurt zemal
2605 fro. vnd schrib zestund dem künig sölich lautend brief. Herr.
dich bitet dein maister vgrym durch die lieb gotes vnd sei-
nes gebetes willen. du wöllest mein frawen deinen gemahel
wider nemen dye schaff jch dir czů pringen. an weliche end
du wild. vnnd wenn du sy haben wild. so komm selbs nach
2610 jr mit wenig leüten. auch bit jch betlich du wellest her tri-
strant dein huld widergeben des bistu jm vnd dir schuldig.
auch kan vnd mag er das widerumb wol dienen vnd be-
hulden. Hierjnn bit vnd gebewt jch dir bei den geboten
gotes. du wöllest mein söllich begeren nit verachten. sunder
2615 zů gůt vnd selikeit deiner sel vnd leib aufnemen. dann es
gepürt dir zethůn. deyn vnd ewr aller eren halben. Vnd als
der brief geschriben ward. beualch er den tristranden dem
künig zů bringen. darbey sagen. das er jm riet vnd båt das
zethůn darumb er jm geschriben het. Her tristrant hůb sich
2620 auff die fart. vnd als es nacht ward kam er gen Thintariol
in den baumgarten zů dem prunnen. [104 | 4780] darbey jm
vormalen dick lieb vnd laid widerfaren wz Er hefftet sein
pferd an die linden. darauf jm einest der küng gewartet het.
vnd gieng mit grosser listikeit gegen der kemnaten darinnen
2625 der künig lag. wenn die küng der selben czeit nicht söllich
herrlich balåst gehabt haben als yecz sunder auf der erd jr

2603 sein gröste klag/W.
2604 der antwort fro/W. gar fro. A.
2605 von stundan W. ein solchen Brieff. W.
2608 an weliches end A.
2610 bit ich dich sehr/W.
2611 bistu jm schuldig/W.
2612 das wol wider verdienen. Hierumb A. vmb dich verdienen. Hierinn W.
2614 diß mein begeren W.

2616 dein und seiner eren halben. A. gegen Gott vnd ewert halben. W.
2620 vnd do es nacht A.
2622 widerfarn was. hefft sein pferd an die linden vnd gieng mit listigkeit gegen der kemnaten darinn der künig lag. A.
2623 darauff jm der König ein mal auffgesehen hette/W.

101

schlaf kamer gebawt. als noch etlichen enden vnd kungreichen gewonlich ist. darumb mŏchte Tristrant den künig wol anreden. Vnd sprach.

2630 ℭ Abenteür. Wie her tristrant dem künig den brieff selbs bracht. Vnnd wie er die frawen widergabe.

*Holzschnitt: Tristrant reicht den Brief zu Marchs durch das Fenster*

ℭ Künig schlaffest du. er antwurtet Ja her Tristrant sprach der mich ließ. Du mŭsest ein weyl wachen. so sprich warumb jch wachen sŏll. aber beyt biß es tage werde. des mag nicht 2635 sein. er ist kein stund noch zeit zŭ beiten. So sag an wz das sey. Her tristrant sprach. dein meister vnd beichtuater Vgrym enbeüt dir seyn gebet. vnd heyßt dich vermanen. ob er dir lieb sey zŭ einem meister. das du denn wŏllest leisten darumb er dir geschriben vnd gebeten hat. Er rat 2640 dir das auch mit treüen. So solt du das auch gern tŭn. wann er will dirs für dein sünd zŭ bŭß geben. dann wz dein meinung sein werd das laß schreiben vnd den brieff morgen hencken an das rot kreücz. das do stet in dem dorn vor der stat. do sich die straße in zwei teilen. do wil dein meister 2645 den brieff hollen lassen. vnd warff damit den briefe durch ein venster auf den küng. Der erkannt Tristranten an der [105|4826] sprach. Vnd mocht nicht gelassen. er sprach czŭ jm. Du bist Tristrant vnd jch hab dich an deiner sprach erkennet. dann beüt ein kleine weil. jch hab mit dir czŭ reden. 2650 Tristrant aber keret sich an den künig nichtt. vnnd rayt mit

| | |
|---|---|
| 2628 gewonheit ist. W. | 2640 mit gantzen trewen/W. |
| 2630 *Keine Üs. in W.* | 2641 vnd was A. |
| 2631 ym widergab. A. | 2642 seye A. beschreiben A. |
| 2633 *Vertrauliches* du *und Höflichkeitsform ir wechseln/im Folgenden in W* | 2646 auff jn. Der Kŏnig erkennet W. |
| 2634 wart biß es W. | 2648 erkannte. A. |
| 2635 zeit zu warten. W. | 2650 mit gŭtem fride/da er wol sicher war. W. |
| 2639 dir geschriben hat Er A. | |

güttem fride do er dann czethůn het. Als der künig czů der
thüre auß gieng. vnd mainet er wolt jm vast zů. do was diser
schon hinweg. da wolt er jm auch nit nach jagen. dann er
erbeitet gar hart. bis es tag ward. das er nun hôret. was jm
2655 sein meister geschriben vnd so fleissig gebeten het. Als es
nun warde tag. laß er den brieff mit gůtem fleiß. da es aber
vmb die sach wz. da het er rat mitt seinen råten. wz jm
hierjnn zů thůn wåre. vnd sagt in. wie er sy bey einander in
dem wald. het ligen funden. ein bloß schwerte. zwischen jr
2660 beyder. vnd all geschichte das selb geschehen. Er schwůr
auch wol mitганczer warheit. er weßt auch on zweifel. das
herr Tristrant die frauen zů weib nie gewunnen. noch sy
vnzymmlicher ding nie angesůcht het. allein hat er sy von
meinen wegen. vnd mir zů liebe lieb gehabt. Hierauff was
2665 seyn maynunge dye frawen wyder zů nåmen. ob jms anderst
herr Tristrant wolt geben. Sôlliches den råten auch wol ge-
meynt was. Aber herr Tristrant ward hyerjnn außgeschiden
das der weder frid noch gelayt haben solt. Nun an dye ende
da er dye frawen hyn antwurten solte. vnd wyder dann an
2670 sein gewar. vnd hinfür Curnewalisch land ewiklich vermei-
den. das ward also geschriben. vnd dye statt benennet dahin
er dye frauen bringen solte. vnd als das verschriben vnd
[106|4894] veruertiget ward. hieng man den brieff an daz
creücz als jm herr tristrant bescheiden het.

2675 Als nun der tag seinen lauff verendet het. vnnd dye nacht
her gieng. Holt herr Tristrant den brieff. vnd bracht den
dem bryester Vgrym. Als der den brieff überlaße saget er

2654 erwartet kaum biß es W.
2655 vnd warumb er jn so fleis-
sigklich W.
2659 on alle gefehrd ligen fun-
den/vnd ein blosses schwert
zwischen jnen beiden ge-
sehen hette. Er schwur W.
2660 dasebst geschehen A.
2663 *In W. indirekte Rede.*
2666 den Råthen wol anmůtig/
W.

2672 also durch den König vnd
die seinen verschriben vnd
bestehtiget W.
2674 als er bescheiden het. A.
*Nach het Üs. in W.:* Wie
Herr Tristrant dem König
die Frawen wider bracht/
vnd er hinweg reit.
2675 seinen lauff volbracht W.
2676 do holt A.

103

herrn Tristranten des küniges meinung. Der richtet sich nun
auff die vart. vnnd bracht dye frawen zů der tåding. Vnnd
²⁶⁸⁰ sorgeten beyde jr scheyden gar herczenlich ser. Sy wißten
auch nit ob sy nymmer mer der enden kåmendtt da eins
das ander sehen möcht. das waz in gar außdermasen schwår.
vnd jr scheiden vil zefrů. Als sy nun zesamen kamen. vnd
einander ansichtig wurden der künig vnd herr Tristrant. do
²⁶⁸⁵ sprache der künig. Wie nun herr Tristrant wölt jr mir die
frauen geben. Ja gern sprach tristrant. ob jch eüer huld
haben mag. So will jch das gern tůn. Er antwurt mein huld
mügt jr nicht haben. vnd widersag eüch die genczlich. Herr
Tristrant sprach. Warumb doch. oder was hab jch gethan.
²⁶⁹⁰ darumb jr mir eür huld als gar versagt. Warumb. Do dürfft
jr nicht nach fragen. Jr habt vil gethan. des jch groß laster
vnd vnere hab. Hab jch jchtt gethan das will jch gern bůssen.
jch wayß aber söllicher schuld als jr sagt. auf mir nicht.
vnd verwillig mich doch zů bůß Was sagt jr vonn bůß. so
²⁶⁹⁵ jr wider mich habent nicht gebůssett. Fürwar das wårent
gar vnmügliche [107|4924] ding. der man nit gebůssen
möcht. mag jchs nun nit bůßen so laßt mich doch gniessen
eür selbs tugent. Meiner tugent noch keines menschen. mügt
jr gegen mir nimmer genießsen. wann sein ist zeuil. was jr
²⁷⁰⁰ mir lasteres beweißt habt. des main jch nit. vnd waiß nicht
das jch eüch gelestert habe.
Nicht. ja da hebt es eüch alles vnhoch. was jr mir ye gethan
habt. Herr jr czeihent mich gewaltes vnd thůt mir vnrechte.
yedoch bit jch eüch. jr vergebt mir mein schuld durch dye
²⁷⁰⁵ liebe gottes. das eüch got auch vergeb vnd ewiklich belon

2679 zu der rachtung/W.
2680 besorgeten A.
2683 vnd der Kŏnig Herrn Tristranten ansichtig wurde/ sprach er/W.
2686 herr Tristrant. A.
2688 vnd versage dir sie gentzlich. W.
2690 Der künig sprach. das bedörffent ir nit fragen nach. A. Der Kŏnig sprach/Da darffestu nit nach fragen/ W.
2691 du hast vil W.
2694 Was sagstu W. so ir wider mich bůssent. A.
2696 vngleiche ding A. nit bůssen möcht/W.
2699 das du mir bewisen hast. W.
2702 Du achtest es alles gering/ das du mir gethon hast. W.
2704 eüch vergebent A.

Ja so můß mich got schenden ob jch das ymmer getů. wann mein hercz ewch ist gehaß. vnd mag eüch auch nymmer mer hold werden. Vmb waz doch oder warmit hab jch das verschult. Dz wißt jr wol. jch hab eüer souil laster vnd schaden ge-
2710 nommen. das es mir laid ist. Ey lieber herr. So lassent mich eüch dyenen als jch vormalen gethan hab vnd noch mer dann vor ye. Jch bedarff eüer dienste nicht. vnd wil jr auch nit. Wöllend jr mir aber vergünnen in eürem landtt zů wonen. Nain. jr wårt mir zů nahent reytent einen andern weg. wann
2715 jch will eüch wol verklagen.

*Holzschnitt: Tristrant bringt die Königin zurück*

⁜ Tristrant sprach Nun nemendt hyn die künigin. seyd jch von hynnen reyten můß. so tů jch auch das best jch mag. aber jr erlebt den tag nimmer. dz jch so mitt grossen eren vmb eür huld werb so mein dienst. vnd all mein erbieten so
2720 gar verachtet werden. dann habt nit zweifelt. genussent jr nit eüer frommen frauen. [108|4962] jr můsent eürs leibs vnd lebens vor mir hieten Aber jrer grossen tugent vnd weiplicher gůt. sölt jr geniessen wider mich. Hyemit keret er sich zů der küngin vnd sprach auß senden betrůbten
2725 herczen. O wee hymelischer küng. wie gar recht wee mir das tůt. das jch dich mein aller liebsten frauen lassen můß. vnd dich so gar rechte lieb hab. ach wie mag mein sånlichs hercz dz ymmer über winden. seyd es aber hiezů kommen ist. vnd anderst nit seyn mag So nembt hin herr küng mein frawen.
2730 vnd laßt sy mein nit entgelten. wann wz jr anderst tåten dz tåtent jr auß gwalte vnd vnrecht. vnd wurd auch nicht vnuergolten bleiben. jch můß nun laider reyten von jr. Hin-

| | | | |
|---|---|---|---|
| 2711 | geton hab vnd will mer ton dann ich vor ye getete. A. | 2721 | ewers leibs vnd lebens vor mir vnsicher sein. W. můst eüwers lebens vor A. |
| 2714 | du werest mir W. | | |
| 2715 | hartt vnd übel verklagen. A. dich wol W. | 2723 | geniessen. Hiermit A. |
| | | 2724 | senlichem A. sehnlichem W. |
| 2717 | das best als ich mag. A. | 2729 | so nemet sy hyn vnd A. |
| 2719 | weil mein dienst vnd all mein arbeiten W. | 2731 | mit gewalt vnd mit allem vnrecht A. |
| 2720 | vnd sage euch warlich/genüssent W. | | |

für mein tåg mit reü vnd klag verzern. wann so jch bedencke was grosser not vnd angst sy vnschuldiklich vo meyn willen
2735 erliten hat. Auch dye grossen scham vnd schand. darein jr eüch selbs vnd vns beyde geseczt habent. gibt mir pillich vrsach all freüd zů vermeiden den tag jch leb. vnd mit den worten schied er ab. O wie gar klåglich vnd sånlich jm die fraw nach sahe. mit großser herczenlicher klag. Wann jr
2740 hercz so gancz entrist was. vnd so hôrtiklich gepeiniget. da sy sich yecz scheiden můst vnd jm nit getorst zůsprechen noch sich erzeigen als jr hercz gegen jm was. das Jr so on massen wee geschahe. dauon sich billich jr hercz vnd sel erwegt vnd von einander geteilt wårn. Jch sprich fürware
2745 in wår verr bas geschehen. ob sy yeczen miteinander solten sterben. dann sich all so lebentig scheiden. [109|4984] dann ee er dannen rait gab er der frauen seinen bracken vctant. vnd bat sy fleissiklich. das sy sein selber pflåge. vnd wann sy den hund såhe. dz sy sein darbey gedåcht. vnd sprach.
2750 Ob jch eüch lieb sey. so lassent das an den bracken scheinen. Die fraw nam den hunde. in jren arm. gelobt jm dicz zethůn. Vnd pflag sein füran mit grossem fleiß. Allso rayt der künig dar. vnd nam die frawen zů jm. fůrt die mit jm heym. vnd het sy sunder mit grossen eren manig jar lyeb vnd schon.
2755 Herr Tristrant můst nun aus dem land. das was jm die hôrtest bůß. so man jms erdencken kund. der rayt nun hinweg. aber sein hercz vnd sein gemůte. ließ er bey der küngin. Deßgeleichen si widerumb auch. Also kam er zů dem künig von Gauoye eins morgens gar frů Er ward von dem selben
2760 küng gar wol vnd mit grossen eren enpfangen jedoch belib er da selben nit lang vnd schied ab wider des künigs willen. wann er in zemal gern het. er wolt aber nit. vnd rayt in Britania an des künig Artus hoff.

| | | | |
|---|---|---|---|
| 2733 | mein tag in leid begeen A. | 2751 | verhiesse jm W. |
| 2734 | grosser not sy A. | 2756 | rit A. |
| 2737 | dieweil ich lebe. W. | 2758 | sy ym widerumb A. |
| 2739 | Dann jr hertz war so gantz betrůbt/W. | 2759 | Gauoye er ward von A. |
| 2740 | entrüstet A. | 2761 | on des künigs willen. A. |
| 2745 | yn were baß geschehen A. | 2762 | geren het gehabt. A. vnd reit an künig Artus hoff. A. |
| 2750 | Bin ich euch lieb/so W. | | |

℃ Wie Tristrant gen Britania kam an küng Artus hof.
vnd wie es jm ergienge jm jaghauß bei küng Marchs.

Do herr Tristrant gen Britania kam. do ward er bas empfangen von dem künig vnd aller menklich dann vor ye ritter enpfangen ward. Besunder wz ein ritter an dem hof der besten einer mit namen Balbon der was herr Tristrant bekannt der selb ward seiner kunft zemal fro. vnd [110| 5028] warn gůt gesellen mit einander. auch warde herr Tristrant von dem küng vnd aller ritterschaft so bey der tafel rund warn gar lieb vnd werd gehalten. also dz jm der hôchste stat eine. an der tafel rund geben ward. er ward auch so verdient am hoff dz jm vergünnt ward. zů bieten vnd schaffen wie vnd wz er wolt. auch wz er widerumb bereyt zů dienen mit streiten vnd aller manlicher getat. also dz er den hôchsten breiß erwarb. vnd niemant wz der selben zeit der für in gebreißt wurde. Nun was auch ein ritter in dem hoff mit namen delecors ysenalire. der auch wol zů den besten was zů zelen. vmb seiner manlichen gethat vnd frümmkeit willen. auch het er mit ritterschaft ye vnd ye das best getan also das jm auch keiner nie besessen wz. aber jm het keiner nie angesigt. Eins tages reyt der vorbenannt Delecors ysenalire durch kurczweil in den wald ob er abenteür vinden môcht. Do het herr tristrant seinen harnasch verendert das es yenem vnerkanntlich was. Sy riten zesamen. Herr Tristrant stach disen vom pfårde. als ob er nie darauf kommen wåre. vnd gab das pfård einem arm man. der jm vergebens auff der strassen kame. Delecors ysenalire

2765 jm jaghauß bei küng Marchs *fehlt in A. und W.*
2767 ye kein ritter A.
2769 dem war Herr Tristrant bekant/W.
2770 der ward seiner zukunfft zů mal fro. A. zůkunfft sonderlich fro/W.
2773 also *bis* geben ward *(2774) fehlt in A.*
2777 vnd manlicher tat A.
2781 vmb seiner manheit vnd frümkeit willen. A. seiner Mannlichen that vnd frômbkeit willen/W.
2783 besessen was. auch angesigt het. A.
2784 Eines tags reit Delecors spatzirent in den wald ob A.
2787 vnerkannt A.
2789 einem armen Menschen/W.

107

můst zů fůssen heim geen. das jm doch vor nie mer geschehen wz. Er sagt auch selbs die mår hin heym
Dieses gestůnde wol sechs wochen. das niemant wysset noch erfarn kund wer dise that getan het. Küng Artus vnnd herr
2795 Balbon. retten zů einander das keiner vnder in wår. der dicz getan het dann herr Tristrant. Der künig sprach. [111| 5110] Wye môchten wir aber das erfarn. Hierauff antwurt herr Balbon. jch will vns das mit lüsten wol erfarn. er gieng zů seym gesellen. vnd fraget den vmb die geschicht er wolt
2800 aber nit verjehen. Diser vermanet in von lieb wegen. so er zů jm het. er schůff aber nichcz. Zejüngst bat er in do in grosser geheym vmb der küngin willen Aller erst verjahe er vnd sagt jm do bey. was man in båt vmb seiner frauen willen. dz er der keins versagt. ob er halt gewißlich darumb
2805 sterben můst. Do sprach herr Balbon genad vnd danck habe sy ymmer. seyd du mir diser ding vmb jren willen verjehen hast. Sag gesell. magstu mein frauen die küngin dein allerliebste nit sehen als oft du gern tåtest: ach lieber gesel mir mag so wol nimmer geschehen dz jch der end komme. da
2810 jch sy dann sehen môcht. wiltu sy sehen. So würb jch dir das du sy gar kurczlich sehen solt. vnnd wiß warjnn jch dir zů lieb vnd dyenst werden mag. vindestu mich alweg gancz willige. Herr Tristrant sprach. Gott der můß dir ymmer lonen. vnd jch dir darumb dienen mit geleichem widergelt.
2815 got weißt. jch lebt nit liebern tag. dann das jch mein frauen sehen solt. Es ist aber also geschaffen. vnd allen enden also bestellet. das jch sy weder sehen noch anreden mag. Herr Balban antwurt. Hab gůte hoffnung. die küngin soltu kürczlich sehen. auch mit jr reden. heimlich vnd offenlich. als
2820 vil die zeit verhengt. vnd sag dir als wie. Mein herr küng Artus. hat ein jaghauß nahent bey Thintariol wil jch wol zů wegen bringen. daz mein herr dir zů lieb daselbs jagt.

2791 nye geschechen A.
2792 auch dise geschicht selbs da W.
2801 jn (doch in grosser geheim) vmb W. in geheym A.
2810 sy sehen môg. A.

2813 ymer lonen. vnd ich dir mit geleichem widergelt. A.
2816 an allen enden wol bestellet. A.
2822 dir zůlieb yaget. A.

vnd kurczweyl machet. So mag künig [112|5150] Marchs
mit gelümpffen nichtt überhaben sein. er můß meinen herren
mit seinem gesünd über nacht bey jm behalten. So schaffestt
du es wol mit deiner listigkeit vnd behendikeit. das du zů
jr kommest. darumb hab nitt zweifels. jch will helffen. so
best jch mag Herr Tristrant ward der geheiß zemall fro. vnd
sagt seinen gesellen grossen hohen danck. ⁋ Hiermit gieng
der Balban zů küng Artus. dem sagen die geschichte darbey
mit fleiß bitten vnd begern eyn jaid zehaben. der enden bei
Thintariol wann der wald darauf man jagen sollt gehört
halber küng Artus. vnd halber küng Marchsen. Also was
küng Artus vieng. das fůrt er auf das jaghaus thyntariol.
Was aber küng Marchs vienge das fůrt er in die stat Thin-
tariol. Vnd jaget yegklicher in wellichem teil er wolte. so
wz er von dem andern vngejrrett. Küng artus wolt herr
tristranten seyn hoffen vnd fürgenommen freüd auch nit
abschlagen. sunder darzů helffen damitt der gůt geding
vnd hoffnung zů ganczen würcklichen freüden gekert würd
Vnd schůff das gejaid zemachen Als man an dem jaid wz.
bat herr Balbon die jåger. dz sy den hyrß jagten zů der
stat Thintariol. das tåten sy. vnd ward der hyrße geleich
bey der stat abgejagt vnd geuellet. Do kamen die zwen ge-
sellen zů gerennet herr Balbon vnd herr tristrant vnd baten
den hirß vmb lenger leben. bis si jm selber den tod erküren.
das ward in czů geben. also [113|5193] zugen sy dz jaid mit
lüsten für bis der abent kam. vnd sy die nacht über fiel.

2826 mit deiner listigkeit das A.  
     mit deiner geschwindigkeit  
     vnd listigkeit/W.  
2827 kumbst daran hab nit A.  
2828 des geheiß fro. A. sehr fro W,  
2829 *Nach* danck *Üs. in W.:* Wie  
     Herr Tristrant mit Kônig  
     Artus auff das gejåd  
     ritte/vnd wie es jm des  
     nachts ergieng.  
2831 vnd bat jn mit fleiß/daß er  
     ein gejåde solte anrichten  
     W. ein geyeid A.

2835 in die stat. vnd A.  
2838 Tristranten sein für ge-  
     nomene freüd A.  
2839 damit das gejåd vnd hoff-  
     nung zu gantzen wirckli-  
     chen freuden gekeret wür-  
     de/W.  
2844 bey der Statt abgejagt/  
     Da kamen W.  
2846 dem hirrsen das leben ze-  
     lassen A. biß sie jm den  
     todt erwelten/W.

aller erst ward der hirß tod gefellett. Als dz geschach kert
2850 sich küng artus ze her Balban. vnnd sprach. freünt. disen
vngemach hab jch von dir dz du mich den hirß nit entzeit
fellen liest. wo sôll wir nun bey der nacht reyten wol drei
meil oder mer jch weiß nit wo wir heint bleiben. Do antwurt
Balban. herr zů Thintastiol oder thintariol. do bleibt jr bey
2855 küng marchs der eüch vormal oft daher gebeten hat. der
künig sprach. Du hast war. du waißt aber wol das Tristrant
seiner huld nicht hat auch hastu mir noch nie gesagt wie es
darumb gestalt sei. Herre dicz lassen wir zů disen zeiten ein
ding sein. vnd sendet herr Kayen zům küng. entbietend jm
2860 jr wôlt heint nachtselde bey jm haben. Auch das er frid vnd
gelayt gebe ewch vnd allen eüren mitkommenden. Herr kai
rayt hinweg. künig Marchsen sagendt die botschafft. Als der
künig das vernam sprach er. Sagt meinem herrn. wer mit
jm komm oder was sy gethan haben soll in keinen schaden
2865 bringen. sunder gůt fride vnd gelayt haben. Auch wie mir
dz zů grossem dancke stee. das er sein nachtselde bey mir
haben will. das kommet mir zů grossen freüden. vnd gesahe
nie gastt also gern Herr kay saget jm des grossen danck.
vnd reyt wider zů seinem herren saget dem. das sy frid vnd
2870 gelayt vnnd gůt nachtseld hetten.

⁅ Als sy dicz vernommen wurden sy fro besunder der bal-
ban vnd her Tristrant. vnd redten [114| 5228] vndereinander.
was mage vns nun geweren seyd wir gelaite haben. vnd
sôllichen vnd semlichen worten bat her tristrant sein gesellen

2849 erst gefellet. W.
2851 nit zeitlicher hast fellen lassen/W.
2854 Herr zů Thyntariol bey künig Marchssen der eüch A. Herr /zu Thintariol/da bleibt W.
2858 Herr das laß wir zů disen zeiten beston A. Herr diß lassen wir jetzt ein ding sein/W.
2862 Als er das vername. A.

2864 soll yn nit schaden. A.
2865 gleidt haben/ich hab auch groß freud/W.
2866 daß er sein nachtleger bey mir haben will/hab auch nie keinen Gast als gern gesehen. W.
2867 kumbt mir zů freüden. A.
2870 nachtherberg W.
2873 vnd mit solichen wortten bat A.

2875 herr balban So in die künigin empfieng sollt er sye nicht
küssen. wenn das was gewonheit das die künigin lieb gest
vnd wolgeboren leüt mit dem kuß empfiengen. dises ver-
sprach er jm. vnd hielt es auch. Da sy nun gen thintastiol
kamen. do gienge in küng marcks verr entgegen mit vil vnd
2880 grossen kerczen. wenn es was bey der nacht. Er empfieng
den künig mitt grosser würdigkeit. deßgeleichen die anderen
all. on einen. den kundt auch nyemand versůnen. Künig
Artus gieng hin zů der küngin. von der er auch gar woll vnd
würdigklichen ward empfangen. vnd auch her balbon als sy
2885 dem auch den kuß pieten wolt. wolt er nicht gestatten.
sunder halten. das er seinem gesellen gelobt hett. der ge-
tórst nicht hinfür. Vnd was doch keiner vnder in allen dem
die künigin jres lustes günstiger wår dann jm. vnd vmb das
das der jren kuß vermeiden můßt. wolt her balbon auch vn-
2890 geküßt empfangen werden. als aber daz empfahen verenndet
ward. gienge man zů tisch. vnd gabe in wirtschafft nach dem
aller beßten vnnd kostlichosten so man winschen vnd er-
dencken móchthet. Als dye tisch nun abgenommen wurden.
Redt der wirdt zů dem gast. das der darob wólte sein. damit
2895 sein hofgesind züchtig auch jm on laster vnd schaden weren.
welich er aber der wår. der sóliches überfůr der můßt dar-
umb sterben. wurde er anders begriffen. jch habe in allen
frid vnnd gelait geben. vmb was sy mir getan haben vnd wil
jr auch dise nacht wol pflegen. aber hütten sich. das sy mich
2900 nit schenden oder jch rich vmb alles. das sy mir ye getan

2879 Marchs engegen mit vil kertzen A.
2880 bey nacht A.
2883 gar widigklich (*Druckfehler statt:* wirdigklich) enpfangen A.
2886 verheissen hett/W.
2888 ires kuß günstiger A.
2891 zu dem tisch/vnd gab jn essen vnd trincken nach dem aller besten vnd kóstlichsten/so man haben mocht/W.
2892 so mans erdencken mochte A.
2893 Als man nu geessen hette/ redt W.
2896 welcher aber solchs vberfůre/W.
2897 wo er begriffen würd/W. wurde er anders begriffen *fehlt in* A.
2900 oder ich rich mich A. oder ich richt vmb W.

111

hetten. Der gast sprach da habend jr mein hilff zů. [115| 5276]
wer euch lestern wölt den straff jch mitsambt euch. wie vnd
jr selben wölt. Hiermit was tristrant gwarnet. Aber er pflag
der alten gewonheyt das er sein frauen durch vorcht noch
2905 dro vermeiden wolt. des můßte er auch offt grosser kummer
leiden. Nun waren in des künges hof. nicht sölich palåst vnd
herlich schlaffkåmer als nun seind Also dz die herren vnd
alles hofgesind in dem sal an einer wal nach einander ligen
můsten So lag der künig vnd seyn fraw an dem anderen end
2910 in dem sal. doch pflag sy aines sitten. das sy besunder lage.
dicz ersahe tristrant dem ward sein hercze vnnd gemůte
dardurch gancz erfreüwet. er gedacht wie er wolte zů jr geen
vnnd mit jr reden. Nun hett künig marcks grosse blecher in
den sal tragen lassen. gar verholenlich. vnd alle wol be-
2915 schlagen vnd zů gericht mit wolffsegens. die hieß er sein
kamerer zwerchs über den sal legen. auf mainung. ob tri-
strant zů der frauen gienge. das er in also ergreiffen möcht
vnd den leib benemen. Aber her tristrant hett kein acht auff
sölich aufsecz oder dz jm also gelaget wåre.

2920 ⁋ Als nun yederman entschlaffen was wolt her tristrant
seiner allten tücke ye nicht lassen. vnnd gieng zů der künigin.
als er auff dem weg was. verschnaid er sich jnnigklich ser.
vnnd ward zů male vast blůten. do nam er sein hembdt vnd
verband die wunden so er beßt mochte Doch wolt er nicht
2925 widerumb keren sunder er volgieng zů der frawen. als er czů
jr kam. kund eins dem andern sein hercz vnd willen. so gahes
nicht czů versteen geben. als sy dann begerten. alleyn mit

2902 den will ich euch helffen straffen / W.
2908 an einer zeil / nach einander W.
2910 doch pflage sy deß A.
2914 gar heimlichen W.
2915 Wolffeisen W.
2918 vnd jm mit recht das leben nemen. W. kein auffmercken auff solich aufsetz oder das also wer gestellt. A.
2919 also gelůdert were. W. *Nach wåre kein Absatz in A. und W.*
2922 verschneid er sich hart / vnd blůtet sehr / W.
2925 er gieng W.
2926 willen so bald nit zůuersteen A. willen so bald nit W.
2927 mit den henden vmfahen. A.

behendem vmbfahen vnd herczenlicher klag. jr sagen. wie
jm geschehen wz. vnd das er [116|5340] yecz sein leben ver-
2930 loren hett. vnd ainicherley wår. dz jm gehelffen möcht Die
fraw ward gar auß der massen ser betrůbt. weßt vor laid
nicht gebaren. vnd ward innigklichen ser wainen. wenn vor
klaget sy allein sein schnelles abschaiden Aber nun klaget
sy verlierung seines lebens. vnd schieden sich yeczo hertter
2935 vnd mit grösserm schmerczen dann vor nye. wenn vormalen
hatten sy allwegen hoffnung. Aber yecz was alles hoffen
vmbsunst. der warnung halben. so küng marcks gethan het.
sy waren in sölichen engstlichen nötten vnd sorgen. jnen
möcht jre hercz zerprochen sein. In den engsten do gieng
2940 er wider zů seinem pedt. leget sich in dem jamer nyder.
blůttent als ein schwein. vnnd redet mit jm selbs. Nun ist
kein zweifel. yecz habe jch den leib verloren. yecz wirt der
küng seinen czoren an mir rechen. Ach waffen das jch ye
here kam. Ach sůsse raine ysalde soll jch dich nymmermer ge-
2945 sehen. vnd du mich so gar erbermklichen verliesen. jch klag
vil mer dich. dann mich selber. O wolt got. das wir beyde
noch in dem wald wåren ettwo wolt jch ander weg vinden
vnd erdencken. darmit wir in andere landt kåmen. Ach was
sag jch. heut so ist laider mein jungster tage. dye grossen
2950 jåmerlichen klag. erhöret her balbon vnd fragt was jm wåre.
als er jm das saget. erschrack er hart. ward mit jm betrůbet.
vnd alle die an der wal lagen. künig Artus. ward auch
herczenlichen betrůbet vmb die geschicht. vnnd redten zů
einander. Es ist kein zweifel er muß sterben. küng marcks
2955 hatt sein vorrede so groß getan das jm nyemand gewegen
noch mage gehelffen. er můß den leib verlieren. [117|5373]

| | |
|---|---|
| 2928 sagt er jr/W. | 2941 blůtend gar seer. A. sehr |
| 2930 vnd were nichts das jm dar- | blůtend/W. |
| für helffen möcht. W. | 2942 hab ich mein leben A. ich |
| 2931 wißte vor grossem leid nit/ | habe das leben verloren/W. |
| wie sie sich halten solt/vnd | 2944 nimmer mehr gesehen/ich |
| fieng an gar jnnigklich zu | klage dich vil mehr W. |
| weinen/W. | 2952 walstatt W. |
| 2932 zů gebaren. A. | 2955 also gethon/W. |
| 2940 zu seinem leger W. | 2956 das leben verlieren. W. |

Do sprach her Balbon. Delecors. Jsenalire vnd gemeinklich
die andern all. so mit künig artus da waren Ey so wőllen wir
all den tod mit jm leiden. oder aber jm von dannen helffen.
2960 also waren sy all in grossen engstlichen nőtten befangen.
herr kay sprach. Jr bedunckt euch all hübsch vnd hofper.
jr laßt aber das an keinen dingen scheinen. vnd seidt all
bauren. der bedeücht mich eyn hübsch vnd listig man der
sőlich lere gåbe darmit jm geholffen wurde. vnd riet in durch
2965 neid einen rat dardurch jm geholffen ward vnd sprach.
Jch sagt ewch was jr thůt. hebt alle ein gereüsch oder schimpf
miteinander an vnd werffet aneinander an die wolff segens.
also das ewer mer verschniten werden. damit ist jm geholfen.
jch waiß sunst nichts das jm gehelffen müge.

2970 ⓒ Her balbon sprach. gnad můst du des ymmer haben. du
hast vns war vnd recht gesagt. er lieff zehandt. das er auch
verschnitten ward. also warff ye einer den andern dar. das
sy all verschnitten wurden on her kay. der behalff sich mit
listigkeit. aber her balbon ergraif in vnd warf in. dz jm die
2975 aller grőst wunde ward. O we des vnheils sprach kay über-
laut gen die wolff in disem sal. das man jnen hier jnnen
richt. was wunders ist das. daz sy got můß vellen. wie hart
bin jch verschniten. was teüfels sol wir hie. got sende vnß
mit freüden heym. jch hab doch vormal nye gehőrt von
2980 keinem künig. der sőlich gethat ye gethan habe. was wunder-
licher sitt hat der. das er lewten richt als wolffen. her kay.
erhůb sein stymm [118|5432] hoch. das küng marcks er-
wecket ward vnd sprach in zornigklich zů. wie lacht jr
herren. jch maint jr herren wårent wol geczogen. so geet jr

2960 vmbfangen. W.
2961 Jr geduncket eüch all wol-
kündent ir A. klůg vnd
hőflich/W.
2963 Der bedeucht mich klůg
vnd listig sein/W.
2967 einander an vnd werff einer
den andern an die wolfse-
gens das A. Wolffseisen W.

2969 Nach müge in A. und W.
kein Absatz.
2970 jmmer danck haben/W.
2971 ye recht geraten A. recht
gerhaten/W.
2977 got můß wőllen. A. Gott
můß schenden W.
2978 thon wir hie. W.
2982 Marchs erwachet/W.
2983 zů. Jr herren ich meint A.

vmb die ganczen nacht tobend. als die vngehewren thiere.
Künig artus sprach. jch kan jr nicht erziehen. sy thůnd
alleczeit also. das lassen sy weder durch mein frawen. noch
durch yemand anders. als der küng sein zoren ließ. vnd die
andern wider entschlieffen. do hůbe sich her Tristrant der
kůne held aber zů der frawen. des die künigin zemal hoch
vnd gar sere erfrewt ward. legeten sich gar schon zesamen.
ergeczten sich jres laides. wenn in was beyden. als ob sy tod
gewesen. vnd widerumb lebendig worden wåren. vergassen
aller jrer vorigen angst vnd nott. vnd beliben bey einander.
biß in der tag dannen traib. da můsten sy aber schaiden. vnd
westen nun kein zeit jres czesamen kommens. Alls es nun
tag ward. vnnd die ritter auf stůnden. yeglicher klaget vnd
band sein wunden. do ward küng marcksen recht laid vnd
schåmet sich aussermassen sere. das jm sôlicher grosser vn-
gelimpff widerfaren was. vnd weßt nicht wie er darüber ge-
baren solt. dann die ritter můsten alle hincken. so sere hetten
sy jre bain verschniten. yedoch wie listig er was. so wurden
jm doch die augen verhalten. dz her tristrant die ainig nacht
zů zwaien malen czů seiner haußfrauwen der künigin gieng.

3005 ℂ Abenteür Wie her Tristrant von künig artus ab-
schied. [119|5460] vnd kam in das land kareches.

*Holzschnitt: Abschied Tristrants von Artus*

ℂ Vnd als die ding. sich also verhandelt vnnd verlauffen
hetten schieden sy abe. künig artus mit seiner ritterschaft
gen Brithonie. vnd her balbon hette seinem gesellen herren

| | |
|---|---|
| 2985 die vnuernünfftigen thier. W. | 3000 sich darüber halten solte/ W. |
| 2988 zorn W. | 3001 so sehr hetten sie sich ver- schnitten: W. |
| 2989 da machet sich Herr Tri- strant W. | 3003 die augen verblent/ W. |
| 2991 sich freundlich zusamen/ W. | 3005 *Keine Üs. in W., nur Ab- satz.* |
| 2999 gelimpff zů getzelt vnd widerfaren A. | 3009 in Britanien. W. |

3010 tristrant gelaistet. wz er jm geredt het. Darnach über vn-
lannge nam her tristrant vrlaube. wolt nit lenger da beleiben.
vnd schied hinweg daz was dem künig vnd aller ritter-
schaffte laid. vnd liessen in zemal vngeren. Her balbon bate
her tristranden gar sere vnd vast. vermanet in aller gesell-
3015 schafft. auch alles was jm ye geschahe liebes vnd laides.
das was alles vmbsunst. in bate künig artus selbs. bote jm
aigen vnnd lehen. das verfieng alles nicht. er wolte der
ennden nymmer beleiben vnd rait hin wegk. Als er nun
dannen rait. hůb sich ein gemaine clag von frawen vnd
3020 mannen. die all sein dannen schaiden sere klageten. besunder
her balbon. schied mit wasser reychen augen. wenn jm ge-
schache vormalen so laid nye als yecz. da seyn gesell von
jm rayt. der künig die künigin. vnnd alle ritterschafft gaben
jm gelaite verr vnnd weit. dises wolt er nicht lenger ver-
3025 hengen. nam vrlaub vnnd schieden beyder seyt mit zåheren.
Her tristrant vnd sein allerliebster getreüwer diener curneual
ritten miteinander. was sy in siben tagen reytten mochten.
vnd kamen in ein schönes landt. es war aber so gar verheret
vnd verprennt. das weder hauß noch nichcz mer da was. vil
3030 gůter burg lagen da verwůst vnd zerprochen. auch vil
[120|5498] dorf stett. das alles. was als gar da hin. das er
weder hauß. leüt noch vihe. nichts höret noch sahe in
zweyen tagen. An dem dritten tag zů nonczeit. sahe er ein
capellen auff einem hohen berge. dar bey ein heüßlein. da
3035 sahe er einen rauch auff geen. dahin eyleten sy bald czů
besehen was da wåre. Als sy nun darkamen funden sy einen
priester mit namen herr Michel. Her tristrand stůnd von
seinem pferde. vnnd bat vmb herberg. wenn sy hetten heüt

---

3010 geredt vnd verheissen hette.
W. *Nach* het *Üs. in W.,
ähnlich wie in* $A_1$. *(3005)*
vber ein kurtze zeit W.
3014 Tristrant seer. A.
3020 sein abscheiden W.
3021 mit nassen augen/W.
3024 geleit verr Diß wolte A.
3026 sein aller liebster diener A.

3029 heüser A. vil gůter Bürge W.
3031 dörffer vnd stet A. Dörffer
vnd Stett/W. das weder
heüser leüt noch viehe ge-
hört noch gesehen wurden
in zweien tagen. A.
3034 heüslin vnd ein rauch auff-
geen. A.
3037 mit namen Michael. W.

den vierden tag nichcz geessen noch getruncken. Der prie-
3040 ster sprache. Herr jch gibe euchs. so jchs aller best habe.
vnnd hett jch es besser. das teylet jch euch auch mit. her
tristrant saget jm des grossen danck. vnd belibe die nacht
bey jm. Als sy zů abent geessen heten sassen bey einem feůr.
do fraget her tristrant wes dicz land wåre. der briester saget
3045 jm. dz wår das aller beßt landt so mans erwinschen möcht.
ee das also verwůst vnd verprennet wurde. vnd ist des künigs
haubalin von Coreches. Nun mügt jr groß wunder hören so
jch sag. wie sich die kriege begeben haben. jch main auch
wol. dz jr vor dergeleichen nye gehört habet. Den grossen
3050 schaden vnd laster. haben jm sein aigen leůt gethan. vnd
ist das also kommen. Mein herr hette einen grafen in seinem
land. vnd ist auch sein dienstman. mit namen Riolin von
mantis. der ist so måchtig vnd reych. auch eyn manlicher
heldt. vnd vmb das. das er fürnåmer ist dann der andern
3055 einer meins herren land sessen. vermaint er jm solt mein
herr seyn tochter geben. sölches aber meinem herren nicht
[121|5546] gemait was. das er sein tochter seinem dienst-
man geben sollt sunder er vermaint die baß zestatten. Als
aber diser sahe das jm die junckfraw versagt ward. wolt er
3060 sy mit gewalt haben. vnd hat mit listigkeit vnd grosser ge-
heiß ab geworffen all meins herren landtsessen. vnd dienst-
mann das die czů jm geschlagen haben vnd jm des grossen
vnrechtens helffen. Durch sölichen můtwillen vnd grosse vn-
gerechtigkeit. ist dises gůt land allessambt verwůst vnd ver-
3065 prennt. biß on die brugk careches. der mügen sy nit gewin-

3039 den dritten tag W.
3043 das nachtmal geessen hetten A.
3047 jr wunder hören/wie es also verwůst ist worden/ dann disen grossen schaden W.
3048 wie *bis* habet *(3049) fehlt in* W.
3050 vnd ist das die vrsach: W.
3054 vnd darumb W.

3056 solchs war aber meinem Herrn nicht gelegen/W.
3058 bas zůuersorgen. A. besser zu versorgen. W.
3060 grossem verheissen all meines Herrn Landtuolck vnd Dienstmann abfellig gemacht/ vnd sie dahin beredt/daß sie zu jm gefallen sind/vnd jm zu solchem seinem vnbillichen fürnemen hilff thůn. W.

117

nen. sy haben in aber also darinnen gefangen vnd vmblegt.
das nyemandt darein noch darauß kommen mag. vnnd lei-
den grossen mangel vnd hunger. wenn in mag weder speiß
noch nichcz zů geen
3070 Nun hŏrt lieber herr dise nott leidet mein herr vnuerschuldt
von seinen aignen leüten. vnd kan noch mag keinen wider-
stand mer thůn. wenn er hat nyemand mer. dann einen sun.
mit nomen cainis. der getharr auch wol manlich gethaten
thůn. was tawget aber der vnder so vil volckes. als der
3075 veindt seind. Auch so besůchen sy die thor gar mit grossem
fleiß. an der bruken alle tag. ob sy yemant seien vinden der mit
jnen wŏlle streytten. Sy vinden aber die pfortt allezeit schon
beschlossen. wenn nyemand ist in der bürge der sich gegen
den veinden wŏlle wagen. Her tristrant fraget. wie verre
3080 dye statt von dannen wåre. Der briester sprach kleiner meil
zwŭ. sy giengen czů rů morgens frůe hielt in der briester
meßs darnach gabe er jnen an czůbeissen. [122|5589] Herr
tristrant nam vrlaube von dem briester mit grossem danck-
sagen. vnnd rayt hin wegk. als er zů careches kam fan der
3085 den künig steend an einer zinnen. er fraget. ob der künig
da wår. der küng antwurtet selbs. ja. jch bin hie was ist
ewch liebe. oder was seyt jr doch begeren von dem künig.
er růfft bald seinem allerliebesten sun. das er den heldten
auch såhe. Do sprach der held her tristrant. herre jch habe
3090 gehŏrt. wie groß schåden jr von ewren veinden genomen
habt. bin jch darumb herkomen. das jch euch dienen will.

3066 also darinn belågert / W.
3069 noch anders zůgehen. W. *Nach* geen *kein Absatz in W.*
3070 Dise grosse not leidet mein Herr W.
3071 vnd kan doch keinen W.
3073 der darffe W.
3074 was hilfft aber W.
3077 aber allweg A.
3079 wie weit die Statt W.
3080 Der Priester antwort: Es seind nicht mehr dann zwo kleiner meile dahin. W.
3081 Sy giengen zů morgens frů hielt A.
3082 jnen ein gůt mal. W.
3084 *Nach* wegk (W.: hinweg) *Üs. in W.:* Wie Herr Tristrant zu dem Kŏnig Haubalin gen Careches kam / vnd mit Graff Riolin ein streit thet.
3086 Was were euch W.
3088 seim Son / W.

Ob gelück vns fůget das jr an euren veinden gerochen wurdet. Der küng geschweig still. zů jüngst sprach er. Es stet mir laider nicht also das jch euch behalten müg. als vnß
3095 beyden gebürlichen wåre. Herre so sagt doch vmb was. solt jch ewch mein tawgen sagen. so gebürt mir vor zů wissen wer jr seyt. vnd das jch euch erkenne ee vnd jch euch sage. Herr jch heiß Tristrant vnd bin küng marcksen schwester sun. Seyd jr her tristrant so hab jch vor malen dick von euch ver-
3100 nommen. vil grosser frümkeyt vnd manlicher gethat. O we jamer vnd laid. das euch meine augen nye gesahen. wenn jch ewch layder nicht behalten mag. Her tristrant fragt warumb. er sprach jch getar es nit sagen jch fürcht es komm mir zeschaden. [123| 5634] Herre jch gelobe ewch in rechten
3105 treüwen das jch eüch nicht meld. noch ewchs nimmer zů laster ker. Wol hin. so will jch ewch klagen mein groß not vnd angst. Seit jr doch vor vernommen habt. zů wellichen nöten mich mein aigen man vnd tödtlich veind gebracht haben. Hat das vrleüg. Nun so lang gewert. das jch speiß
3110 halb. niemant bey mir behalten mage. Wir haben nit brot. vnd mügend auch keines gehaben. auch sunst einicherley speiß. on allein bon. do ernör wir vnns mit. das wir nit gar hungers sterben nun seyt jr so rein. so wolgeborn. vnd habent sölicher not nit gewonet dz jr eüch mit vns also geleiden
3115 möcht jch wolt es auch vngern an eüch begern. Darumb mag jch eüch nit behalten Herr Tristrant sprach. Herr jch waiß fürwar das kein man in diser burg ist. der souil not

3092 glück vns beystůnde/daß W.
3093 ein weil still/zu letst sprach er: Es steht leider nit also mit mir/W. doch zůletste sprach er. A.
3095 doch warumb. W.
3096 euch das sagen/W.
3097 euch zuuor erkenne. Tristrant sprach/W.
3100 offt vil grosser W.
3104 ich verheisse euch W.
3106 Wolan/so W.
3108 eigen volck/W.
3109 Der krieg hat nu so lang geweret/W.
3110 Wir haben kein brot/vnd mögen auch keinerley speise vberkommen/on allein Bonen/damit erhalten wir vns/W.
3112 bon vnd linsen do erner wir A.
3113 so rein vnd so zart ertzogen A.

erliten hat als jch. wann jch nahent czwey gancze jar on brot vnd on alle gekochte speyß gelebt hab. Darumb wes jr
3120 eüch betraget. will ich mich auch betragen. vnnd wie jr lebt. also lassent mich mit eüch leben. Hierauf redet herr Kaynis. Herre vnd vatter will er bey vns sein. so verhengt jms vmb meinen willen. Lassen wir jn frommen vnd schaden mit vnns haben. So lang bis got der herr vnnser sach anderst fůget.

3125 ℂ Abentewr Wie herr Tristrant kam zů dem künig Hawbalin von Carechs. Wie er mit graff Ryolin streit. vnd wye es jm ergieng.

*Holzschnitt*: *Tristrant kämpft mit Riolin*

ℂ Als der künig sŏllichen gůten wyllen an jm [124|5669] erkannt. hieß er die purck entschliessen. vnd ließ herr Tri-
3130 stranten eyn der ward von dem künig. von herr Kaynis vnd aller ritterschaft. so in der purg waren wirdiklich enpfangen. Herr caynis enpfieng den kůnen held herr Tristrant vnd gelobet dem zestund gesellschaft mit hand geben treüen vnd eiden. Darnach sprach herr Caynis. Gesell wir wŏllen geen.
3135 da dich die frauen enpfahen. do du auch sehen magst mein schwester. Vnd fürwar reden. Das du schŏnern leib nie gesahest sy mŏcht mit eren wol des teüresten künigs gemahel sein. Herr tristrant sprach. wie heist dein schwester. Er antwurt sy heist ysald. Tristrant gedachte an sein ysald vnd
3140 meint in het die yecz auch erkorn. vnd redt in jm selbs

3121 Darauff sprach Herr Caynis: W.
3123 willen. Hab er frumen vnd schaden mit vns so lang biß A.
3124 vnsere sachen anderst schicket. W.
3125 *Keine Üs. in W.*
3128 an herr Tristranten A.
3129 die Porten auffschliessen/ W. vnd ließ yn ein mit seinem gesellen Curneual. Er ward A.
3131 wirdigklich vnd herrlich A.
3132 den werden helden A.
3135 Schwester sehen magst/da wirstu fürwar sagen/W.
3138 Er antwurtet ym sy heist Jsald. A.

ysalde verlorn ysald funden in dem kamen sy do ers sahe.
er lobts aber nit nach seyns gsellen sag. Wann sein ysald
wz verr schöner. als er nun von den frauen auch enpfangen
wz. nam in herr Caijnis bey der hant weißt jm die purg
3145 allenthalben vnd gelegenheit der veind. Herr Tristrant wz
listig vnd weiß in streiten der fragt. Wye das vrleüg stůnd.
ob man auß der purck vechten můst. vnd wie all sach ge-
schaffen wåren. Caijnis sagt jm. dye veinde heten sölliche
grosse ritterschafte das es on massen wår. die kåmen alltag
3150 für die purck. vnd sůchten streit. Graff Ryolin jr [125| 5710]
herr rayt den anndern verr für durch tyostirn aber er vindet
niemant der jm getür engegen kommen so sy das såhen
reiten sy geleich wie vnd sy wöllen. Herr Tristrant bat sein
gesellen. das er jm auß der purck hulff. Morgens so es erst
3155 taget. aber Caynis schlůg jm das ab. vnd saget jm das wår
verlobt vnd verschworen weil die veind daruor lågen. das
sy keyn thor öffnen sölten. Herr Tristrant vermanet sein ge-
sellen so hoch der trewen. damit er jm gelobet hat. das er
jm nicht mer versagen möcht. Als es tag warde ließ Caynis
3160 seinen gesellen auß der purck der eilet zů feld wartend graff
Ryols. den sahe er dort verr von den seinen her faren Vnd
er schickt sich jm zů begegnen. graff Ryoli ward Tristrants
auch gwar. dz in befrömdet. Es wz auch selten mer gesche-
hen. das jm ein ritter engegen kam. aber doch het er sorg.

3143 vil schöner W. gar tugent-
lich vnd schon empfangen
A.
3146 listig vnd weiß voraus in
streiten vnd vechten gegen
den veinden. A. listig vnd
fürsichtig in kriegen/W.
fraget wie der König stůn-
de/W.
3152 so sy das nun allso sehent
vnd erkennen so reitent sy
gleich vnd thond was sy
selber wöllent. A.
3153 seinen gesellen herr Caynis
A.

3154 so bald es taget/W. herr
Caynis widerriet ym das-
selbig vnd schlůg yms ab.
A.
3156 alle die weil die veind do
legen das man kein thor
öffnen weder bey tag noch
nachte. vnd das were seines
vatters ernstliche meinung
vnd gebot. A.
3159 *Nach möcht Üs. in W.*: Wie
Herr Tristrant mit Graff
Riolin streit vnd jn vber-
wunde vnd fienge.
3161 weit von W. her traben/W.
3163 des nam yn gar fremde. A.

3165 er wurd jm enpfliehen. vnd eilet bald gegen jm. Herr Tristrant saumet sich auch nit. kert sich gegen jm. vnd stach in von dem pfård. als ob er nie darauf kommen wår. er erbeisset zů fůß. vnd mit dem schwert bezwang er in zů sicherheit. er zerhauet jm helm vnnd schilt. dz er maint den tod
3170 gewiß haben. Als er sich überwunden sahe. bot er sicherheit für sterben. vnd gab herr Tristranten sein treü zů thůn alles so [126|5757] er in hyeß. sein hôr dannen zů schicken. in die purg zekommen. sein gifangen sein. vnd mit jm ab kommen wie vnd er selbs wolt vnd was dannocht fro. das
3175 in herr Tristrant leben ließ. Als die gefencknuß warde gelobt. kamen graff Ryolins leüt in meinung jrem herrn zů helffen. sy wårn aber billicher ee kommen. wôlten sy jm vil hilfe beweißt haben. die ritten zů der burg. vnd wolten all vast vechten. Aber graf Ryolin laistet sein treü. kert mit
3180 herr tristranten in die burg. vnd schůff vor sein hôre dannen zůkeren. Herr Tristrantte sprach dem gefangen zů. das er die purg vnd stat speisen solt auf etlich zeit. vnd ob die speiß noch heüt nit bracht wurd so můst jr den jnnersten turn. so er in dyser burg ist noch heint beschawen.

3185 Graff Ryolin was eyn gehert man. vnd maint er můst des ymmer laster haben. sollt er sich von speiß wegen in einen turen dringen lassen. vnd wolt lieber schaden nemen an der speiß. dann an dem leib. vnd hieß speiß hollen. das sy iner dann sechß monat speiß genůg heten. Sôlich geschichte
3190 vermainten graff Ryols leüt zů rechen. enbuten dem künig.

3166 saumbte sich auch nit lange. A.
3167 er arbeitet auch zu fůß / W.
3169 er zerschlůge W.
3171 sein trew alles so er yn hiesse. A.
3175 Als die gefengknis angelobt warde / W.
3176 Riolins diener W.
3177 sy ym hilffe beweist A.
3179 fast streiten / W.

3181 daß er die Statt speisen solt W.
3182 vnd wo die speise W.
3183 den vngeheüristen turn A. Thuren W.
3185 ein herrlicher Mann / W.
3186 jmmer schand W.
3188 speise zůfůren / W. das sy mer dann vj monat speiß A.
3190 entboten W.

122

er ließ graffen Ryolin ledig. anderst sy wolten stat vnd burg
zerbråchen. vnd wen sy darjnn funden. wolten sy keinen
genesen lassen. herr Tristrant sprach. Nun sey vns gott
genådig vor in wöll wir wol genesen. aber graff Ryolin wirt
3195 durch jr dro willen nit ledig. es sey in recht lieb oder laid.
als er die wort redt. kam dem küng botschaft das seiner
schwester sün zwen jm zů hilfe kommen wårn. mit zweien
tausent helmen. die bråchten auch [127| 5819] speiß mit in.
als ob sy wolten ein jar do sein. Als herr tristrant das höret
3200 bat er den künig dz man die herrn mit grosser wirdikeit solt
empfahen. ditz ward gethan. Der künige gieng in selbs en-
gegen mit der ritterschaft enpfieng sein öhem freüntlich als
bürlich wz. Darnach sagt er in wye seyn sache geschaffen
warn. vnd was herr Tristrant gůtes derjnnen geschyckt het.
3205 vnnd allein dz vrleüg zů stat bracht. Hierauf wurden die
herrn eins. das der küng all sein sach gancz vnd gar an herr
Tristranten lassen solt. Hierumb bat vnd gebott der küng
allen seinen freünden vnd mannen daz die herr Tristranten
vndertånig sölten sein. vnd alles wz er sy hyeß. das sy
3210 des zetůn willig wårn. das wår sein ernstliche meinung.
Dann als jr vor gehört habt. wie graff Ryols leüt jren
herrn råchen wolten. auch die botschaft so sy dem küng
getan heten. gebürt sich dem künig. auch nit zefeyren
sunder schicken vnd ordenen. wie er den veinten wolt
3215 begegnen Herr Tristrant was haubtman der schůf yeder-
man in seinen harnasch vnd bey seyner wör zesein. vnd

3191 das er graff Ryol ledig ließ A.
3192 vnd alles was sie darin fün-
den vmbbringen. W.
3196 seiner schwester zwen süne
A.
3201 gieng yn selbs personlich
entgegen. A.
3202 als billich was. A. billich W.
3203 geschaffen vnd ein gestalt
hette. A.
3204 geschickt vnd verhandelet
so wol gegen den veinden. A
darin gehandelt W.

3205 den krieg zu statten ge-
bracht. Darauff entschlus-
sen sich die Herrn W.
3210 *Nach* meinung *Üs. in W.*:
Wie Herr Tristrant mit des
Königs volck zu Feldt zeu-
het / vnd wie er die Feind
mit gewalt schlůg vnd be-
zwang.
3216 seinem harnasch zůsein. wol
gewapnet vnd mit gůter
weer. vnd sprache. A.

123

sprach. Sy sóllend vns zů feld vinden. ob got der herr wil. jr seint halt wieuil jr wóllent. Der junge vnuerzagt held herr tristrant legt dem [128|5864] künig nit verr von
3220 der stat mit czweihundert mannen. darnach die mit kolben mit gern. mit bucklern. mit helnbarten. vnd wer zů vechten taugt. der auch ein lange schar wz. an die driten end die mit schwertern vnd mit spern. zům vierden het er burger auch ein michel on zal. die auch wol gerüst warn. vnd mit
3225 besunder wór vnd geschoß. Darnach legt er des küniges óhem einen mit seinem volck auch an ein besunder ende. den andern leget er eyn wenige weiter von der stat. bat die all. mit grossem ernst vnd fleiß. dz sy der enden still lågen. bis er in selbs sagt. oder curneualen sagen hieß. als er sy
3230 also gescharet hette ritten er vnd herr Caynis auch mit zweihundert pfården den veinden engegen Do sy so nahent kamen dz sy an einander sahen. do hielten sy si sich zesamen. Aber graf Ryols man die bedauchten sich so kůn vnd starck. ritten der merer teil vngewappnet des verlor
3235 manicher den leib den er sunst wol mócht behalten haben die rannten nun mit grossem neid vnd grimm auf die veind. vnd mainten den gral zů erfechten. Aber herr Tristrant mit seyner schar. hielt still bis dise zů jm kamen. do namen sy die schilt manlich. vnd rannten vnder sy mit starcken schlegen
3240 vnd hawen. also das jr gar vil tod ernider vielen Als sy das sahen. hůben sy sich zůflucht Herr Tristrant eilet nach vnd

3217 ob got der almechtig schópffer A. (ob Gott will) W.
3220 mit zwey hundert Mannen/ darnach die mit Kolben/ mit Steitåxten/mit Helmbarten/vnd was zum streit dienet/W.
3223 mit Schwertern vnd mit Spiessen/W.
3225 mit sonderlichen wehren vnd Geschoß. W.
3226 besonder ort/W.
3229 Curneualen seinen diener sagen A.
3230 also geordnet het/W.
3231 pferden wol gerüste. A.
3235 mancher das leben/W.
3236 in die Feinde/W.
3237 den rhům zu erfechten/W. Aber der kón held herr Tristrant A.
3238 ir schilt vnd sper manlich A.
3239 mit starcken schlegen. mit hawen vnd mit stechen also grimmiklich A. mit starcken schlegen/W.
3241 hůben sy sich all auff die hynfart vnd fluhent. Herr Tristrant vnd herr Caynis A.

thåt czů mal grossen schaden. Er vieng wol vierczig [129|
5919] ritter on die er erschlůg. vnd als er mit den gefangen
dannen rayt so kummet ein gerůwete schar der veind an
3245 in. Vnd kerten in vmb. also das er fliehen můst. doch flohe
er so weißlich. das er nichß verlor. vnd jm kam zů hilf einer
des küniges öhem. sy vachten mit grossem ernstt an die
veind. vnd tåten zemal grossen schaden.

℄ Abentewer von dem grossen streytt herr Tristrants
3250 vnd Ryols.

*Holzschnitt: Kampfszene*

℄ Herr Tristrant vnd Caynis erhůben aller erst einen hörten
streit. Sy viengen aber dreissig ritter vnd mer. do hůb sich
ein geschrey vnder des graffen hör von ach vnd wee. der viel
wund. der tod der was on zal. Dann wen herr Tristrantt
3255 růrt mit seinem schwert. der het den tod gewiß. Nun was
der veind souil. wann sy yecz ein geraum machten. so kam
aber ein gerüste schar. Nun geschach dz herr Tristrant aber
weichen můst. doch flohe er alweg riterlich vnd mit ern.
Graf Ryol wz ein kůn man. der nam selbs sein hör zaichen
3260 vnd keret in den streit. aller erst velleten sy vil todten. vnd
erhůben den hörtesten streit. der ye gesehen ward man sagt
von herr Dietrich vnd vom hilbrande. die mochten aber
sölich streit nie gethůn als herr Tristrant vnd herr Caynis.
der enden getan haben. Do aber herre Tristrant sahe. die

3242 xl. ritter on ander edel leüt vnd knechte. vnd dennoch dartzů ir vil erschlůgent. A.
3244 ein gerůheter hauffen W.
3246 da kam jm des Königs einer öhem zu hilffe /W.
3249 *Keine Üs. in W.*
3250 vnd graff Ryolins A.
3253 ein geschrey vnder des grafen her der vil wund vnd tod was. A. Der verwundten vnd todten war on zal/ W.
3257 aber ein gerůheter hauffe. W.
3259 *Von* Graf Ryol *bis* getan haben *(3264) fehlt in W.*
3261 man sagt *bis* haben *(3264) fehlt in A.*

125

3265 überkraft der veinde. bedaucht in wol zeit das jm der küng
czů hilf kåm. vnd rayt auß dem streit. Saget Curneualn. das
er bald ritt. vnd den künig kommen båt. die weil kam der
künige Nampecenis. nam herr Caynis bey dem zaum fůrt
in hin mit grossen neid vnd zwang in vmb sicherheit. Dycz
3270 ersahe herr Tristrant. eilet seinem gesellen balde zehelffen.
vnd mit grossem schwerts schlegen. bracht er in mit gwalt
von jm. Also [130| 5997] kerten sy beyd wider in den streit.
schlůgen die veind vngesegnet nider vnd tåten groß schåden.
Deßgleichen auch des küngs ǒhem beyd zerschrieten schilt
3275 vnd helm das dye todten zů beiden seytten vor in ernyder
vielen als der streit nun lang vnnd vyl weret da wurden herr
Tristrant vnd den seinen die pfård erschlagen. vnd můßten
zů fůß vechten. Do retten sy zů einander Wir mügen in
nicht empfliehen. Sol es dann nach jrem willen ergen. so
3280 kommen wir nymmer von hynnen. Ach nain en wǒl got.
das in an vns so lieb geschåhe. mit den worten giengen sy
auf die veinde. mit ståchen vnd hawen. vnd tribent die veind
mit gewalt hindersich. Auch beliben on zal auf dem wal.
die an der fluchte erschlagen vnnd erstochen wurden in graf
3285 Ryols hǒr. Als herr Tristrantt vnd herr Caynis als håßlichen
vnder den veinden vmb rannten. vnnd wider auff pfård
kommen warn. do kam in der künig mit seiner schar auch
zů hilf dannochtt warn der veind souil das sy meineten das
gancz land wår als vol veind. Nun schlůgen die zwen man
3290 herr Tristrant vnd herr Caynis souil volcks das es on maß
zů sagen ist. Deßgeleichen die zwen herren des küngs ǒhem.
die wurffen jr schilt zeruck vnd heüeten mit beyden henden.

3271 vnd bracht jn mit grossen
schwerts schlegen von jm.
W.
3275 das dye *bis* vielen *fehlt in A*.
3276 nun lang weret A.
3280 Das wǒll Gott nicht /W.
3281 worten luffen sie auff die
Feinde W.
3283 auff der wallstatt /W.
3286 auff andere pferd kament.
A.

3287 mit seinem hauffen W.
3289 gantz lannd vol vnd yeder-
man iung vnd alt do were.
A. zwen Helden W.
3292 vnd hauwen vnd stachent
mit beyden henden so grau-
samlich vnd grimmigklich
auff die veinde A. vnd
schlůgen W.

auff die veind. do vielen todten on zal. vnd ward der streit
als groß dz man etlichen enden in dem blůt gieng bis zům
3295 knie. Als aber die veint sahen dz sy so gar ernider lagen.
hůben sy sich zů der flucht vnnd auf der flucht ward der
mer teyl [131|6083] erschlagen vnd gefangen. also het der
küng der gefangen souil. dz er sein schaden dester bas mocht
verklagen. wann graf Ryolin můst abkommen mit jm für
3300 sich selbs vnd für all ander wie er selbs wolt. Er het sich
gnůg mit grosser strenger rach. an seinen veinten errochen.
dz alles stůnd herr tristranten zů dancken allein von dem
küng. der macht nun ein ståten frid dz Ryolin dem küng
sein land wider můst bawen. vnd all schåden so er des ge-
3305 nommen het wider keren. in sôlich tåding graff Ryolin gar
gůtlich verwilliget

☙ Abentewr Wie herr Tristrant des künigs tochter
nam. vnd wie es fürbas ergieng.

*Holzschnitt: Tristrant wird mit Isalde vermählt*

☙ Als nun das vrleüg gestillet. vnnd dem künig nach seinem
3310 willen zů stat kommen was. belaib herr Tristrant dannochte
ein zeit bey jm. Nun vorcht herr cainis Es wurd sein gesell
herr Tristrant ein mal übering von in reyten. gedachte er
wie er dz fürkommen môcht. vnd machett sich jm zemal heim-
lich. vnnd freüntlich. Eynes tages sprach er czů jm. Gesell
3315 du hastt meynem vatter vnnd vnns allen So groß lieb vnd
dienst erzeiget. der wir dir nymmer verdancken künden noch
mügen. Du bist auch meinem vater so liebe als jch. das
magstu darbey wol versteen dz er berůffen ließ in seyn

| | |
|---|---|
| 3294 biß vber die fůß. W. | zůhe von jm/vnd gab jm |
| 3303 das Ryol der graff A. | sein Tochter. |
| 3305 abtragen vnd widerkeren. W. | 3309 Als diser krieg gestillet/W. |
| 3307 *Üs. in W.:* Wie der Kônig sorg het/Herr Tristrant | 3310 belib herr A. |
| | 3312 ein mal gåhling W. |
| | 3318 außrůffen W. |

küngreich dich. für ein rechten erbherrn zehaben. warumb
3320 bittest du in nit. das er dir meyn schwester geb. Herr Tri-
strant sprache. Ich tåt es gern wißt jch. das er mir die gåb.
Aber versagt er mirs. das tåt mir antt. vnd verlür all mein
[132|6125] dienst. Kaynis sprach. Wie ob es jm lieb ist.
vnd dyr sy gern gibt. Weßt jch das er mir sy gåb jch wår
3325 bereyt sy zů nemen. Des ward herr Kaynis fro. sagt das
seinem vatter dem es auch lieb was. vnd vast wol gemeint.
Also bracht herr Kaynis dye heyrat zů wegen. vnd gab sein
schwester seynem gesellen zů rechter ee. Herr tristrant was
mit seiner eelichen frauen ysalden ein gancz jar das er jren
3330 leib nie berůret weder lüczel noch vil. Wann sein hercze vnd
gemůt. waren zů allen zeiten bey seiner allerliebsten frawen
ysalden. in curnewalischen landen. von der geschied sein
hercz nye. weder in sturm noch in streitten. noch in keiner-
ley nŏtten. sein eelich gemahel. vertrůge sŏlich sein beywesen
3335 on neide. wenn jr wz nicht fürbas kundt Eines tages ritten
der künig die küngin her tristrant vnnd sein fraw. auch herr
cainis kürczweilen für die stat careches Ysalden pferd trat
in einen tieffen schlage. da wasser jnnen was. also das dz
wasser jr vnder dem hembd auff sprang biß zů dem knye.
3340 Do sprache sye. wasser du bist frembde vnd doch kůn. das
du mir getharst springen. so verr vnnder mein gewandt. da
ritters hand noch nye hin gerůret hat. sŏliches redt sy bey
jr selbs on alles übel. aber her cainis hŏret dye rede vnnd
fraget der aigentlichen nach Der frawen was laid. das her
3345 cainis sŏliches gehŏrt hette. yedoch saget sy jm. das es war
wåre. er sprach du bist nun ein gancz jar vnd mer mit dei-
nem mann gewesen. wie mŏcht ein stat an deinem leib sein.
meins gesellen hand. wåre darüber gelauffen. vnd main du
sagest vnwar. sy sprach zwar nain [133|6174]. dein gesell

3321 antwort vnd sprach/W.
3322 würde mir das gar and thon/W.
3326 vnd wol gemeint. A. fast angenem. W.
3327 disen heyrat W.
3330 weder wenig noch vil/W.
3332 geschyde er nye. A.
3341 du mir so weit darffest vnder mein gewandt springen/W.
3344 Jr was leit A.

3350 ist so wol geczogen. das er noch nie mit seiner hand zů
meinem knye gerůrt habe. so wurdest du auch noch nye sein
weib Hiermit rait her Cainis zů seinem vatter dem klagent
vnd allen seinen freünden. das her tristrant seyn schwester
noch nie zů weib gewunn. vnd sprach. wir haben des all
3355 laster vnd schand. wenn er hatt es vmb das gethan. das er
sy verlassen wil Hierczů der küng jr vater redt. so můß
vns got der herre all verlassen noch nymer helffen. ob wir
jm des gestatten. wir wöllen zestund über in richten. wenn
der enden mügen wir das aller fůglichesten thůn. Sy namen
3360 zů in freündt vnd man was der bey jnen was. vnd ver-
mainten in zů tod schlahen. yedoch gedachte herr Cainis
der gesellschaft so sy zesamen gelobt hetten. vnnd sprach.
Er ist mein geselle. vnd gepürt mir nicht. das jch in vn-
gewarnet schlahe. darumb will jch jm vor wider sagen. das
3365 jch meinen eren seye genůg thůn.

Hiermit sprach her Cainis herren tristranden zů. Tristrant
jch wil ewch widersagen vnd mag nicht lenger gesellschaft
noch freündtschafft zů ewch haben. Dem nach. Fraget herr
tristrant warumb doch. do habt jr mein schwester vnd vnß
3370 all geschendet. her tristrant der bote seyn laugnen. vnd be-
geret der sach recht czů wissen. Her Cainis sprach zů her
tristranden. was sol jch euch vil sagen von denen dingen.
jr wißt es selber aller baßt Fürwar sprach her tristrant jch
waiß doch gar nichts. darmit jch euwer schwester noch euch ge-
3375 lestert habe. Ey so will jch euch es [134|6216] sagen. jr
habent mein schwester maget gelassen. vnns allen zů
schmache vnd wir wissen doch wol. das sy als edel vnd als
eins gůten geschlåchcz ist als jr Allein ist dises ding ge-

3350 ist so züchtig/W.
3352 jm zu klagen/W.
3358 wenn wir das allerfůglichest A.
3366 Hiemit kam er zu Herr Tristranten vnd sprach zu jm/W.

3370 Herr Tristrant begunde laugnen/W.
3376 Schwester junckfraw gelassen/W.
3377 das sy als gůts geslechts ist als ir. allein geschichts vns zů schande vnd laster vnd in meinung A.

129

schehen. vns allen zů schand vnd laster. vnd auf mainung.
3380 das jr sy verlassen wölt. Hierczů antwurtet her tristrant. her
Cainis gelaubet dz jch nye můt gewan. sy zůuerlassen. es
kommbt von anderen schulden. das jch sy nicht zů weib
gewan. Er sprach so laß hören wauon das kumm. Her Tri-
strant antwurtet nayn. jch wil das nicht sagen wenn jr ge-
3385 fiengt neyd dardurch. ob jch euchs saget. her tristrant sagt
an. jr sölt on neid darumb sein. Seyd es mir verginnstet ist.
so wil jch euchs sagen. Euer schwester ysalde hat mich also
nicht gehalten. das jch jr nahend beyligen sölte. das waiß
got. er sprach. sy leget sich doch neben euch. das jr selber
3390 tůt. wie euch geualle. was solt sy mer gethan haben. Her
Cainis zürnet nicht ee jr wißt vmb was. Ein fraw ein künigin
fürt eynen hundt baß vnd werder vmb mein willen. dann
mich euer schwester noch bißher gehalten hat. darumb sollt
jr dicz on neid vertragen. wenn es on sach nicht gethan
3395 noch beschehen ist. stellet ab euren zoren vnd vnwillen.
wölt jr mir volgen jch bring ewch an die ennde da jr selber
hören vnd sehen sölt. das jch war sage. Ob es sich aber
annders vinden wurde so habt macht vnd ganczen gewalt
eur vorderunge an mich zů erayschen. wye vnd in welicher-
3400 ley weise jr nur wöllet Hierauff můst her tristrant hern
cainis geloben. das er herwider zů seiner eelichen hauß-
frawen kommen wölte. Vnd ob die ding vorberůret nicht
also wåren so er gesagt hett. das sy dann mit hern Tristran-
den theten. als sy selber wölten. [135| 6264] Als das gelobet
3405 ward. ritten sy hinweg. her Tristrant vnd her Cainis. als sy
czů dem möre kamen. giengen sy in ein schiff. vnd fůren in
curnewalischen landen. do aber sy der brugk lytanij die
herczog thinas was. so nahend kamen. giengent sy auß dem

3382 von andern vrsachen/W. zů weib gwan. So last hören A.
3384 jr empfienget W.
3386 Seit es mir vergünnt ist so wil ichs sagen. A.
3391 Caynis zörnet nit. A.
3392 helt einen hund besser W.
3394 on vrsach W.
3397 Wo es sich W.
3399 erheischen/W.
3403 wie er gesagt W.
3404 wie sie selber W. also versprochen W.
3407 die herr Thynas A.

schiff zů der brugken. der vorbenannt herczog. was der zeit
anheim. gienge gegen in. vnd empfieng sy mit grossen freiden.
wenn er gesahe nye gast so geren als herren tristranden. der
dann allwegen seyn beßter vnd liebster geselle was. herr
tristrant nam den herczog auff ein ort. vnd saget jm von
wort zů wort. wie sein sachen geschaffen wåren. vnnd das
sein leben stůnde in seiner allerliebsten frawen hennden. das
môcht sy jm behalten oder verliesen. wie vnd sy selben wolt.
doch hett er ye keinen mißtrawen dann dz sy hilff thåt vnd
in auß den engstlichen sorgen erlediget.

☙ Abenteür. Wye die künigin mit dem hündlin kam zů dem
dorn. darinnen her tristrant vnd Cainis waren.

Wie vnd welicherweise. aber das geschehen môchte. sagt er
dem herczog alles. vnd embot jr. das sy vmb seinen willen
thůn wôlt. vnd den küng biten dz er mit grosser ritterschafft
an das jaig reyten wôlt. gen blanckenland an die wisen da
solt sy auch selbs hinkommen mit allen jren junckfrauen.
auff das aller kostlichest so sy môcht. besunder das hündt-
lein das er jr geben het auch wôlt mitfůren. mit grosser
geczierde vnd herlicheyt. Her Thinas lieber getrewer freündt
vnd gesell. sag meiner frawen den grossen ernst meiner angst.
vnd bit sy betlichen. das sy mir zehilff kumm vnd mir mein
leben behalte. wenn sy mir doch ye für alle weyber ist. den
tag vnnd jch lebe. jch habe auch nicht zweifels. So sy ist
hôren dz jch zů land kommen bin. das sy mir die raise ver-
sage. sunder sy [136|6310] werde allen fleiß für keren. damit
jr herkommen. loblich vnnd allem meinem begeren vol-

3409 zů der burg. A.
zu der Bürg. W. der vor-
benannt *bis* gegen in *fehlt
in A., stattdessen:* Do be-
gegnet yn herr Thynas vnd
3416 verlieren/W.
3417 kein ander vertrawen/W.
3418 aus den engstlichen nôten
erlediget A.
3419 *Keine Üs. in W.*
3423 mit vil ritterschafft A.
3426 so sie jmmer mocht/W.
hündlein (das er jr geben
hette) auch W.
3428 zier A.
3430 bitt sie freundtlich/W.
3431 dieweil ich lebe/W.
3432 so sie wirt hôren W.
3434 fürwenden/W.

pracht werde. besunder so sy vermerckt das mein leben auff der wag vnd in jren hennden steet. Darumb lieber Thinas lieber herr vnd freünd würbe die bottschafft gar fleissig wenn es steet nun gleich als wol an deinen genaden als an
3440 meiner frawen. wilt du mir helffen. so ist mir geholffen. låßt du mich aber. so mŭßs jch sterben. Aber jch waiß von dir. wo es mir an den leib geet. das du mir hilffest wenn du habest mir das vormalen dick erscheinen lassen mit kürcz. er saget jm wie vnd welcher weise es hierczŭ kommen was.
3445 von des hüntleins wegen. vnnd alle geschicht. so sich verhandelt hetten der sachen hallben. vmb des will. das sy sich deßter bas vnd herrlicher zŭ der raiß schicken mőchten. Thinas sprach. mag jch mich daran lassen. das dir mein fraw die allerliebst ist. als du dann selber gesagt hast so wil
3450 jch dir die bottschafft werben. ja entrauwen du magst gewißlich dich daran lassen. das jch mein hercz vnd gemŭte von jr nye abgewendet habe. jch getrawe jr auch genczlichen. sy laß mich meiner steten liebe vnd trewe geniessen. Antwurt Thinas so sol mein fraw auch tŭn wz dir liebe ist in allen
3455 sachen. wenn jch waiß wol. so bald sy hŏrt das dir souil ist daran ligen. das jr keiner kost zŭuil istt. sy schicke es alles nach deinem begeren. Vnnd ob dir gar nichts daran låge sy ließ dich dannocht nicht mit einer sőllichen raise. denn habe nicht zweifels dein sach will jch dir außrichten
3460 nach deinem geuallen. du solt auch deinen leib der schulde halben gar wol vnd sicher [137|6325] behalten. O lieber Thinas vnd mein gŭter freinde. wilt du mir dann zŭ willen

3436 gantz auff W.
3438 mit fleiß/W.
3440 verlassest du W.
3442 wann du hast mir solchs vormals mer bewist. Kürtzlich. A.
3443 Jn summa/er saget W.
3445 so sich verlauffen hetten W.
3450 Ja Herr/es ist nit anderst/ jr mőcht euch gewißlich W.
3453 meiner getreü vnd grossen liebe A.

3455 dann ich weiß wol/so bald sie hŏret daß dir so vil daran gelegen ist/daß jr kein kost zu vil ist/sie schicket es alles nach deinem begeren. W. er hŏrt das dir so gar vil dar an ligte das ir keiner kost zŭuil ist sy schick es A.
3459 hab nit sorg die sach A.
3460 auch dein leben W.

werden. so sag meiner frawen. das bey der straß die sy reyten
sol. ist ein pirßs wartt. Da selb gar nahend bey eyn dicker
3465 dorn. da sol sy fleissig aufsehen. wenn jch habe den darczů
erkoren. das wir. jch vnd meyn geselle darinnen sein wóllen.
vnnd so sy zů dem dorn kommbt. als neben vnnß. so wil jch
meiner frawen pferd ein reis in die mon schiessen. dann sol
sy still halten. vnd das hündtlein selber fůren dz meyn gesell
3470 sehe. ob jch wargesagt hab oder nit das alles mit mer wort-
ten. hieß er seiner frawen vnd liebsten küngin sagen.
☾ Auch schicket er jr einen ringk den sy jm gegeben hett.
darbey sy was versteen das er zů land kommen was. Er
hiesse sy auch fleissigklichen bitten vnnd manen was frawen
3475 vnnd junckfrawen sy mit jr brácht das die hoflich vnd wol-
geordent ritten. als küngin gepürlichen wår. her Thinas
rait hinwegk. als der gen hofe kam. fand er den küng vnd die
frawen ob einem bretspil spilen miteinander. vnd hortten
gleich yecz auff von dem spilen. Her Thinas gienge hinczů vnd
3480 sprach Fraw jch will mit ewch spilen. als er nun spilet. graiff
er gar offt auff das bret. vnd mer dann er solt. vnd thet das
vmb das die fraw des ringes an seiner hant warnâme. als
das auch geschahe. czů stůnde sy das gold sahe. můßt das
spil beleiben gieng bald an jr geware vnnd vorderet Thinas
3485 czů jr. fraget den zestunde ob er weßte wo her tristrant
wåre Er sprach fraw jch waiß in. vnd ließ in heuten in meiner
burge. O we lieber Thinas vnd gůter freünde wie gehabt er
sich. wil er mich [138|6348] jcht sehen. er sprach. fraw er
gehabet sich wol. vnnd ist alles sein begeren das er ewch
3490 geren såhe. vnd on zweifel es sol kürczlichen geschehen
O lieber Tinas vnd gůter freündt. wenn mag das gesein oder
wye mag das geschehen. Er gabe der küngin den ring vnnd
saget jr darbey was jr her tristrant emboten het vermanet

| | | | |
|---|---|---|---|
| 3464 | bey einem dicken doren. A. | 3476 | jnen gebürlich W. |
| 3468 | in die mehn W. | 3480 | so griff er offt auff das A. |
| 3470 | Das alles (mit mehr worten) hieß W. | 3483 | als sie den ring sahe/måst das spil bleiben/Sie gieng W. |
| 3473 | sie verstůnd W. er wider zů land A. | 3484 | in jr gemach/W. |
| | | 3485 | von stund an. A. |
| 3474 | fleissigklich bitten was A. | 3490 | sehen möchte / W. |

sy auch fleissigklich das sy jm sòlich sein begeren nicht ab-
3495 schlůge. sunder jm zů willen wurde. damit dye raise lobli-
chen vnd kostlichen volpracht wurde. Als die fraw ver-
mercket jren allerliebesten in sòlicher nåhend. wardt sy gar
aussermassen hoch vnnd sere erfreüwet wenn sy in seinem
abwesen rechter freüden nye empfunden hett. vnnd on alles
3500 vercziehen. bat sy den künig mit grosser ritterschaft reytten
an das jaig. gen blancken land. des was der künig willig.
all so richt sich die fraw mit jren junckfrawen. so kostlichen
vnnd herrlichen czů. das wunder daruon zesagen wåre. An
dem andern morgen frů. kamen her Tristrant vnd Cainis in
3505 den dorn. als er der frawen emboten hett. darinnen wartend
seines herczen keiserin. als sy vnlang da waren. kamen des
küniges kòch mit kesselen vnd pfannen. darnach leüt die
speiß zů fůrtend. der bedauchte her cainis gar vil sein. auch
kamen dar die aufftrager vnnd kellner. darnach die jåger mit
3510 vil hunden. zů dem fünfften kam des küngs kamerwagen
vnd die capelan. darnach der küng selber mit herlicher
stoltzer ritterschafft. vnnd mit manchem schönen federspil.
als der küng nun fürkam. kam der frawen kamerwagen. do
giengen so vil trabanten mit. das es cainis grosses wunder
3515 nam. darnach [139|6430] kamen die frawen Nun het die
küngin jr raiß also geordent das allweg ein ritter vnd
ein junckfraw neben ein ander ritten. vnd die nachrei-
tenden nicht zů nahen auss die vorderen. also das ye
zwey vnd zwey wol reden mochten was sy wolten. das
3520 es dye anderen nicht horten. Es waren auch frauwen vnd

3494 soliches sein bet A.
3495 reiß loblich volbracht würd. A.
3502 iungkfrawen kostlich zů. A. kòstlich vnd herrlich zů /W.
3506 seiner herzen liebsten fra- wen. A. ein kleine weil dar- inn W.
3507 darnach leüt die zůfürten. A.

3509 Truchses vnd Schencken/ W.
3510 darnach kam des Kònigs W.
3513 für vber war /W.
3520 Es warent auch die frawen vnd iungkfrawen so kost- lich getziert mit gold vnd edelm gestein vnd den besten kleidern so mans haben mocht. A.

junckfrawen. so gar herlichen vnd kostlichen beklaidet vnd
geczieret. mit kostlichem gold vnd edlem gestein vnd den
beßten klaidern so mans gehaben mocht. yedoch eine kost-
licher dann die ander. vnd ye mer jr für den doren reyt ye
3525 schöner vnnd baß gecziert sy waren. Nun sahen sy gar ein
schöne mynigkliche junckfrawen. das cainis bedeücht. er hett
so schönes nye mer gesehen. vnd sprach. Hie kombt die
künigin. antwurt her tristrant. sy ist sein nicht. die ist czů
schåczen der künigin. als ein trůbe wolcken gegen der liech-
3530 ten sunnen. Her Cainis gabe der rede nicht antwurt. aber
er gelaubet der nit. wenn er mainet. er het sich in diser
junckfrawen angesicht ersehen. als in einem spiegelglaß. Dise
junckfraw hieß die schön Gymelle von der schitriel. bey
jr rayt her Cailack ein graf von Miliach. der was der hübscht
3535 vnd schönest jüngling. so er der selben czeit lebet. dise zwey
kerten jre antlücz geleiche gegen her Cainis. also das er die
gar aigentlichen sehen mocht. sy redten auch mitt einander.
vnd lacheten gar freündtlichen vnnd gůtigklichen aneinander
an. Als Cainis das sahe redet er zů jm selbs. daz nicht schö-
3540 ners noch lieplichers auf allem erdtreich leben möchte. dann
dise zwey menschen. [140|6485] als die nun fürkamen. rait
die getrew brangel allein. on alle gesellschafft. sunst ritten
ye zwey vnd zwey mit einander.

⁋    Hie kommbt die künigin zů dem doren.

*Holzschnitt: Die Königin reitet zum Dornbusch*

3545 ⁋ Do her Cainis die ersahe. do mainet er sy an gestalt vnd
an aller geberd noch hübscher sein. dann die er vor gesehen
hett Nach jr giengen zwen zeltter. die trůgen ein kostliche

| | |
|---|---|
| 3521 herrlichen vnd köstlich be-kleidet vnd gezieret mit Gold W. | 3536 jre angesichter W. |
| | 3538 gar freüntlich an einander an. A. |
| 3526 schöne Jungkfrawen. A· | 3539 bey jm selbs / W. |
| 3528 Sy ists nit. A. sie ists nicht / W. | 3544 *Üs. in W.:* Wie die Königin mit dem Hündlin kame zu dem dorn / darin Herr Trist-rant vnd Caynis waren. |
| 3531 glaubt es W. | |
| 3534 der schönest jüngling / W. | |

truhen mit goldt vnd edlem gestein. auf das zierlichest ge‐
macht. her cainis fraget was das wåre. Antwurt her tristrant
3550 vnd sprach. Das ist der hunt den jch meiner frawen geben
hab. den sy vmb meinen willen also fůret. Als herr cainis
das hôrt. sprach er gesell. du hast war gesagt. wenn du
warest von meiner schwester nye also gefůret. als er dye
wort redet. sahe er einen sôlichen schein das in bedaucht.
3555 wie zwo sunnen wåren Vnd fraget zestund. was das wåre.
her tristrant sprach mit grossen freüden. hie kommbt die
künigin. meins herczen allerliebeste fraw. Her cainis aber
getrawet nicht. das ein sôlicher gelanst von der frawen leich‐
tet. biß er sy selbs sahe. Die künigin rayt allein. wenn sy
3560 hett jren mit reyter auctrat. wider hinder sich gesantt vmb
ding. der er nicht vinden mochte. Sy enrůcht auch. ob er
halt nymmermer wider kåm. Also kam sy zů dem dorn
geriten. vnd bracht mit jr das liecht vnd scheyn der herr
Caynis gesehen het. Der můst nun von waren schulden
3565 jehen. dz er in seinem leben so schönen leib ye gesahe. Er
stůnd vnd kund [141|6536] sich nye genůge verwundern.
der grossen schôn. vnd lyechten glancz. so von der frauen
gelestett vnd sprach zů herr Tristrant. Gesel jch meinet nicht.
das sôlliche grosse klarheit vnd schôn den menschen auf
3570 ertrich bej wonen môcht. jch het es auch weder dyr noch
keinem menschen nimmer gelauben wo jch das nicht selber
gesehen het. Ich brůff aller erst. das mein schwester sôllicher
schôn nichcz an jr hat. die jch doch für die schônesten ge‐
acht hab. Aber nun ist mir jr schôn ein verdrieß wyder dye
3575 jch hye sihe. Herr Tristrant wolte sich nun offenbarn. vnd
seiner frauen zů versteen geben. das er do hye wår Er nam
ein reyß. vnnd schoß das seiner frawen pfård in die man.

3558 solcher glantz W.
3564 schulden bekennen/W.
3567 der grossen schôn vnd des liechten glantzes A. der grossen schône/vnd des liechten glantzes/W.
3568 glastet/W.

3569 das soliche grosse klarheit vnder den menschen auff ertrich beywonen môcht. A.
3572 Erst mercke ich/daß mein Schwester W.
3577 in die naß. A.

zestund verweßt sy in. do zesein. vnd hielt still. rŭffet Bran-
geln zŭ jr. das sy jr den jungen grafen caylach kommen
3580 hieß. Als der kam. sandtt sy in zŭ dem küng. embot jm. sy
wår ser kranck worden auf dem wege. ließ in sere bitten. das
er sy dise nacht vermeiden vnd nicht bey jr wesen wolt.
besunder sein panilim oder gezelt jen seyt des wassers auf
schlahen. vnd das jr hie dißhalb. da mit sy des bas rŭ haben
3585 möcht. Auch dz er mit fleiß bewaret. so sy gen Blancken-
land kåm an die habe oder wisen dz denn kein horn noch
hund do gehört oder erschellet wurde dann sy das vor plödig-
keit jrs haubts nicht erleiden möcht. cailach rayt hinweg.
dem künig die botschaffte sagen. der was des nit wider.
3590 wann jm dye fraw so lieb was. das er gar williklich thåt
was sy in ließ bitten. [142| 6575]

ℂ Abentewr Wie die künigin herren Tristrant zŭ ver-
stan gab. wo er zŭ nachte zŭ jr kommen sollt.

*Holzschnitt: Isalde mit dem Hündlein auf dem Schoß*

ℂ Die künigin stŭnd vonn dem pfårde. das sy keiner hilf
3595 begeret. das jr vormalen nie geschehen was. vnnd gieng
hyn zŭ dem guldin sarch darjnn der brack lag. den nam sy
mit hårmlin weissen hendeln herauß. mit vil sŭssen worten
vnd lieplichen gebården schon streichent mit jrem mantel.

3578 vermerckt sie daß er da war / W.
3582 dise nacht vermeiden wölte. vnd seine getzelt yenßhalb deß wassers aufschlahen A.
3583 sonder sein leger jhenseidt des wassers / W.
3584 herdiß halb A.
3585 er bewarte so sy in Blankkenland A.
3586 kein horen noch hunt gehört würd. dann A. an die Herberg / W.
3588 Caylach rit hynweg dem künig die botschafft sagend. Er widert sich nit so ym die fraw als lieb A. Caylach ritte hinweg / dem König dise bottschafft zu sagen. Der König war des wol zu friden / dann die Fraw war jme so lieb / W.
3592 *Keine Üs. in W.*
3593 wo er nachtz zŭ ir kem. A.
3597 mit iren schnee weissen henden A.

137

der da gemachet was von gold vnnd gestein. Das er keyner
3600 geczierde mangeltt. Sy name da dysen schönen bracken in
jr arm. vnd sprach dem so rechte gůtlich vnd freüntlich zů
als ob sy Tristranten selbs in jren armen het. als sy nun den
lang gestreichet vnd getrautet. trůg sy in wider in sein haus
an dem widergang. ließ sy den mantel fallen all so das sy
3605 herr Caynis wol sehen mocht der mocht sich auch nit lenger
enthaben sunder er redt mit herczen vnd zungen. das nicht
schöner creatur auf erden lebt. dann dise frau. vnd sprach
zů seinem gesellen. bis aller treü ledig vnd loß. jch sihe mer
dann du gesagt hast. auch so bekenn jch. das du von meiner
3610 schwester. nie so freüntlich gehalten wardest. in dem gieng
die küngin also wider vnd für. höret die wald vögelin singen
zů den rett sy mit erhabner stimm. O lieben vögelin. jr habt
manigfeltige freüd durch ewer sůß stimm vnd gedöne. nun
will jch eüch [143|6614] mieten. mit reycher gabe vnd miet.
3615 das jr heint sambt mir fliegend gen blanckenland an die
habe. vnd mir da selbs dise nacht singet. mit diser red vnd
behender listikeit. gab sy herr Tristranten zů versteen. wo
sy die nacht sein wurd. vnnd an wellichem ende. er zů jr
kommen sollt. Sy getorst jm nicht zů sprechen. so weiset sy
3620 aber den vögeln jren willen vnnd meinung. dabey er ver-
steen mocht welichen enden er sy funde. wann er wz auch
vast vol gelert in diser kunst der hohen schůl. als sy die wort
geredt. gienge sy widerumb jren mantel an thůn. darnach
über vnlang kam der laidig Auctrat. zestund hůb er die

3599 von gold vnd berlinfein (!)
vnd keiner getzierd manglet
A.
3603 gestrichen vnd getrautet.
A. gestreichet vnd gelibelet
(!)/W. in den sarch Vnd an
dem widergang ließ A.
3605 Er kund vnd mocht sich A.
3610 *Nach* wardest *Üs. in W.*:
Wie die Königin zu dem
dorn kam/vnd Herr Trist-
ranten zu verstehn gab/wo
er zu jr komen solte. In

dem gieng der künig A.
Nach dem gienge die Köni-
gin W.
3512 mit lauter stimm: W.
3613 freüd mir gemacht A.
3614 gab vnd geschenck/W.
3615 an die Herberge/W.
3620 meinunge vnd gůten willen.
A.
3622 in den künsten der hohen
schůle. A. in diser kunst.
W.

3625 frauen auf jr pfårde. vnd fûrt sy gen blanckenland. dann
das sy den künig het biten heissen. was alles nach jrem
willen volbracht. Nun ee der herr zů rů gieng. wolt er vor
besehen wie sich die fraw gehabet. vnd rayt alleyne dar.
Brangel gieng herfür saget jm dye fraw wår so krancke. das
3630 er jr nicht an gereden möchte bis morgen. Wz mocht der
küng nun thůn anderst dann das er dannen reyt. vnd jm
was der frauen kranckheit jnniklich laid. Als schier der tage
seinen lauff verendet. vnd die nacht kam. Do kamen auch
herr Tristrant vnd sein geselle die ließ man zestund für dye
3635 frawen. Die was nun frisch vnd gesunde. wann der recht
arczet was jr kommen Wie gar freüntlich vnd lieblich die
frawe jren liebhaber empfienge. beleibt do von mir vngesagt.
wann jch söllicher geblůmter wort nicht kan. auch ist an
dz kunt vnd wissent. das lieb gegen lieb gebaret so freünt-
3640 lichest sy mügen. Sy name herr Tristranten zů jr hyeß sei-
nen gesellen [144|6662] herr Caynis siczen zů der schönen
Gymelle von der schitriele. Nun wz niemant mer in dysem
gemache dann dye künigin. Herr Tristrant. herr Caynis. Gy-
melle Brangel vnd Peronis. Dyse alle wißten wol der frauen
3645 geheym. die was nun mit Tristrant in grosser geheym vnd
ångem rat. Do klaget ye eins dem andern was sender not sy
erlitten heten in jrem abwesen. vnnd namendt in des ein
kleine ergeczlicheit. souyl dann dyse kurcze zeit jres bey-
wesens verhengt herr Caynis ward do der schönen Gymellen
3650 vmb jr lieb vnd freüntschafft zů språchen. so gar mit ganczem
ernst. das er mainet Sy sölt in yecz bej jr schlaffen lassen
Aber sy růchet seiner wort. vnd was jr geleich ein gespöt.
Yedoch ließ er nichtt nach. es wår jr lieb oder laid. vnnd lag
jr vast vnd ståtigklichen an.

3633 lauff volbracht hette / W.
3638 on das menigklich kunth
vnd wissent / daß sich liebes
gegen liebem auff das
freundtlichest erzeiget so
sie mögen. W.
3644 der Frawen heimlichkeit /
W.
3646 senlicher not A.
3650 vnd freundtschafft so ernst-
lich zů / daß er meinet / sie
W.
3652 Aber sie verachtet W.
3654 jr fest vnd W. *Nach* an
keine *Üs. in W.*

³⁶⁵⁵ ⁌    Abentewr. Wie herr Caynis do zů nacht gelang mit
     der schönen Gymellen.

*Holzschnitt: Gymelle und Isalde vor dem im Bett liegenden
Caynis*

⁌ Als sy aber seinen ernst recht ersahe. sprach sy. herr
wo hin thůt jr eüer synn. jr sehent doch wol das jch kein
gebeürin bin. das jr mir vmb lieb vnd freüntschaffte zů
³⁶⁶⁰ sprecht. so gåchlingen. jch meyn jr seyt ein paur. jch gelaub
nicht das jr es sunst tåtet. vnd sag eüch über laute. das jr
von mir ymmer vnd ewigklichen vngewert seyt. wann het
jr fünf jar in meinen geboten gestanden vnd gelebet. es wår
darnach vil zů frů das jr so vyl begern solt. als jr heint gethan
³⁶⁶⁵ habt. doch bedacht sy sich bald anderst vnd sprach. Jr be-
dunckent mich so büder wann jr mein landßman wårent
vnd mir genoß. auch meinen freünden gefållig. allso das sy
eüch mir gåben. das ließ jch geschehen. aber durch eür gebet
nicht. herr Caynis ward betrůbt. [145| 6705] geraw in das er es
³⁶⁷⁰ ye gedacht. vnd weßt nit wz er anttwurten solt. Nun was
zeit das die küngin vnd herr Tristrant solten zů rů geen do
gieng sy vor zů herr Caynis vnd sprach durch Tristrants
lieb will jch eüch vergünnen heint zů ligen vnder dysen
zweien. bey wellicher eüch gefall. dz waren Gymell vnd
³⁶⁷⁵ Brangel. vnd wellich eüch die lieber sey. dye heist ewch
heint eüch bey ligen. Herr Caynis maint. Sj trib jren spot
mit jm. vnd gedacht. bin jch in dann nun zespot her kom-
men. So wår jch wol do aussen beliben. Als aber er ver-
mercket jren ernst. vnd verstůnde das kein spot darbey wz.
³⁶⁸⁰ sprach er. frau got belon eüch in seinem hohen thron sölicher
treü vnd freüntschaft. so jr mir beweißt. wann solt jch die
kur oder wal heben. so můst es gümel sein. wann jch eynes

3658 wo gedenckent jr hin/W.
3659 beürin byn. A. Peurin bin/
W. vmb lieb zůsprecht so
yechling. A. mir so geh-
lingen vmb liebe W.
3660 jr seidt Paur/W.

3666 so ehrlich/W. wenn ir mein
genoß werent A.
3669 gerewet jn W.
3674 gefalle (das waren Gymel
vnd Brangel) vnd W.

teyls wider sy geredt hab. auch byn jch mer bey jr gesessen
dann bey diser. zů stund schůf die küngin das Gymel. den
3685 helden zů jr leget. vnd in freüntlich in jr arm nåm. die
junckfraw hieß jr vnd herr Caynis czesamen betten. Der
czoch sich bald auß. vnd leget sich zů bedt Aber gimel
gieng vor zů der frauen. vnd sprach in grossem vnwillen.
Wie meint jr ditz ding. ist eüch lieb. das jch mein ere allso
3690 verliern solt. entrauen nain. sprach dye küngin. Gee hin vnd
nymm das küß. dz jch vnder mein haubt leg. so jch mich
såne nach herr Tristrant. du weist wol wie es darumb steet.
leg jms vnder sein haubte. zehand entschlafft er. so lang bys
du das küß wider von jm nimmest. vnd also magstu die
3695 nacht mit gůtem frid bej jm schlaffen. das küß wz mit sől-
lichen listen vnd künsten zů gericht. wer darauf [146|6759]
entschliefe. der schlief nacht vnd tag. sich kunde auch nie-
mant so bald darauf legen. Er wår so bald entschlaffen.
mocht auch nit erwachen. bis man jm dz wider enzohe Die
3700 künigin so jr die groß lieb vnd senen nach herr Tristrant so
gar überhandtt namen. So leget sy sich darauff. darmit ward
ir not dann aber ein teyl geringeret.

Gymel nam das küß. leget sich zů dem helt vnd sprach.
hebtt auf eüer haubt. jch will eüch an mein arm legen.
3705 dytz hatt mir mein fraw geboten. Herre Caynis dancket
got vnd auch der küngin. vnnd ward außdermassen fro. das
jm die junckfraw so freüntlich sein wolt. Gymell leget jm
das küß vnder sein haubt. zehande entschlief er. dz er dise
nacht nye erwachet. noch nit wißt ob er allein oder selb
3710 ander lag morgen do es tagt stůnd die junckfraw auf. be-
kleidet sich wol schon gieng dar vnd zoch dem helden. das
küsse von dem haubt. zestund erwachet er greiff vmb sich.
vnd vand nicht. O do erschrack er ser. vnnd vermainet sich

3683 mit jr geredt/W.
3685 die junckfraw *bis* betten (3686) *fehlt in* A.
3691 das Küssin/W.
3697 tag vnd nacht. A.
3698 von stund an entschlaffen/W.
3711 sich schon/gienge dar W.
3713 da erschracke W.

also gehönet vnd verungelimpffet sein. vnd wår lieber tau-
3715 sent meil von jr gewesen. dann das er da solt sein. dye nacht
was nun da hin. vnd der tag erleüchtet dz gancze erdtreich.
darumb er verhoffet das jm kein gůt von jr widerfůr. yedoch
belaibe er ein weil do. bis er seyn laid bas hörn můste mit
spot worten. wann Gymel sprach do. Het jch nåcht gewyßt
3720 daz jr so gezogenlich wolt ligen. jch het ewch der ding. so
jr mich bat nit verzigen. do er das höret. do wz er vor laid
nahent verwundet vnd vertobet. auch so gar erschrocken.
der jm ein or enzwey geschniten het. das kein plůts tropff
daruon wåre kommen. Nun was auch zeit das sich die zwei
3725 aber scheiden můsten [147| 6808] dye schyeden sich mit gros-
ser klag vnd vngehab. herr Tristrant weßt aber nicht wye es
seinem schwager gangen het. Der hieß Peronis bald gen zů
Curneualen. jm sagent wo er in vinden möcht. auch wo hin
er die pfård bringen solt. wann es wz ein böser bruch bey
3730 dem weg den sy reiten sollten. den wolt herr Tristrant vmb
geen. bis er zů dem rechten pfat zů den pfården kåm. Peronis
lieff bald do hin. sagt Curneualen dye botschaft. der hůb
sich schnell dar. kam zů dem bruch. vnd vermeinet seinen
herrn do czů finden. Auch war mit jm do herr Caynis diener.
3735 dye hielten auf der fart. vnd weil sy hielten also kam ein
man mit namen pleherin. vnd was des künigs hoffgesind mit
siben seiner diener. der kam nun an sy vnd jagt sy so meist
er mocht. dise aber fluhen ser. pleherin maint es wår Tri-
strant. vnd růft jm nach. kera held kera durch dein grosse
3740 kůnheit. Die aber kereten sich an sein růffen nit. vnd eilten
jr straß. do růffet er aber. ker werder helt Tristrant vmb der
küngin willen. ob dir die ye lieb warde. jen wolten nit wider
keren. da sprengt er in mit grossem neid zů. sy zů nöten.
jm zů sagen wer sy wårn. noch dann kamen sy vngefragt

| | |
|---|---|
| 3714 verspottet vnd verunglim-<br>pffet/W. | 3727 er hieß Peronis Curneualen<br>sagen. wohyn er die pferd |
| 3720 also züchtigklich W. | bringen solt A. |
| 3723 das ym A. | 3734 herr Caynis. die hielten A. |
| 3726 klage vnd vbelgehaben. W.<br>vngemach A. | 3735 vnd weil sy do hielten A. |

3745 von jm. doch eilet er in eyn pfård ab auf der flucht. Curneual raytte des selben tags jrr mer dann vier meyle ee er zů seinem herrn kam. [148|6854] kürczlich dar nach kam pleherin gen hof. der küngin sagent. herr tristrant wår jm land. vnd wie er den jagen hulf. vnd jm ein pfårt ab ereilet.
3750 er floch aber so vast das er in nit erreiten mocht. auch wie er in vermanet het vmb jren willen dz er. wider kern solt. er gebaret aber darüber als ob er es nit hort. vnd wår auch also flichtig hynweg geriten. Die frau antwurt jm ernstlich. vnd mit grossem zorn. Wz sagstu mir dauon. Jch wolt du
3755 hettest in auff deinem rugen getragen. in den see geworfen das jch nun sein nimmer gewåhen hôret. jedoch tôrstestu dein augen ee auß deinem haubt graben. ee du ein sôlichen kůnen man jagen tôrstest. pfleherin wz eyn hoflich vnd verstanden man. Als der jren zorn sahe was jm laid das er die red ge-
3760 than het. vnd hůb sich zů stund dannen.

☾ Abentewr Wie herr Tristrant gen dem küng versagt ward vnd wie sere sy zürnet.

Die küngin gram in jr selbs. vnd tåt jr gar zorn. dz herr Tristrant vmb jren willen nit wider kert het. vnd mocht
3765 auch dz lenger in jr nit verdulden. vnd embot jm bey Peronis. er het vast übel getan. dz er nit widerkeret. do in pfleherin vmb jren willen vermanet vnd gebeten het. Peronis was gerad. lieff schnåll do hin. vnnd kam do er herrn Tri-

3745 an der flucht. A.
3747 *Nach* kam *Üs. in W.*: Wie Herr Tristrant gegen der Königin versagt warde/ darumb sie darnach sehr zornig ward.
Nicht lang darnach W.
3749 wie er yn yagt hette. A. wie er jn gejagt W.
3752 er het es aber nit hören wôllen/ W.
3756 das ich nymmer gewehen hôrt. A. daß ich doch sein nimmer gedencken hôret/ W.
3757 ein solchen man. A.
3758 ein hoflich man. A.
3761 *Keine Üs. in W.*
3762 wie seer die küngin ertzôrnt warde. A.
3764 vmkôrt A.
3767 Peronis lieff schnell vnd kam A.

143

stranten vand. dem sagt er dye botschafft. die jm zemal
3770 frŏmbde wz. vnd sprach. jch bin der ding vnschuldig das
magst du selbs mercken. wann dye pfård vns noch nicht
kommen seind. auch [149|6903] hab nichcz czweifels. wer
mich vmb jren willen bitet. ob halt tausent Ritter bey jm
wårent. jch kert in vnder augen vnd gelaub in aller warheit
3775 dz dz war ist. weil sy also redten kam Caynis curnewal. vnd
herr Caynis diener. vnnd brachten nicht mer dann dreü
pfårde. das vierd het in pfleherin ab ereylet. herr Caynis
ward zornig vnd vnmŭtig vnd meinet nicht anders dann
herr Tristrant weßt wol. wie jm geschehen was. vnd das jm
3780 die hoff schand lieb wår. vnnd durch seinen rat beschehen.
vnd wolt dz an jm rechen. Nun weßt herr Tristrant nichcz
vmb die går. der het seins geschåfftes gewartet. dann sy
gerieten mit worten an einander souil das herr Tristrante
herrn Caynis an lieff. vnd wolt in ernider geschlagen haben.
3785 Doch bedacht er ist mit mir her kommen. schlahe jch in daz
ist mir kein ere. darumb wil jch meinen zoren ablassen. wie
übel er an mir getan hat. keret sich hiermit zŭ Peronis vnd
sprach. Sag der künigin mein vnschult auch das sy gewiß
seye. was mich yemand vmb jren willen ye gebeten habe
3790 das jch der keins nye versaget. sunder all zeit vnnd alles
volpracht habe. darumb wer es ye noch zŭ frŭ. ob jch nicht
thet. des jch vmb jren willen. vermanet vnd gebeten wurde.
auch magst du jr selbes wol sagen. wilt du anders der war-
heyt jehen. das man mich vnschuld zeihet denn lauff bald
3795 vnd sag dises meiner frawen. So will jch all hye dein beyten.
es seye mir recht frumm oder schad so kumm jch von diser

3771 selbs gedencken/dann W.
3772 auch soltu keinen zweifel haben/W.
3774 in warheit A.
3775 Caynis vnd Curneual mit iren dienern A.
3777 Caynis ward zornig vnd meinet A.
3784 yn ernider schlahen doch A.
3786 wie vnrecht er A.

3790 sunder alle zeit volpracht hab. A.
3792 irent willen vermanet würd. A.
3793 auch bis zeihet *(3794) fehlt in A*.
3794 Nun lauff bald vnd sage es ir. A.
3795 dein warten/W.
3796 es seye *bis* statt nicht *(3797)fehlt in A*.

statt nicht. biß du mir sagest. ob sy mich wölle [150| 6965]
schuldig haben oder ledig lassen. Peronis lieff hinwegk. als
der zů der frawen kam. vnd jr saget her tristrandes bott-
3800 schafft. do sprach sy. O we. hab. oder gůt was thůstu an
den leüten. jch hôre wol du bist gemůtet. dz du mich also
betrůgen vnd mir verliegen solte. aber es möcht dich noch
wol reüen. er schwůr jr manchen grossen aid. das er jr kein
lug saget. auch sy vngeren betrůgen wôlte vnd wie her
3805 Cainis. vnd die gesellen an der flucht gewesen wåren. aber
her Tristrant het den ganczen tag auf die pferd gewartet.
die wåren auch aller erst kommen. weil er da gewesen wår
Auch wie her tristrant vnd cainis miteinander gestolczt
hetten. Die fraw glaubt noch getrawet des alles nit. das dem
3810 also wåre. vnd sprach zorniklich. Peronis das du durch sei-
ner gab willen mir vnrecht sagen wildt ist mir nicht lieb.
vnd maint die fraw ye her tristrant wår schuldige vnd het
dem mit gab den mund verpunden. das doch nicht was. als
peronis jren zoren vernam, gieng er bald wider zů her tri-
3815 strant jm sagent. das sein fraw seiner vnschuld nicht ge-
lauben wôlt. her Tristrant sprach. das ist mir jnniklicher
laide. jch wil auch groß arbeyt darumb leiden. oder aber sy
sag mich ledig. darmit hieß er curneualen sein pferd von
weg ziehen. vnd das er herrn cainis ließ reyten wa er wolt.
3820 vnnd sprach in grosser vngedult. jch hab meiner frawen
hulde von seinen schulden verloren. darumb achte jch nicht
wa er reit Als aber her cainis vermercket den vngestůmen
[151| 7010] zoren seins schwagers. warde jm gar ausser-

3797 ein antwort von jr sagest / W. wöll ledig lassen oder schuldig haben. A.
3798 lieff hynweg. kam zů der künigin A.
3799 die botschafft. A.
3800 O wee gůt was A.
3801 hôre wol daß du gedinget bist / W.
3802 liegen W.
3808 gezörnet hetten. Die Fraw glaubet des alles nit / W.
3809 glaubt deß alls nit vnd sprach zornigklich. A.
3822 wohin er reit oder gehe. W. den grossen zorn vnd ernst seines Schwagers / W.
3823 ward yn gereüwen das er ye ichts A.

145

massen laid vnd geraw in das er je jchcz wider in geredt hett.
3825 vnd sprach zů curneualen. jch will nyendert reyten. sunder
mit dir meins gesellen wartten. biß der wider ist kommen.

⁋ Abenteür. Wie her tristrant für die künigin kam. als
ein außmerckiger vnd wie sy in erkannt.

*Holzschnitt: Tristrant als Aussätziger vor Isalde*

⁋ Wo habet aber jr ye vernommen vmb einer frawen huld
3830 so fleissigklich werben als her tristrant ttet. vnd die so mit
kleiner schuld verwirckt was. durch ander leüt sag. vnnd
nicht durch in. er sprach jch will darumb sterben. oder sy
sag mich vnschuldig. er gieng hinwegk. kam e zů einem
maselsüchtigen mann. bat den vm seine klaider vnd sein
3835 klepperlin leihen. der thet das. Her tristrant leget die kley-
der an. das klepperlin in sein hand. vnd gieng für die küni-
gin. als ob er ein siech man wåre. zestund erkannt in die
fraw vnd hieß in hinweg treiben. Nun wolt er ye nicht dan-
nen. vnd gieng aber wider dar. do sy in gesahe. sprach sy
3840 zornigklichen. bald treibet hinwegk disen siechen man. do
lieffen zwen gesellen dar. schlůgen jm zwen groß schleg. vnd
stiessen in mit vngedult vnmåßlichen hart hinwege. Dises
sahe die frau. vnd begund des ser lachen. yedoch het sy
billicher gewainet. es war jr aber zů der zeit nit zů sinn
3845 Herren tristrant thet die schmach vnnd laster zemal wee.
wenn er getrawet jr sôliches nicht. vnd keret dannen in
grymigem zornigem můt. als er zů curneualem vnd seinen

3825 niergents hin reitten/W.
3826 biß er widerkumbt. A.
3827 *Üs. in W.*: Wie Herr Trist-
rant für die Kônigin kame/
in gestalt eines aussetzigen/
vnd wie es jm ergienge.
3828 vnd *bis* erkannt *fehlt in A*.
3830 so gar fleissigklichen A.
3832 oder sy sag mich schuldig.
A.

3833 zů eim aussetzigem men-
schen. A. zu einem aus-
setzigen Mann/W.
3836 nam das klepperlin in sein
hande. A.
3837 ein siecher were. A.
3842 mit vngedult vnmenschlich
A.
3846 dann er het sich solchs nit
zu jr versehen/W.

146

pferden kam. saß er auff vnd rait hinweg. er saget auch
seinem diener in grosser [152|7050] geheym wie es jm wz
3850 ergangen. Als der sŏliches hort vnd die fraw darüber ge-
lacht het. wart er so freißlichen zornig verhasset vnd veindet
die frawen von ganczem seinem herczen. er het jr auch geren
genommen all jr ere. het er das mügen thŭn. vnnd entseczet
aller küngklicher würdigkeit. do aber er anders nicht gethŭn
3855 mocht. bate er seinen herren betlichen. mit ganczem fleiß
dz er vmb seinen willen die frauwen ein jare vermeiden wŏlt.
auch nyendert kommen der enden da sy in sehen mŏchte
vnd wa er des nicht thet. wolt er nymmer tage bey jm be-
leiben. Her tristrant globet jm dises stât vnd fleissigklich
3860 zehalten. er verkos auch alle veindtschaft vnd vnwillen so
er zŭ her cainis hett. deßgeleichen her cainis widerumb gegen
jm. wurden gŭtt freünd vnd gesellen. in massen wye vor Sy
riten miteinander heym. do wurden sy wol vnd mit grossen
eren empfangen Her cainis saget seinem gesellen vor seinem
3865 vatter aber gelübde ledig vnd los vnd was her tristrant ge-
sagt het. het sich alles warlich erfunden vnd zehenfaltig mer.
Also ward allererst ein neüe freintschafft. vnd her tristrant
legt sich nåher vnd freündtlicher zŭ seiner eelichen frauwen.
dann er vormalen gethan hette. vnd lebeten auch freündt-
3870 lichen vnnd schone miteinander. verklageten auch wol. ob
die künigin rew oder vngelicke hette. der was es auch nit
gar an. sy hett der schimpfe gerawen. vnd kam in groß clag
vnd laide. wenn da sy den vnwillen gegen her tristrant für-
nam. geschach in dem mayen Darnach als von sant [153|7087]
3875 Michels tag gienge der rew mit gewallt an. vnd verlanget
sere das er nicht zŭ jr kam. vnd sy in nicht sehen solt. das

3853 all jr ehr genomen / vnd
aller Kŏniglicher wirdigkeit
entsetzt / het er das mŏgen
thon / W.
3855 seinen Herrn mit gantzem
fleiß / W.
3857 an die ende W.
3859 Tristrant verhiesse W.
3860 Er verließ W.
3862 wurden gŭt gesellen / W.

3865 vnd alles so Herr Tristrant
W.
3871 die künigin eeren oder vn-
gelück A.
3874 darnach von sant Michels
tag gieng die reü mit A.
Darnach als vmb sant
Michaels tag W.
3875 mit macht W.

147

klaget sy nun tewr Peronis sprach. er thůt euch werlichen
recht. wenn jr habt groß vnpildt an den frummen held ge-
than. das jr den habt heissen schlahen. vnd er doch gancz
3880 vnschuldig ist. Sy sprach du spotest vnd leugst jch spot
noch leug nit. es ist war. so sich die frau recht darüber be-
dacht ward sy gar herczenlich betrůbt. vnd kamen sŏlch
groß schrecken vnd schmerczen in jr hercze. vnd erkannt
das sy von rechten schulden her tristrands huld verloren
3885 hette. weßt auch nicht wie sy vor laid gebaren solt. vnnd
ward jnnigklichen wainen. dann sy nam darüber rat von
jren ratgeben. peronis. vnd brangeln. wie sy doch die gros-
sen missethat gegen herr tristrant ymmer bůssen vnd ab-
tragen mŏcht. solte jr alles nicht zů vil sein. do ward jr
3890 geraten. sy solt jm brief senden darinnen jr schulde vnd
missethat bekennen. sich jm zů bůß ergeben vnd verwilligen.
wie vnd er selber wolt. die fraw sprach dicz ist besser on
brief. wenn wurd mein bot mit disem brief ergriffen. so
mŏchten die bŏsen neyder aber vngelück zů richten. darumb
3895 ist besser. jch sende jm botten on brief. besecht nun wen
jch darsenden müge der mir darczů tawglichen vnd ver-
schwigen seye.


ⓒ    Abenteür. Wie die künigin herren tristranden huld
bitten ließ. vnd wie er jr die gabe.

3900 Nvn hett sy einen gartzen oder lauffenden botten in dem
hoff hübsch vnd wolgeczogen mit namen pylois. dem [154|
7132] was dye sach der künigin vnd herrn tristrandes auch
nicht gar vnwissent. der warde berůfft vnd zů der frawen
geuorderet. als der nun kam. sprach sy zů pylois. jch claget

| | |
|---|---|
| 3885 vor leid nit wie sie sich halten solt/W. | (3911) Üs. in W.: Wie die Kŏnigin Herr Tristranten vmb huld bitten ließ/vnd wie sie die von jm erlanget. |
| 3886 Sie fraget Peronis vnd Brangeln rhats/W. | |
| 3892 diß ist besser A. | 3900 Die Kŏnigin hette einen Lackeyen an dem Hofe/ schŏn vnd wolgezogen/W. |
| 3894 die bŏsen widersacher W. | |
| 3898 Üs. in A. erst nach seye. | |

³⁹⁰⁵ dir geren was mir wirret. vnd wolt dich auch darbey bitten. weßt jch dz du das zů gůt auffnåmest vnd verschwigenlich bei dir behieltest. er sprach fraw. jch thůn was ewch lieb ist. ob jch dz anders gethůn müge. ja du magst das wol tůn vnd habe auch nicht zweifels jch wil es auch vmb dich beschulden.
³⁹¹⁰ Fraw jr habet es dick wol vmb mich verschuldet. laßt nun hören was das seye. Sy sprach merck recht was jch dir sag mir ist gar ein groß übel vnnd vnpild widerfaren bitt jch du wöllest mir desselben helffen. jehen. als es dann in der warheit war ist Jch habe durch meinen jehen zorn von
³⁹¹⁵ rechten schulden herrn tristrandes freindschafft vnd huld verloren. wenn jch zů gesehen habe. das man jm zwen vnfůgliche schleg gegeben hat. vnd hab des ser gelachet. des jch vil billicher ob jch synnig wåre gewainet hett von den selbigen schulden. habe jch sein huld verloren. nun ettwe
³⁹²⁰ vil zeit. bitt vnnd begere jch betlichen von dir du wöllest mein bot zů jm sein. du würst auch sölich botschafft nit vmbsunst thůn. sunder wille jch dir der gar wol lonen. dann ob jch jms vor grossen meinen schulden embieten tharr. So sag jm mein dienst. klag jm darbey meinen grossen kummer.
³⁹²⁵ so jch nach jm leyde auch waißs er. das jch von seinen wegen vnd jm zů eren ein hårin hembd. zů nachst meinem blossen leib trage das mir doch schwår zetůn ist. yedoch will jch das nymmer abtůn. es sey dann das er michs heiß. vnd seinen můt gegen mir bekere Sag jm auch jch leid
³⁹³⁰ söllich vnsegliche nott. das jch on zweifel sterben můß. vnd den tod gewiß [155|7181] hab. er tů mir denn helffen Wil er mir gnådig sein. so ist mir geholfen. ist das nicht. so ist ein end meines lebens. vnd můß darumb sterben. Lieber pylois laß dir die botschafft beuolhen sein erwürbestu mir

3905 was mir gebrist/W.
3908 ja du magst es wol thůn/ ich will es auch reichlich vmb dich beschulden. W.
3920 begere ich von dir/W.
3925 daß ich auch von seinent wegen ein hårin hemd an meinem blossen Leib trag/

W. das ich von seynent wegen ein herin hemd an plossem leib trag. A.
3930 gewißlich sterben můß/er thů mir dann W.
3931 den tot gewiß hab er helff mir dann A.

149

³⁹³⁵ sein huld. es sol dir ymmer frummen Pylois genadet der
frawen hůb sich auß curnewalischen landen. vnd als er schier
in careches kam. rait her tristrant zů veld baissen mit einem
sperber der het wol geflogen. vnd gefangen nach allem seinem
willen. Her Tristrante sahe pyloisen von verren auff dem
³⁹⁴⁰ weg vnd gedacht diser mag wol ein bot seyn jch wil in
fragen wa er wől. sy kerten beid zesamen kamen sőlcher
nåhent das sy an andern sehen mochten erkannten sy an-
einander hieß her tristrant pyloisen will kumen sein. vnd
fraget zestund wie sich die künigin gehabet. diser antwurtet.
³⁹⁴⁵ sy gehabet sich als ein armes weib Sag an warumb. herr da
hatt sy jren leib von euren schulden nahend verloren. Her
Tristrant sprach vmb was doch. jch kan des nitt gelauben.
Ja herr in rechten trewen sye thůt. wenn sy fürchtet ewren
zoren. vnd. versteet auch wol. das jr jr gehaß seyt was waist
³⁹⁵⁰ du. ob jch jr gehaßs bin oder warumben. aber waist du es
so sag mir es. Herr jch waiß es wol. so sage an laß hőren.
Sy hieß euch schlahen. darumbe erczürnet jr sere. Er sprach
du hast war jch zürne auch noch darumb. Ach neyn lieber
herr. laßt ab den zoren. sy wil euch zů bůß steen wie vnd
³⁹⁵⁵ jr nur selbs wőlt Wie [156|7237] meinst du jch solt sein
vergessen. ja herr des mag nicht sein. wenn es ligt mir zů
nahen zů herczen. Herr dz waiß vnd versteet auch mein fraw
wol. vnd leide. vil deßter grőssern schmerczen. ja gesell. den
hab jch. aber sy nicht. herr den schmerczen so jr empfangen
³⁹⁶⁰ habt ist euch nun langest vergangen. nain er ist noch nit
vergangen. habe auch nicht zweifels. er sol mir noch lenger
beywonen So hőr jch wol das jr sy schlahen wőlte. nain

3935 *Nach* frummen *Üs. in W.*: Wie Pyloys zu Herr Tristranten gen Careches kam / vnd der Kőnigin widerumb bey jm huld erwarbe. Pyloys nam vrlaub von der Frawen / W.
3938 wol geflogen vnd gefallen A.
3940 weg hergeen A.
3941 wahyn er wőlle. A. so nahe daß sie einander erkandten / da hieß W.
3944 Er sprach. sy gehabte sich als A.
3946 nahent jr leben von ewern schulden W.
3950 oder warumb. A. weistu es aber / so sag mirs. W.
3957 am hertzen. A.
3960 nein er ist *bis* vergangen (3961) *fehlt in A.*

warmit solte jch sy schlahen. mit dem das jr jr so frembd
wŏlt sein. das ist jr villeicht mer liebe dann laid. Fürwar
herr es ist jr nicht lieb. sunder jr grŏste klage. Jch maine
doch es sey jr nicht laid. wann es was jr liebe do man mich
schlůg vnnd stieß. vnd gancz von jr traibe. als sy daz selbs
geheissen vnd geschafft hett. wåre es jr laid gewesen. sy het
so sere nicht gelachet O lieber herr bedenckt euch das sy
euch darumb will zů bůß steen. wye vnd jr selbs gepietet.
Auch wißt jr wol. das genad besser ist dann recht. vnd
darumm sůcht sy genad bey euch. die soll sy auch billichen
vinden. Seind doch der merer teyl der leüt missethůnd. vnnd
mit bůß widerumb zů genaden kommen. Vnd seit mal mein
fraw sich so hoch erbewtet zů bůß nach genaden vnd auch
rechte. So wåre vnmüglichen ob sŏlliches von jr veracht vnd
nicht auffgenommen wurd wenn sy enrůcht wie vnnd in
welicher weise jr bůß gesetzt werde. das sy nun widerumb
genad vinde. sy vermaint auch selbs nicht anders. dann das
sŏllich jr erpieten vmb jr mißhandlen wol rechtlichen vnd
[157| 7266] billichen sey. auch billich von euch aufgenom-
men werde. dann ob sy euch es enpieten thar. so embewt
sy ewch jr freündtlich dienst. vnd alles das euch lieb ist. das
sy des zů aller zeit mit fleysse willig zethůn bereyt seye.
auch wye sy euch zů eren ein hårin hembd trage an jrem
blossen leibe. vnd tragen wŏlle. so lang jr selbs wŏlt. aber
das ist nit mynder. wŏlt jr sy so lang meiden so stirbt sy
darumb sůch jch herr ewr fůß. das jr seit schier kommen der
enden da mein fraw ist. vnnd macht sy diser grossen sorgen
frew. Her tristrant sprach. jch wil jr nit sehen. mir mŏcht
villeicht geschehen als mir nåchsten geschahe. da sy mich
von jr treiben hieß. nain herr das seyt on allen zweifel. vnd

3967 gantz vnd gar A.
3968 sie het nit gelachet. W.
3973 der mehrer theil der Men-
schen vbelthåter/W.
3977 dann sie achtet W.
3979 in jr selbs W.
3981 vnd das auch nit vnbillich
von eüch auff genomen
werde. A.

3984 mit fleiß vnd willig W.
3985 wie sie von ewrent wegen
ein W.
3988 daß jr schier koment W.
3990 will sie nicht W.
3992 treiben vnd stossen liesse.
Er sprach. Neyn herr. A.

will euch mein trew geben das sŏliches nymermer geschicht.
Auch das sy euch. ewer schleg haylet wie euch selber lieb ist.
3995 geselle jch kumm dar nicht. wenn es wåre mir kein frumm.
herr jr sŏllent dar kommen durch meiner frauwen liebe vnd
meiner dienst willen. auch durch euch selbs frümkeit. vnnd
der grossen angst wegen. so mein fraw nach ewch hatt. Herr
nun seyt jr ye jr trawt vnnd allerliebsts lieb für alle. die sy
4000 ye gesahe laßt ewch jr nott vnd vngemach erbarmen vnd
zů herczen geen. vnd trŏstet dises armes betrůbtes weib.

Er sprach pylois du bist ein gůter bote vnd deines gewerbs
fleissig. sagest auch wye dye küngin groß rew vnd jamer habe
das jch herdurch mein gemůte bekeren wil. Ja entrewe herre.
4005 sy hatt also grossen rewen. als jch von keinem weybe ye ver-
nommen hab. Her tristrant sprach jch laugen [158|7314]
nicht. jch was jr eyn lüczele gram. das laß jch nun hin sein.
vnd wil jr aber freündtlich sein vnnd in meiner acht haben.
dann sag jch jr. das sy das hårin hembd hinlege. vnnd sich
4010 füran mit seyden beclaide. wenn mich bedunckt der czeit
genůg sein. auch will jch sy empfahen. durch gnad vnd nicht
durch recht besunder sy. dein geniessen lassen. das du so
gůter bot bist. vnd als schier jch gelaist ein ding des jch ge-
lobt habe. so will jch zů jr kommen. es sei mir recht gůt oder
4015 schade. auch sag meiner frawen. jch habe gelobet. das jch
sy ein jar vermeiden vnd nit sehen wŏlle So aber das jar
verendet in dem maien. so kumm jch aber dar. vnd vor jar-

3994 ewer schlege heilet on allen ewern schmertzen/wie es W.
3995 Gesell wie vil du mir gůts von jr sagest/so komme ich doch nit dahin/dann es were mit ein grosse schand/ vnd bråcht mir keinen frummen. W.
3996 ir sŏllent dar kumen vnd nit auß bleyben A.
3999 ye ir allerliebstes liebe A. je jr Trost vnd aller liebster Hort/W.
4000 auff erden je gesahe. W. eüwer not A.
4007 ich ware jr ein wenig gram/ W. das laß ich nu sein. A.
4008 jr wider freundlich sein/W. aber ich will mein acht haben. W.
4009 Sag jr auch W. vnd sich mit seiden bekleide. A.
4014 es sey mir gůt oder schedlich. W.
4016 So sich aber W.
4017 vor der jarzeit nit geschehen noch gesein. W.

zeit mag dz nit gesein. Alls Piloys dz hôret. ward er fro vnd
traurig. Fro dz der herr dye veintschaft nachgelassen vnd
4020 verkorn het. Herwider traurig das er die frauen so lang
vermeiden wolte. vnd sprach. Herr gepiet vnd schaft czů
mir als eüren willigen diener. jch wil nun von eüch scheiden
meiner frauen sagen. beyde frumm vnd schaden. als jch
dann hie von eüch vernommen hab. Der herr hieß in in die
4025 stat geen. zů seinen herwergen vnd gebarn. als ob er in nit
erkannt. auch in seins gůtes biten. vnd sprach. Es ist hie
zeland gewonheit. wann ein frômbder man in mein hof
kommbt der etwz von mir meins gůtes bitet. des wirt jm
von mir geben. Also heiß jch dir auch geben klaider vnd
4030 hundert schilling gůtter guldir pfenning. damit gee hin
weg. vnd sage deiner frauen die botschafft. Piloys
dancket got. vnd herrn Tristrant. vnd tått als in der
herr hieß. als er die gab enpfienge. nam er [159| 7373] vrlaub
vnd gieng hinwege das in niemant in dem hoff erkannt dann
4035 der herr selbs. Nun wz ein jarmarckt in einer grossen stat
hieß Curnwalis. die waz gelegen nit verr von Carechs. do
schicket herr Tristrant Curneualen auch dar vmb was er
dann bedorft. Piloys lief mit jm dar. vnd wolt sein gůt auch
anlegen als er auch tåt. Der jarmarckt wz vast grose. vnd
4040 was geleich an sant Michels tage. do kauffet der gůt Piloys.
dz er füran zů einem armen knecht entweicht was. Als der
sein sach nun wol geschickt hette hůb er sich eilent. vnnd
als er aller erste mocht kam er auf den see vnd für heim

4020 verkert het. W. Traurig. das er A. so lang vermeiden vnd von jr sein wolt/W.
4022 als eüwerm diener. A.
4025 zu seiner Herberg/vnd sich stellen als ob er jn nit kennet/W.
4028 der etwas von mir meins gůtz bitet. das wirt ym von mir gegeben. A.
4037 vmb etlichs des er bedorffte/W.

4038 gůt auch anlegn. Der iarmarck A.
4039 sehr groß/W.
4040 do kaufft Piloys A. da kauffet der gůt Pyloys/daß er fürhin vor aller armůt frey war. W.
4042 hůb er sich eilend auff den see vnd für heim gen Tyntariol. vnd gieng für den künig do ward er gar schon empfangen A. hůb er sich so beldest er mocht auff/W.

153

Do er gen Thintariol kam. vnd für den künig gieng. ward er
4045 schon enpfangen. von dem künig vnnd der künigin. Der herr
fraget zů stund. Wannen er gienge. vnd wo er die grossen
hab nåm. das er so kürczlich wår reych worden. die frawe
erschrack der frag hart. wann sy vorchte er künd so gåch-
lingen darüber nitt antwurten. vnd vor grossen sorgen be-
4050 gund der schweiß an jr auß bråchen. dz er über all jren leib
ab ran. Piloys sahe wol das die fraw in grossen sorgen waz
vnd sprach wer wol hoffet vnd gebeyten mag. der gelebt
auch leicht den tage daran jm sein gemůt erfreüt wirt. vnnd
lieb vnd gůt geschicht also ist mir auch geschehen. Ich bin
4055 diß tags gewesen zů sant Michel auf dem Jarmarckt. do
istt mir dise hab worden. also wer wol hoffet. dem mag auch
etwan gelingen. Do mercket die [160|7430] fraw wol. was
er darmitt mainet. vnd ward vor grossen frewden zåhern.
gieng bald an jr gewar. Pilois vermercket das wol vnd ver-
4060 stůnd das wol. sagt jr wz jr tristrant enboten het. do sy
das hort vergaß sy des laides also. ye doch was jr laid vnnd
vngemach. das sy den liebsten man. den ye fraw gewann.
so lang vermeiden vnd nit sehen solt dz wz jr zemal schwår.
aber hoffnung vnd gůt gedingen ernerten dise frauen dz sy
4065 vmb seinen willen recht fröhlich was.

4048 diser frag sehr /W.
4049 nicht darauff antworten/W.
4052 vnd warten mag /W.
4055 diß jars zu sant Michaels tage auff dem jarmarckt W.
4058 vor grossen freuden zu weinen/W.
4059 vermerckt das wol sagt ir was ir A.
4061 was ir leide das sy A.
4062 man den sy hett so lang vermeiden. A.
4064 vnd geding A. aber jr grosse hoffnung W.

⁋ Abentewr Wie herr Tristrant zů der küngin kam.
vnd wie es jm do ergienge.

*Holzschnitt: Tristrant führt das Pferd, auf dem der schlafende Thinas sitzt*

⁋ Nun hŏrent wie es fürbas ergienge. Als der may kam. nam
herr Tristrant an sich grawe klaider als ein pilgram. darzů
4070 taschen vnd stab. vnd zwen puntt schůch. mit jm sein diener
Curneual jm geleich klaidet. vnd zugen in Curnewalisch land.
Als sy nun kamen zů der burge linthanij. die herr Thinas wz.
was der herr nit anheym. Als aber sy den nitt funden.
můsten sy gedencken was in czů thůn wår. vnd wurden zerat
4075 auff dye straß zegeen. ob sy yemant såhen der herr Tristrant zů boten schicken mŏcht. Hiemit giengen sy in den
dorn. da er vnd herr Caynis vormals in gewesen warn vil
volckes zoch do wider [161 | 7468] vnd für. aber keiner was
vnder in. dem sich herr Tristrant ŏffnen dŏrst. also můsten
4080 sy dise gancze nacht in dem dorn behausen. Als es tag ward
kam sein lieber freünd her thinas. der rayt dŏrt her vnd
schlief so maist er mocht. Herr Tristrant gedacht. Jch will
dich ye nit wecken. du bist leychte heint bey deiner ameyen
gewesen vnnd schlaffest notturfftig. Er gieng dar. nam das
4085 pfård bey dem zaum. gieng ein gute weil mit jm. vnd wolt
sich der botschafte ee verzeihen. ee er jm sein schlaf bråchen
wolt. zů letst erschrack das pfård. vnd für auß dem weg.
dauon der herr erwachet. vnnd erkannt herrn Tristrant czů
stund. Sy wurden beyd fro. vnd enpfiengen aneinander mit

---

4067 vnd wie es jm do ergienge *fehlt in A*. darnach ergienge. W.
4068 Nu hŏrent wie es fürbas ergienge *fehlt in W*. wie es yn fürbas A.
4070 Also tet auch sein diener Curneual mit ym. Sy hůbent sich auff vnd zugent (in?) Curneuelische land. A.
4075 den sie zu botten schicken mŏchten. W.
4082 schlieffe. Herr Tristrant W.
4083 bey deiner lieben W. bey deiner Ameleyen A.
4085 gieng ein weilen mit A.

4090 vil freüntlichen worten. Herr Tristrant hůb an den herrn zebitten. vnd mit grosser bet begern jm aber botschaft an die küngin zů werben herr Thinas sprach das er das fleissiklich vnd gern tåt. vnd so er pest möcht. Herr tristrant sagt jm des grossen danck vnd sprach. Nym hin disen ring. vnd
4095 bringtt den der küngin zů wortzeichen meyner herkunft. vnd sag jr. das jch sy aber geren sehen wolt. Nun hab jch sorg daz dises nit wol beschehen müg. sy wöl denn selbs fleiß tůn. darmit sy den küng aber an das jaid gen blanckenland bring da sol sy mich vinden in dem dorn. do sy mich
4100 vand. als jch nachst hie was Der herr Thinas nam den ring vnnd keret damit hinweg. als er gen hoff kam. vnd die fraw vermercket vrsach seiner kunfte. auch den ring gesahe. ward sy gar inniklichen fro. [162|7538] zestund bat sy den künige jagen zů blanckenland. Der küng hyeß von stundan
4105 jågermeister vnd jåger daz gejaid zů richten. wann er alzeit willig vnd fleissig zethůn was. wes die frawe begert. Darumb rayt er bald hin wege Die fraw sprach. Auctrat sol hie beleiben vnd mit mir hin nach reyten. er wåre jr aber lieber über tausent meil gewesen. Sy was gar listig vnd gescheid.
4110 vnnd redt sölichs. das man dester mynnder argwon auß dem schnållen jaid någmen möchte. Auctrat belib bis die frau reytten wolt. do rait er mit jr. vnd dienet jr fleissiklich. als er dann vormalen allwegen gewon was. Es was aber der frawen söllich sein dienen schwåre vnnd gancze vneben. Nun
4115 het sy in der zeit als herr tristrant någchst bey jr gewesen was der bößten aine auß jrer schar der frawen verloren. Das was die getreü Brangel Darumb die frau vil klag vnd reü het. vnd geuiel das ambt so Brangel gehabt het auf Gymel von der schitryele. vnd weßten die sach nun niemandt in dem hoffe

4091 mit grossem fleiß begeren / W.
4095 zů wartzeichen (!) meiner zů kunfft A. zu warzeichen W.
4104 von stundan die yeger zůrichten A.
4105 daß sie sich zum gejåd (!) rüsten / dann er war alle zeit willig zu thon / was W. allweg willig A.
4113 er dann vormals gewon was. A.
4115 in der zeit (als Herr Tristrant nechstmals bey jr gewesen war) der W.

4120 dann Gymel vnd Peronis dye můsten auch ståts bey der
küngin sein. Als si nun kamen zů der wart bey dem dorn do
tristrant jnnen was. hieß sy das volck alls dannen reyten on
Auctrat vnd gymell die beliben bey jr.

⁋ Abentewr wie die küngin herr tristranten zůsprach.
4125 wo er sy der nachte vinden möcht.

*Holzschnitt: Jagdszene und Isalde vor dem Dornbusch*

⁋ Die frauen bejd sassen nider in dz graß vnd der laidig
Auctrat zů in das jm got geschweich. es wår jr lieb oder
[163 | 7599] laid. er seczet sich zů jr. Die frau solt nun herr
Tristranten zůspråchen. vnnd sagen wo er zů jr kommen
4130 möcht dz mocht vor dem verråter Auctrat nit geschehen.
Sy stůnde auf laß der plůmlin so bey der wart stůnden in
dem horten sy die hund zemal laut lauffen. vnd kam der
hirß her gefarn. gerichtes zů der wart. do erschrack der
frauen pfårde do es den hirß sahe so hart das es zawm vnd
4135 bryttel alles zerbrach. vnd lieff zů walde. Auctrat bald auf
sein pfård. vnd eylet disem nach. das er es wider vieng Die
küngin gieng dem dorn ein wenige nåher. vnd getorst doch
nicht gar darein noch er darauß. sy sagt mit lautten worten.
das er wol hören mocht. wo er Sj vinden vnd zů jr kommen
4140 sollt. Dann als jr vor gehört habt. das der hyrß der wart zů
gelauffen kam. bey dem doren. als aber er leüt darjnn ver-
nam erschracke er vnd kert vmb. auf ein andern weg Die
jåger hengeten nach. der küng rayt auch nach. Als der sahe

4121 *Nach* sein *Üs. in W.*: Wie
die Königin zu dem dorn
kam/vnd Herr Tristranten
zu verstehn gab/wo er zu
jr komen solte.
4124 *Keine Üs. in W.*
4126 vnd Auctrat zů yn. Die
fraw solt nun herren A.

4127 Auctrat (daß jn Gott
schend) zu jnen/es were W.
das jm *bis* zů jr *(4128)
fehlt in A.*
4133 do erschrack der frauen
pferd ab dem hirssen so
hart A.
4134 Zaum vnd zügel W.

den hirß scheühen bey dem dorn. wolt auch er besehen was
4145 darjnnen wår. Die fraw ersahe dz vnd erschrack on massen
ser. Ward laut rŭffen vnd schreyen. der hirß wåre hinweg.
Sy schrey so vast vnd souil. Das sich der künig sůchens er-
wegen můste. vnd gedacht. jr thåt das geschreye der hund.
vnd der schal der horn wee. Vnd schrey mit sambt der frauen
4150 ein still. auch kamen die hund auf die rechte wart dem hirß
nach jagent. Also hielt die frau für das herr Tristrant nit
gefangen warde. vnd der künig dem hirß nach rayt. über
vnlang kam Auctrat auch herwider. vnd het [164|7676] das
pfård gefangen. Der zürnet vast mit jm selbs. vnd klagt. er
4155 het disen tag vmb gerendt. Ee er das pfård gefangen het.
Do sprach die künigin spotlich. alls in einem schimpff. wolt
got du solltestt disen langen tag darnach gejaget haben sy
meint es aber wol mit der warheit vnd in ernst. Darmit
sassen sy auf vnd riten zů blanckenland. an die hab oder
4160 fewer stat. da herr Tristrant das nåchste mal auch bey seiner
frauen gewesen wz. der vergaß auch nicht. wohin sy in yecz
geweiset het vnd kam der selben enden. so bald dye nacht
her gieng. Wie gar freintlichen vnnd wye gar lieplichen der
von der aller schŏnesten vnnd auch von der tugenthafftesten
4165 frawen enpfangen ward vnd er jr danck sagt. da kan jch
eüch nit genůg von sagen. wann solt jch dz alls von wort
zů wort erzelen. so wurd diß bůchlin ser gelenget. vnd mir

4144 wolt er A.
4146 ward laut schreyen. A.
4147 sy schrey so laut das A. verwegen W.
4149 hŏrner W.
4151 Also verhůtet die Fraw/ daß W.
4155 disen tag vmgerennet A. biß er das W.
4159 an die hab. do A. an die Herberg oder Fewrstatt/ W.
4160 bey ir A. bey jr W.
4162 kam dahyn A.

4163 Wie gar freüntlich er von der aller schŏnsten frawen empfangen ward. vnd A. Wie gar freundlich vnd lieblich er von der aller schŏnsten vnd liebsten Frawen empfangen ward W.
4165 wie er jr danckt/W. ich nit A.
4167 diß büchlin erlengert darumb so laß ich es gleich vallen. A. sehr gelengert/ darumb laß ich es gleich fallen. W. *Starke Verkürzung in A. und W.*

158

vil sender not langest vergangen. mit schwindendem herczen
erneüern. darumb laß jchs geleich fallen. Sy heilt jm sein
4170 schleg. so er von jren wegen enpfangen vnd gedult het. das
er füran nit mer dauon klaget. noch jr in arg gedacht. vnd
ward dyse veintschaft on all schidleüt so gar freyntlich vnd
mit grosser herczenlicher lyebe verrichtet. das vor noch nach
nie pesser freünd wurden. auch ergeczt ye eins dz ander.
4175 was sy grosser sender not gehabt vnd erliten heten. Morgens
do sy sich aber scheiden mûsten. hûb sich neüe klage vnd
vngemach. vnd verwesten sich selber nichssen czû trôsten.
keyner zeit noch weil jres czû samen kommens. wye sy das
schicketend. Yedoch gab in hoffnung gûten trost. gelück
4180 wurd sy noch offt zusamen fûgen. Also schieden sich dye
lyeben beyde. mit czåherenden augen vnnd grossem schmer-
czen. Herr Tristrant der gieng trauriger hinweg sûchendt
Curneualen seinen diener. der [165|7705] enden do er in
hete lassen. vnd vand in nit. durch wellich geschicht oder
4185 wohin Curneual gangen wår ist mir nicht bescheiden noch
habe das in dieser hystori nicht funden. herr Tristrant sûcht
souer auff den tag. bys man zû hoff geessen het. das hoff-
gesinde auff saß. vnd an ein ander feür stat riten.

ℂ   Abentewr Wie es herr Tristranten ergieng. vnd wie
4190    er dauon kam.

*Holzschnitt: Tristrant beim Steinwurf*

Als es nun mittag was vnd darüber gedacht herr Tristrant
der weiß vnd kûn held. Jch sûch hie vil zelang. er ist leicht
fürgangen. der enden do wir hinweg schiffen sôlen. het jch
heüt långest dar keret wår mir besser gewesen dann nun.

| | | |
|---|---|---|
| 4171 | dauon klagt. A. | |
| 4176 | neüwe klag. vnd verwesten sich selbs keiner zeit mer zûsamen kumen. wie sy das schicken möchten. A. | |
| 4181 | mit nassen augen W. | |
| 4183 | an dem ende/W. | |
| 4185 | ist mir vnwissen/W. | |
| 4187 | so lang auff den tage/W. | |
| 4189 | *Keine Üs. in W.* | |

⁴¹⁹⁵ vnnd gieng do hin. do kam er an die feür statt da das hoffgesind lag. als aber er die leüte ersahe wolt er widerkert haben do vorchte er man het in gesehen. so mŏcht jm sein fliehen nit zů nucz kommen Sunnder mer schadens bringen. Er gedacht auch jch bin vnerkanntlich. jch will wol für sy ⁴²⁰⁰ all geen. das sy mein nit war nåmen. Also gieng er für. vnd sahe jr vyl. der etlich wurffen den stein. etlich schußen den schaft. So sprungent etlich über ein graben. aber er gieng für. als ob er jr nit såhe. Do erkannt in ein ritter seiner gůten freünd einer. der gebaret auch als ob er in nit kannt. ⁴²⁰⁵ vnd ließ in fürgeen. Als herr Tristrant für kam. ward er inniklichen fro. vnd maint das in niemant erkennt het. Aber jener ritter rayt jm nach vnd bat in still steen. er het mit jm czů reden. Das was aber herrn Tristranten nicht wol vermainet. doch rayt der ritter zů jm. vnd bat in das er ⁴²¹⁰ vmb seinen willen mit jm gieng zů der fewer statt. Herr Tristrant sprach. das wår mir nit gůt. was solt jch do thůn. Diser aber [166|7765] der bat fleissigklichen vnd empssigklichen. vnnd sprach. Dyr wyrdet nicht jch wil dych gar schone vonn dannen bringen. thů mirs zů lieb. scheüß mit ⁴²¹⁵ dem schafft. nun zů einem ainigen mal. Spring einmal über den graben. vnd würff eyn mal den stein. jch bring dich on schaden dannen. Hierzů antwurt herr Tristrant. Du hast dich nit wol bedacht. das du mich durch einen kleinen weltlichen rům ein ding heissest thůn. darumb jch den leyb ver⁴²²⁰ liesen mŏcht. Der ritter wolt nit ab lassen vnd sprach. Jch waiß das keiner vnder in allen ist. der dir in disen dingen geleichen müg. hab auch nit sorg jch bring dich on streit von in allen. Herr tristrant wolt nicht vnd sprach. du bitest tumlich. so wår jch vnweiß ob ich von sŏlichs kleins preiß

4199 yn vnerkanntlich. A.
4204 der stellet sich/W.
4212 fleissigklich vnd sprach. A.
4213 gewirrt A. dir sol nichts widerfaren/ich will W.
4217 Dar zů antwurt A.
4219 das leben verlieren W.
4222 kein sorge/wie ich dich on alle not vnd on streit von jnen bringe. W.
4223 Du bitest torlich. A. du bittest gar thŏrlich vnd vnbedacht/ich were auch nicht ein weiser Mann geheissen/so ich W.

4225 wegen gieng an die stat. do man mich vahen vnd tőten
wurde. dein gebet ist vngefůg. vnd gebürett mir nicht ze-
thůn. Darumb bit jch du erlassest mich sőllicher deiner bet.
wz herr Tristrant saget. so wolt yener riter nit ablassen. vnd
sprach. jch will dich biten das du mirs nicht mer versagen
4230 magst vnd on zweifel. mich diser meiner bete gewerest. vnd
bitt dich durch der künigin willen. bey der du dick freünd-
lichen vnd lieplichen gelegen hast. so balde der die wort
redet. gieng er mit jm. vnd tåt alles sein begeren. er gieng
schweigende dar. nam den schafft in sein hand. schosse
4235 einen so vnfůgen weitten schuß. das jr keiner. so da waren
deßgeleichen nie [167|7802] gesehen hetten. vnd giengen
durch wunder dar. zů schawen. also das ein groß gedrenng
darbey ward. die weil gieng her tristrant sprang über den
graben. einen zemal weiten sprung. vnd den keyner hinnach
4240 mochte. an dem sprung zerprach jm der graen hosen aine.
vnd sahe man scharlachen vnd wol beschlagen dardurch
scheinen. noch dann gieng er hin vnd warff den steyn.
souerr. das keiner so weitten wurff nye gesahe. von vngelück
fůget sich. das jm der grawe rock auch zerprach. dardurch
4245 man sahe scheinen guldine klaider. Als er das vermercket.
eilet er bald dannen. thet auch seinen hůt nicht ab gieng
also hinwegk in allen vnerkannt. on allein denn einem ritter
der in wider dar brachte. das verwundern so die ritter hetten.
ab sőllicher grosser sterck vnd geradikeit. gabe in souil ze-
4250 schicken das sich jr keiner versan. wie es vmb disen wunder-
lichen pilgrem gestalt wår. biß er verr hinwege was. vnd
jm gelückes vale aber eynmal daruon geholffen hett. Zů
abent als der küng zů in kam. sy jm sageten vnnd auch

4225 da man mich villeicht fan-
gen mőcht/vnd darnach
tődten würde/W.
4226 vnfůglich/W.
4227 mich solicher ding. A.
4229 jch will *bis* gewerest *(4230) fehlt in W.*
4231 freüntlich vnd lieblich ge-
legen bist. A. freundtlich
vnd lieblichen gelegen vnd
geschlaffen hast/W.
4234 stillschweigent W.
4237 das zůschawen. A.
4238 diewil sprang Herr Trist-
rant vber den Graben/W.
4243 so weit/W.
4248 dahin het bracht. W.
4253 sy ym sagten was von eim A.

161

weißten was von einem frembden pilgrem da geschehen was.
4255 nam in sere wunder. vnd gedacht in jm selbs. es het her
tristrant gethan. hier auff bate er all so bey jm waren. das
die ritten vnd giengen. auch mit allem fleiß sůchten. ob sye
in yendert funden. sy sůchten wider vnd für. in dem wald
auff vnd nyder. aber her tristrant wz wol sicher vor in. der
4260 wz nun zů seinem diener kommen. vnd riten mitt freüden
heym in sein [168| 7859] künigreich. Da er auch wol vnnd
mit grossen freüden empfangen ward. von seiner eelichen
frauwen. auch dem künig. der künigin. von seinem schwager
her cainis. vnnd aller ritterschafft. wenn aller mengklichen
4265 ħet in liebe vnd wertt.

    ℂ  Abenteür. Wie her Cainis mit der künigin Gardeloye redhafft ist worden.

*Holzschnitt: Caynis vor der Königin Gardeloye*

Nvn was ein mechtiger küng nicht verr von Careches mit
namen Nampecenis ein manlicher held. der auch dick grosse
4270 ritterschaft gethan hett. vnnd hohen preiß erworben. der
het gar ein aussermassen schöne frawen. nåmlich Gardeloye
die hett er gar jnnigklichen lieb auch in so grosser hůt. das
er ein teyl sein selbes ere mit sölcher starcker hůt ver-
krencket Vnnd doch so ein fraw selbs nicht wil. alle hůte
4275 vmbsunst ist. Nampecenis gedacht tag vnd nacht darauff.
wie er seyn frawen wol verhůten vnd versorgen möchte.
vnd schůff die maur vmb sein brugk zemal hoch mauren
vnnd weyt tieff gråben darumb machen. auch hett er zů

4255 groß wunder/W.
4261 wol enpfangen ward vnd mit grossen freüden A.
4264 vnd von der gantzen Ritterschafft/W.
4266 *Üs. in W.:* Wie Herr Caynis mit der Königin Gardeloye in freundtschafft kam/vnd wie es jm ergienge.
4268 künig verr von Careches. A.
4269 auch offt W.
4271 mit namen Gardeloye/W.
4272 in grosser hůt/W.
4276 wol verhůten möcht. A.
4277 vnd ließ die Maur W.

allen zeiten dye schlüssel selbs. vnd was auch selbs porttner.
4280 so er dann auß rait an das gejaide oder an ander enden. so
was er die schlüssel mit jm fůren. Er ließ auch weder man
noch knaben in der burg. dann allein frawen vnd junck
frawen. Diser was der nampecenis. den herren cainis vor
careches gefangen hette. wenn er forcht seiner frawen zemal
4285 hart vor jm. darumb hett er sy in sôlicher grosser hůt. das
es über die maß was. Raite er auß. so het sy nyemand von
mannen bey jr. weder jung noch altt. was er denn da heym.
so getorst sy nyemand ansehen Also fůrt die fraw ein strenn-
ger vnd beczwunger [169|7945] leben. dann ein reglerin.
4290 yedoch het sy herren cainis lieb. vnd jm gelobet ee sy Nam-
pecenis gemåhelet warde. wenn er zů jr kåme. wôlte sy in
vmbfahen. sôllich jr gelübde vermercket vnnd verstůnd der
herr vnd was jm schwåre er thet auch allenthalben deßter
grôssern fleiß. ob er sein frawen vor herr Cainis verhůtten
4295 vnd behallten môchte. Vnd wie wol er die burg mit grossem
fleisse beschloß. so mochte er in doch den wege der grossen
liebe nicht beschliessen. wenn sy heten aneinander lieb. als
wol als wåren sy ståts beyeinander gewesen. Eins tages ge-
dacht her cainis er wolt des gelück lassen walten. vnd besehen
4300 ob er zů der frawen kommen môcht. er saß auf vnd rayt
allein dar. wenn er wol weßte das Nampecenis an dem ge-
jaide was. als er dar kam. ward sein die frawe geware. wenn
sy des selben tags durch kurczweilen außgangen was. vnd
doch nit weiter dann czwischen der thore. da mochte sy in
4305 sehen vnd anreden. sy empfieng in zemal freündtlich mit
grosser liebe vnd begirlichem herczen. der held dancket jr.
mit geleichem widergelt der lieb. vnnd auch der wort. er
bat auch got fleißigklich das er den thet vellen der jm die
brugge so sere verschlossen hette. vmb das er der frawen

4280 so er dann aus rite so fürt
er die schlüssel allwegen
mit ym. A. so fůret er die
Schlüssel mit jm. W.
4289 dann ein Closterfraw/W.
4290 vnd gelobet ym ee sy A. jm
verheissen (ehe sie Nam-
pecenis vermåhelt ward)
wenn W.
4292 verstond vnd merckt A.
4296 den wege der lieb A.
4297 beieinander. A.
4300 zů ir A.
4308 die Burg W.

4310 sein bottschaffte. darumb er dar kommen was. der enden nicht gesagen mocht. als er dann geren gethan hette. doch sprach er. jch nåme mir zůgrossem heyl ob die andern frauwen ein wienig auff ein ortt giengen. seyd mir doch nit mer werden mage. das jch euch meinen willen ein kleine
4315 gesagen mŏchte. Dye fraw hieß die andern junckfrawen auf ein ortt geen. das geschahe. da mochten sy nun wol miteinander reden vnnd er sprachen. Do hůb her cainis an vnd vermanet sy der gelübde. so sy nun [170| 7990] gethan hett. ee vnd sy vermåhelt ward. Auch wie sy im auß seinem ge-
4320 můte nye kommen wåre. Hierauf bat er die frauwen mit grosser bete in des genyessen lassen. Sy antwurtet vnd sprach. Her cainis du warst vnd bis mir lieb. des lawgen jch nit. dann das es der selben zeit nit gesein mocht. jch hett deinen willen geren gethan vnd auch volpracht. habe auch
4325 dessebelbigen noch mŭt zethŭn vnd volpringen. wa das mit gůtem fůge gesein mŏcht. vnd das am basten stat mŏcht haben. Nun sihestu wol wie es mir stet vnd gar hart jch verschlossen vnd verhůtet bin. yedoch gundt jch dir wol ob du dz also geschaffen mŏchtest. das du zů mir mŏchtest
4330 kommen. dann wie vast er mich in hůtt hat. so steet mein gemůt also fast zů dir. das jch deinen willen thů. wann du zů mir kommest vnd das gesein mag. Her Cainis ward fro vnnd dancket der frawen sere. vnd schied hinwegk.

4310 kumen was nit mocht gesagen. A. an dem ort nit sagen mocht/W.
4314 willen ein wenig sagen A. W.
3417 Er hůb an vnd A. vnd sich ersprachen. Da fieng Herr Caynis an/W.
4318 der verheissung/W. so sy ym het getone ee A.
4323 es mocht aber zur selben zeit nit gesein/W.
4325 mŭt zeton wo es sich schickt vnd mit fůg mŏchte gesein. Nun sichst du A.
4329 kemest. A.

℄ Abenteür. Wie her Tristrant her Cainis riet schlüssel
4335   zemachen.

Her Cainis gewan nun manigen gedanck. wie er mit fůge zů
seiner allerliebsten frauwen kommen mȯchte. vnd keret allen
fleiß für. er fandt aber nicht in seiner vernunfft. dardurch
in beyden geholfen wurde. da saget er es seinem schwager
4340   her tristranden bat den vast das er jm riet wie er mit fůg
zů seiner frawen kommen mȯchte. Her tristrant vermercket
eben. der frawen freüntlich erbieten vnnd gůten willen. auch
darbey die grossen hůtt darinnen sy was. vnnd sprach mich
bedunckt nicht besser. dann das du dein frawen bittest das
4345   sy die schlüssel [171|8043] abdrucke in wachs. vnnd dir das
selb wachs her auß werff über den graben. nach dem selben
wachs laß dir die schlüssel machen So magst du die brug
selb entschliessen Auch auß vnd ein kommen. als offte dir
das gelück fůget. Her cainis warde des rates fro. rit kurcz-
4350   lich wider dar. vnd kam da er mit seiner frauen über den
graben reden mocht. vnd saget jr auch von dem wachs. vnd
all sein fürnemen. Der frawen geuiel der ratt wol. vnd globet
jm das wachs czů wegen bringen. doch fraget sy. wenn er
das holen wȯlte. Er saget. auff den schiersten montag. In
4355   der zeit bracht sy das wachs zů wegen. mit hilff jrer junck-
frawen drey. die auch vmb disen rat westen. her cainis kam
dar. als er geredt het. vnd jm ward das wachs bereyt. über
den graben geworffen. des er hoch erfreüwet ward. dancket
der frawen zemal fleissig. vnnd keret wider dannen wenn
4360   dise zeit jm nicht verhenget dz er mer geredt het. vnd rait

| | | |
|---|---|---|
| 4334 | *Keine Üs. in W.* | |
| 4336 | gewan manigen A. | |
| 4337 | keme. A. | |
| 4338 | dar durch yn mȯchte ge- holffen werden. A. | |
| 4340 | bat jn sehr/W. | |
| 4341 | zů seiner liebhaberin A. | |
| 4344 | das du sy A. | |
| 4346 | dar nach laß dir A. | |
| 4347 | die burg *bis* Auch *(4348) fehlt in A.* | |
| 4348 | auff schliessen/W. | |
| 4352 | Jr gefiel der rat A. vnd ver- hiesse jm W. | |
| 4354 | auff den nechsten Montag. W. | |
| 4355 | dreyer irer iungkfrawen A. | |
| 4358 | dancket ir zůmal A. | |

eylent mit vil vmbsehen als die flüchtigen. Als er nun heym
kam. versůchet er sein heil an alle die schmid. so jm bekannt
waren. vnnd fand vnder in allen keinen der sichs vnder
winden wolt. das er ser betrůbt warde vnd gancz vngemůt.
4365 vnd empfiel jm all sein freüd. het auch verhoffet. das jm
durch disen rat nymer geholffen wurde doch saget er seinem
gesellen. wie er gehandelt het. vnd jm das alles vmbsunst
wåre. Her tristrant sprach. jch habe einen schmid mit mir
bracht über mŏr. der ist hie in diser stat. waiß jch wol er
4370 kan dir es machen. vnd tůt das vmb mein willen Der schmid
ward besannt. [172| 8115] als der kame nam in her tristrant
an ein geheym weiset jm das wachs. vnd bat in die schlüssel
zemachen. der schmid ward lachen vnd sprach. Herr was
wŏlt jr mit disen schlüsseln thůn. wŏlt jr stelen. so hilff
4375 noch mach jch der nicht. Her Cainis verantwurt dise red
vnd sprach Růch wz wir thůn damit. dann jch gelob dir
fürwar machst du die schlüssel gůt vnd gerecht das du des
ymmer geniessen solt. der schmid vermaß sich des zetůn.
do wart her cainis wider erfrewt. vnd hofft sein sach noch
4380 zů gůtem kommen. vnnd saget des groß genade seinem ge-
sellen herren Tristranden.

4361 eilent dannen A. als die
flüchtigen tůnde. A.
4364 betrůbt ward vnd enpfiel A.
gantz vnmůtig / W.
4366 seinem Schwager / wie W.
4367 hette. das wer alles vmb
sunst. A.
4369 stat. der kane dir A.
4374 wŏlt ir stelen. ich mache ir
nit. A.
4375 die Schlüssel nit. Herr
Caynis antwort vnd sprach/
W.
4376 Da frage du nicht nach was
wir damit thůn W.
ich verspriche W.
4378 vnderstůnd sich W.
4380 zu gůtem zu bringen / vnd
sagt Herrn Tristrant seinem
Gesellen grossen danck. W.
vnnd *bis* Tristranten *(4381)*
*fehlt in A.*

℄ Abenteür. Wie herren tristrant botschafft kam. das sein vater tod wår. vnd das er solt heym ziehen. vnd das lant einnemen.

4385 Als dicz ding verschriben verhandelt vnd geschehen wz. kam ein bot von johnoys herren tristranden sagen. das sein vatter von todes wegen abgangen vnd verscheiden wåre. vnd stůnd vast übel in dem reich. wenn ettlich fürsten wolten nur mit gewalt künig sein. darwider waren etlich sein freünd.
4390 vnd der mererteil der landtschafft. darumb so thet grosse nott dz er heym zuge. das er das landt selbs einneme vnd regnieret. Als er sôliche botschaffte vernam. sprach er zů curneual. Du hast mir manig jar fleissig vnd wol gedienet. so habe jch nun ein aigen künigreich darmit jch dich will
4395 belonen. vnd bin fro das jch dich deiner trewen dienst belonen mage. darumb gibe jch dir mein künigreich johnoys gancz zů aigen. daz du [173|8158] füran gewaltiger küng vnd herr seyest in disem küngkreich. Curneual sprach genad lieber herr her tristrant got sol vnd můß euch ymmer be-
4400 lonen. das jr mir als gůt willig vnd genådig seyt das jr mich also ersamklichen fürsehen woltend. aber mir gezimt nicht eur kron vnd wil der auch nicht. Der herr sprach. warumb wilt du der nicht. so jch dir der vergunn. Herr sy geczimpt euch bas dann mir. mir gebüret nicht künig czů sein. vnnd
4405 kan sein auch nicht. das laß von. es lernet dich mein lantschafft wol. Herr jch nymme der nicht. auch wår ewer lantschafft nit lieb. das die jre lehen von mir empfahen. vnnd mir dienen solten. sy sôllen von recht euch dienen. jrem rechten erbherren. Wôlt aber jr mir lieb thůn vnd wol
4410 belonen. so kommbt selbs dar. richtet eur künigreich mit

| | |
|---|---|
| 4385 Dieweil alle dise sachen W. Alß diß ding verhandelt vnd geschehen was. A. | 4397 künig seyest Curneual sprach. Gnad herr. got der lon eüch das ir mir so gnedig seyent Aber A. |
| 4387 vater verschyden wer. A. mit todt abgangen vnd verscheiden were/W. | 4404 euch besser W. ein Kŏnig W. |
| 4392 regieret. W. | 4406 ich nimm jr W. |
| 4396 mein künigkreich gantz A. | 4409 lieb tůn. so kumbt A. |

gewalltiger hanndt vmb alles darinnen geschehen. vnd leihet eur lehen vnd landt selbs. wőllt jr mir dann leihen ein pfleg oder ein ampt. damit jch mich betrage. wil jch geren auffnemen. aber der kron vnnd des reiches will jch nicht. vnnd
4415 so jr ewer sach also schicket vnnd ewer künigreych nach notturfft versechet wőlt jr dann. so schicket nach meiner frawen ewr gemahel vnd waltet eurs küngreichs selbs. ob jr aber nach jr ziehen wolt. was mir dann wirdt beuolhen die weil zethůn. biß auff ewr wider kunfft. wil jch geren
4420 vnd fleissigklich verpringen. main auch. so ewer lanndtschafft. sőlich ewer fürnemen vnd willen versteen werdent. das in sőlliches auch wol gemaint seye vnd thůn. was jr gepietet. das bedunckt mich euch der ganczen landschaffte vnnd mir das nuczlichest sein.

4425 ℭ  Abenteür. Wie her tristrant in Curnewalisch zoch. ee er heym gen johnoys rait. vnnd das küngkreich einnam. auch wie es jm ergienng. ee er wider auß dem land kam.

*Holzschnitt: Auctrat schleudert den Sper gegen die im Boot stehenden Tristrant und Curneual*

Herrn tristrant geuiel der ratt wol. vnd schicket sich darnach
4430 zů lant zefaren. doch wz jm schwår. das er hinwegk [174| 8208] cziehen solt. die küngin vor nit sehen. vnd maint er möcht den tag seins dannen scheyden nymmer überwinnden. dicz leget er curneualen klåglichen für. bate den mit

| | | | |
|---|---|---|---|
| 4417 | vnd wartet eweres W. | | auch angenehm sein werde / W. |
| 4419 | das wil ich gern thon vnd fleissigklich verbringen/W. | 4425 | Keine Üs. in W. In A. Üs. erst nach 4434 |
| 4420 | gern volbringen. A. | 4432 | hynscheydens A. |
| 4421 | fürnemen versteen A. verstehn werden/vnd was jr gepietten/daß jnen solchs | 4433 | bat den mit ym zefaren. vnd sprach. A. |

grosser bete. das er mit jm darfůr. vnd sprach. so jch dein
nu nymmer bey mir hab. so waiß jch nit. wie oder wa jch
zů dir kommen můge. vnd mag leicht geschehen. jch sehe
jr nymermer. darumb bit jch. verzeich mich nicht. vnd far
mit mir dar. Curneual der williget darczů. wenn er seines
herren gebete vnd gebot nye verachtet. Her Tristrant saget
sein dannen keren seinen schwager her cainis. bate den mit
fleiß dar ob czesein. das seiner ritterschafft vnnd diener. sich
die weil schicketen vnd bereiten. auff das herrlichost mit jm
zů landt faren. hiermit hůben sich die zwen. herr tristrant
vnd curneual auß dem lant vnd beklaideten sich als zwen
farent mann. oder spilleüt. in kurcz graw rŏcke vnnd kurcz
rot kappen den waren dye czotten von gelbem fritschal. dicz
ist ein besunder kostlich tůch. das nur mǎchtig herren tragen.
Sy eileten bald wegk vnd liessen sich nicht geren auff der
straß vinden. kamen mit grosser eyl geen Lythoni vnd van-
den herren Thinas anheym. er warde zemal fro embote der
künigin. das er aber kommen wǎr sy zů sehen vnd mit jr
reden. das solt geschehen in dem baumgarten bey der linden.
darauf in der künig einst gewartet het. herr Thinas rayt
hinwege der küngin sagent die botschaft. der sy hoch er-
freüt ward. als die nacht kam. Kam auch herr tristrant an
die verzilt stat. dye küngin gieng zů jm. in enpfahen mit vil
[175| 8254] freüntlichen worten vnd lieblichem vmbfahen.
beliben die nacht bej einander. mit kurczer ergeczlicheit
vnd schnellem abschid. so aber von jm geschahe. mit grossem
laide. vnd traurikeit. wann es in gar vil czů frů wz. vnd můst
doch ye sein. Die küngin beualhe in got. in sein hůt. vnd
gieng mit betrůbtem herczen wider in jren gemache. Herr

4434 *Nach* sprach *Üs. in A.*: Wie Herr Tristrant in Curnewelisch lant fůr vnd darnach gen Johnoys reit vnd das einname.
4436 zu jr komen W.
4443 Hiermit hůb sich Curneual vnd Tristrant aus dem land. A.
4445 Landfarer oder W. vnd rot kapen mit gelben zoten. Sy eilten A.
4447 besonder gůt thůch/W.
4462 in jr schlaff kammer. W. *Nach* gemache *Üs. in W.*: Wie Auctrat Herrn Tristranten nachjaget/vnd wie er daruon kame. Als Herr

Tristrant vnd sein gesell eilten auch dannen. kamen so verr. dz sy mainten. sy wårn ernert. vnd in niemant nach jagt Do
4465 sant der bôß geist seinen diener Auctrat dar. do er herr Tristranten sahe. begund er zehand eylen vnd jagen als starcke er was. Herr Tristrant het kein wôr bey jm. vnd mûst fliehen. wie vngern er das thåt. Aber Auctrat jagt seinem veter nach. mit schwert vnd sper. so gar kreftiklich. das herr tristrant
4470 gar kaum emplohe. vnd kam an ein kleines wasser. es was aber gar schnåll vnd tieff. er vande ein schiflin bey dem gestat darein lief er vnd Curneual. Sy stiessen von lande wie sy mochten. wann sy heten weder rûder noch schalten. Auctrat rayt schnåll nach. gedacht in allweg wie er in ge-
4475 fahen oder erschlagen môcht. vnd kund jm doch auf dem wasser nit zů kommen da nam er sein sper. vermaint herr Tristranten darmit durchschiessen. vnd schoß jm das mit ganczen krefften gar neidiklich zů. aber er vermißt des kůnen helden. Vnd schoß in das schiflin. dz der schaft in zwey zer-
4480 brach. Sy namen die stuck. schiffeten darmit über das wasser. vnd kam in zů grossem glück. das in zů dem tod gemainet was. vnd fůren [176| 8312] on alle jrrung do sy sicher warn. Do aber der laidig Auctrat das sahe. vnd das er nichssen mer geschaffen môcht. Ward jm vngemach vnd zorn. Schicket
4485 bald zů dem künig. hyeß dem sagen. Tristrant wår jm land. hett die küngin gesehen. vnd in betrogen. auch wie er jm zůkommen. vnd yener geflohen vnd hinkommen wår. Als

Tristrant wider zu seinem diener kam/eylten sie auch von dannen/vnd W.
4464 weren sicher W. vnd in niemant nach jagt *fehlt in A.* do sendet der teüfel A.
4466 zů hande eilen als starck A.
4469 mit schwert vnd sper *fehlt in A.* mit schwert vnd spieß/W.
4474 gedacht in allweg wie er yn vmprechte. A.
4475 im wasser A.
4476 seinen spieß/W.
4478 er verfehlet W.

4479 vnd traff das schiflin A. entzwey A. in zwey stück W.
4480 sy namen die stuck schifften damit über. das wasser vnd kamen on alle irrung do sy sicher warent. A.
4484 ward er vnmůtig vnd vol zorens. A. ward er gar zornig/W.
4486 die Königin gesehen vnd betrogen/auch wie er jn antroffen hette/W.
4487 daruon komen wer. W.

der künig das hôret. Machet er sich auff mitt allem volck.
so er het. vnd eylet nach czů sůchen. ob man in yendert
4490 vinden môcht Er gebot allen sůchenden. als lieb in leib vnd
leben wåre. das sy sůcheten auf all strassen. auch nicht
dannen kåmen bys Tristrant gefangen oder erschlagen wåre.
Er sůchet auch des selbigen tages selber. vnd gebot herrn
Thinas der hůtte selbs pflegen. bey seiner burg Lythoni. der
4495 das zemal gern thåt. vnnd gar mitt gůttem fleyß. Wann er
wol gedacht herr Tristrant wurde in aber heym sůchen. Er
rayt aller allein auff dye straß oder wege zů seiner burg.
vnnd vande allda herrn Tristrant der was gelauffen berg
vnd tal. bis das er zů der burg kam. herr Thinas thåt
4500 seiner treü genůg. vienge in vnd fůrt in mitt jm in sein burg.
vnd beualhe in seiner frauen. gebot jr bey jrem leben das
sy in hielt in sôllicher geheym das in niemant hôret noch
såhe. Auch das sy sein mit fleiß selbs pflåg. deßgeleichen
seiner diener sambt jm. Die frawe was des vast willig vnd
4505 fro. das sy jm sein leib vnd leben so leicht behalten môchte.
Also geschahe herrn Tristrantt in dieser vancknuß alles
gůt. was jm auch nůczer dann alle küngreich. vnd belibe
also do. bis man überal versůchte.

4496 daheim suchen. W. Er rit auff die strasse hyn weg zů seiner burgk. A.
4502 geheim hielt/daß sein niemand gewar würd/W.
4504 mit jme. W.
4506 Also geschahe Herrn Tristranten alles gůts/war jm auch nůtzer W.
4507 vnd belib also do biß man hynweg kam. A.
4508 ersuchet. W.

⁕ Abentewr mit wellichen listen dye küngin herr [177/
8363] Tristrant zů hilff kam. das man nicht mer
nach sůchet.

*Holzschnitt: Die zwei Gedungenen erhalten von Isalde die
Kleider*

⁕ Nun lassen wir herr Tristrant do růwen ein weil. der ist
nun wol genesen. vnd zeücht on alle jrrung. do er zetůn
hatt. vnd sagen von der küngin. die zemal ser betrůbt vnd
in grossen ångstlichen sorgen ist. wann jr ward von wort zů
worte gesagt. herr Tristrancz nach jagen vnd auch sein hin-
kommen. do aber als volcke gemeinklich sůchen ward. het
sy keyn hoffnung seins hinkommens. sunder er wurde gefangen.
vnd von jren wegen sterben das gab jr vrsach zů sőllicher
vnmåssiger klag. das sy vil lieber mit jm wolte sterben. dann
on leben. weil sy also saß überladen vnd vertiefft in der
grossen herczenlichen klag. giengen zů jr kemnaten zwen
vnbekannt farent man. die hetten verspilt was sy vmb vnd
an gehabt heten darumb giengen sy zů der frauen. sy byten
vmb gab. Do die frau sahe. jr groß nott vnd armůt. gedacht
sy listiklich herr tristranten mit disen knechten. auß seinen
nőten helffen. vnd bey leben behalten. vnd viel ir zů. das sy
sich in wolt offenbaren doch fragt sy vor wer oder von wan-
nen sy wårn. Sy sagten sy wårn zwen farendtt man. vnd
heten sich also verspilt. der ein hieß hawbt. der ander blat.
vnd kamen aller erst des tags in dise stat. Der küngin was
nit wol lenger zeschweigen. Wolt sy anderst herrn Tristrant

4509 *Keine Üs. in W.*
4512 *Der Abschnitt beginnt in W.:*
Dieweil aber Herr Tristrant
also verborgen lage/war die
Kőnigin in grossen ångst-
lichen sorgen/dann es war-
de jr Herrn Tristrants nach-
jagen vnd sein hinkomen
von wort zu wort gesagt/
*(4517) W. In diesem Teil*
*weitgehende Änderungen in
W.*
4521 on yn leben. A.
4522 kamen zwen vnbekante
Landfarer zu jrer Kammer/
W.
4525 vmb etwas W.
4526 listigklichen. A.
4529 zwen Landfarer/W. zwen
fremd mann. A.

zů hilff kommen. Die sprach Lieben gesellen. getörst jch mich an eüch lassen. vnd meinen wyllen ein zethůn. des
4535 jch eüch gar freüntlichen bitten. vnd wol belonen will. also das jr ymmer von armůt gefreyet werden. [178|8388] Die zwen gelobten ir. mit hantgeben treüen. das sy das gewißlich vnd geren thůn wolten. Do hůb die frawe an zesagen vnd klagen wie jr sach geschaffen wårn. Das herr Tristrant in
4540 dem lande wår. Wie der künig des wår worden jnnen. vnd jm der nach stellet. Nun wår nicht mynnder. wurd er ergriffen. er můste sterben. Darumb lieben gesellen. tůtt so wol. geet auf die weg. als ob jr flichtige geet. vnd wer eüch zů kumm. den laßset eüch vahen. es ist eüch sicher in aller
4545 warheit on schaden ewrem leib vnd leben. Jr behalten aber mir dardurch seynen leib. Do mainet sy herr Tristranten. vnd mir mein ere. vnd jr werdend darumb reych. Als jch eüch gelobt hab. dyse zwen. Hawbt vnd Blat. gelobeten jr zů dem andern mal. dyse sach gar gancz getrewlichen auß-
4550 richten vnd sorgten nit anderst. dann zů lang verziehen. Vnnd wurden nun zespat kommen. Die küngin sprach. Nain es ist noch frů. vnd kommt wol recht. Hierauf baten sy die frauen zesagen. wie sy sich in den sachen halten. vnd was sy thůn solten. Die frau sprache. lieben gesellen. jch will
4555 eüch klaider geben vnd kappen. die ziehent an vnnd geet geleich. als ob jr auß dem land wölt wann die klaider vnd kappen seind geleich. als die herr Tristrants. darumb kåme man eüch zů. so laßt eüch vahen. vnd besteet krefftiklich darauf. Herr Tristrant sey eür herr. vnd hab eüch geschicket
4560 in sein küngreich johnois. wann sein vatter mit tod abgangen sey. vnd seyne freünd haben weren vmb das küngreyche.

| | | | |
|---|---|---|---|
| 4535 | freüntlich bit vnd wol belonen will A. | 4548 | euch verheissen W. Die zwen globten A. |
| 4536 | daß jr wol von W. von armůt erledigt wert. A. | 4552 | noch recht. A. |
| 4537 | das tůn wölten. A. | 4555 | eüch geben kappen vnd kleider A. |
| 4538 | zůsagen wie A. | | |
| 4543 | als ob jr flüchtig werent/W. | 4557 | gleich wie die/so Herr Tristrant an tregt/W. |
| 4546 | seinen leib vnd mir mein ere. A. Leib (da meint sie Herr Tristranten) vnd W. | 4560 | in sein künigkreich wann A. |
| | | 4561 | haben jrrung W. |

173

Nun sey er selbs noch zů Carechs. aber er werd mit dreitausent helm kurczlich hernach kommen. Sagt auch dobej wie eüch leib vnd leben hie jm [179|8435] land gar nahent
4565 genommen wårn durch sõllich geschichte herrn Tristrant geschehen. ditz sagt sy in alles aigentlich. vnd hyeß sy das warlich sagen. in aller form. als ob es in geschehen wår. Sy benannt in auch die zeit als es geschehen wz. auch das wasser. vnd all ander artickel. fliehents vnd hinkommens. vnd
4570 wie jr seind mitt flüchten. in dem land geet. bis man ewch doch gefangen hab. Ob es aber also kåme. dz man eüren yetwedern besunder fragen wurd. so besteet stercklich auf einer red. laßt eüch weder mit dro noch gabe darzů bringen. das jr mit worten wenckent. anderst denn jch gesagt hab.
4575 Wurdend jr aber mit worten fellig also daz einer nit sagt als der ander. so můßt jr gewißlich sterben. darumb haltend mein red. vnnd helfft mir vnd eüch selber.

⁋ Hiermit gab sy in klaider vnd kappen vnd schickt sy hinweg. sy giengen vnlange sy wurden gefangen. vnd Auctrat
4580 brachte sy gen hoff. vnd fragt die nach aller notturfft. Sy sagten offenbar als die küngin sy sagen hieß. Auctrat der fürstt aller boßheit. ließ es darbey nit. sunder teylet er die von einander. vnd fraget yegklichen besunder. vnd sprach zů dem einem. dich hilfft nicht deyn listikeit jch weiß wol
4585 wer du bist. auch das du vnrechte gsagt hast. jch sag aber dir fürwar. mein herr ist so gar erzürnet wider dich. dz du darumb můst sterben. oder aber die warheit sagen. der gefangen sprach. Mir geschehe wol oder wee. so mag jch nit annderst sagen mit warheit. er wõl dann lug mår der sag

4565 durch solich geschicht Diß sagt A. durch solch geschicht wie es zuuor Herrn Tristranten geschehen/W.
4567 Sy benannt *bis* wasser *(4568) fehlt in A.*
4569 hinkomens/vnd sprach/ saget auch wie jr seidt W.
4572 so steent starck A. so bestehnt stetigklich W.

4573 weder mit drõwen noch mit nichten W.
4577 vnd helfft vnd eüch selber. A.
4578 die klaider vnd schickts A.
4579 nit lang/W.
4581 sagten als sy die künigin A. Auctrat der liesse A.
4582 thet sie von einander/W.

4590 jch jm souil er will. Alls er nun dann erlernet het. vnd nicht
an jm anderst [180|8510] vande dann vor. ließ er in ledige
nam den andern auch auf ein ort vnd sprach mit grosser
listikeit. wie ist dir nun du meinen herrn gelogen. vnd dich
selber betrogen hast. Nun můstu on zweyfel darumb sterben.
4595 vnd hat dir des nitt not gethan. hetest du die warheitt ge-
saget als dein gesell. So mȯchtestu deyn leben auch behalten
haben. Diser sprach Sagt er dann anderst dann jch. Ja er
saget anderst. Des scham er sich in sein hercze. Warumb
wolt er sichs schȧme. darumb das er gelogen hat. O sprache
4600 Auctrat. Wie hȯrt du bist. das du nicht anderst sagen wild.
Wȯld jr dann die warheyt haben. Ja. Dye hab jch vor ge-
sagt Nain es ist annderst darumb kommen.
Nain auff mein aid. Wȯlt jr aber dz jch offenlich vor allem
volck lieg vnd betriege. dz tů jch auch. ob es eüch anderst
4605 lieb ist. Er sprach. jch will nit dann die warheyt. Die hab
jch eüch auch gesagt. vnd wißt das selbs. als wol als jch.
Aller erste ließ er in ledig. vnnd sprach czů dem künig. die
zwen gesellen. haben war vnd recht gesaget. Wann die dye
jch Jagett trůgent auch sȯlliche klaider vnnd kappen. vnnd
4610 darumb das sy also behendigklich vnnd schnȧllichen fluhen.
mainett jch es wȧre herr Tristrant. Zů stunden schůff der
künig die hůt ab. wann er het allweg verhůten lassen. vnd
ließ die güten gesellen geen. wa sy wolten. Herr tinas rayt
auch heym. vnd half herr Tristrant wider heym zů land.
4615 aber die zwen gesellen hawbt vnd blat kamen verholen zů
der küngin. jr sagen dise geschicht darumb sy enpfiengen
grosse gab vnnd miet. als sy in [181|8553] versprochen het.
vnd schiden damit vom lande.

4603 das ich offenlich liege vnd betrieg das tů ich vor allem volk ob es eüch anders lieb ist. A.
4611 Da der König das hȯret/ schafft er die hůt widerumb ab/W.
4612 wann er *bis* lassen *fehlt in* A.
4613 die gesellen gen. A.
4614 widerumb auß dem land W.
4615 Aber die zwen gesellen kament bald verholen. A. kamen heimlich W.
4616 darumb sy gab empfiengent als yn versprochen was. vnd schyden von land A.

175

Abentewr wie herr Tristrant gen johnois zoch. vnd wie graff Ryolin dye weil das land Carechs aber verhergett vnnd verwůstet.

Als aber herr Tristrant gen carechs kam nam er zů jm dreütausent man. vnd fůr damit in sein aigen land. als er dar kam auch sein lantschaft alle zů hof. vnd erbuten im grosse ere. do richtet er all wǒren vnd vnfrid. auch wz vngebürlichs seinem land was. ward alles außgereitet. er belib bej in mer dann zwei jar. darnach ward er zů rat heym zů ziehen. do beualhe er Curneualen die kron. auch leüt vnd land. befalhe auch aller mengklich. daz sy Curneualn vndertånig wåren als jrem rechten herrn. Hiemit belonet er jm seiner getreüen dienst. Curnewal tåt dicz vngern. doch nam er dz mit grosser danckbarkeit von seinem herrn auf der vrlaubet sich von seinem volck. vnd fůr wider gen Carechs. In der zeit waren schweher vnd schwiger tod. vnd herr Caynis het vil vrleügs. wann graff Ryolin het in aber bestanden. vnd grossen schaden gethan. Herr Caynis ward auß der massen fro. do herr Tristrant kam. desgeleichen sein gemahel. und do er hort das herr Caynis so grossen schaden an lewtt vnd land genommen het. Schraib er auß vmb hilff. als weit das land was. Dar kam maniger stolczer weigant. mit den Rüst er sich auff. vnd ward graff Ryolin aber bezwungen. er vnd all sein freynde. die můsten alle schuld bezalen. vnnd hǒrtiklich bůssen. [182|8600] was sy herrn Caynis ye gethåten.

4619 Wie graff Ryol vachte vnd Careches betzwange. Vnd wie herr Tristrant gen Johnoys kam. A.
4621 verderbet W.
4622 Als er dar kame. kam auch sein A.
4625 allen vnfrid. A. alle krieg vnd vnfriden/W.
4627 zu rhat wider zu seinem Schweher zu ziehen/W.
4630 rechten Erbherren. W.
4632 der name vrlaub von seinem volck/W.
4633 waren jm sein Schweher vnd Schwiger gestorben/W.
4634 vil kriegs W.
4635 aber grossen schaden geton. A. aber vberzogen/W.
4639 schrib er vmb hilff. aus in sein lannd. A.
4640 stolczer Mann/mit disen rüstet er sich zum streit/W.

Herr Tristrant thåt großsen schaden in graff Ryolins land.
4645 mitt brannt vnd sturm. Nun was jm noch ein stat vor ge-
standen. zů der kert er. vnd gewan die mit gewalt. bis on
ein turn. den wolten sy nit geben. Herr Tristrantt ward ser
erzürnet. vnd gieng mit gwalte an czesturmen. Er tröstet sich
seyner kůnheit. vnd sturmet parhaubt. vnd het den helm
4650 von jm getan. er ward geworfen mit eim stein. das man in
für tod dannen trůg. herr Caynis ward des sere betrůbet. vnd
dardurch erwegt zů grymmigem zorn. vnd gewan den thurn
mit gewalt. er erhieng vnd ertötet auch alles wz er lebentig
darjnn fand. vnd můßten den wurff so sy gethan heten mitt
4655 dem tode bezalen. Herr Tristrant aber lage do on alle macht
vnredent vnnd vnhörent. der ward nun heym gefůrt mit
grossem jamer vnd klagen. vnd maint niemant das er ge-
nesen möcht. herr Caynis klagt ser. weinet mit herczen vnd
augen. vnd sprach. sol er diser wunden so er von meinen
4660 wegen enpfangen hat sterben. so überwind jch den tag nim-
mer mer. also redeten auch all sein man ritter vnd knechte.
auch aller menklich. Herr Caynis schickt zestund vmb
årczt. die in punden vnd heyleten. yedoch wz er mer dann
eyn jar. das er sich nit wol vermocht vnnd ståtiklich vn-
4665 gesund wz. als aber er warde da. das er wider reitten mocht.
rait er eins tags an die baiß. vnd nam mit jm einen knaben
het er mit jm dar bracht auß seym land johnois der wz jm
gefreünt. herr Tristrant het seiner schön vil verlorn. vnd wer
in vor kennt het den wz er worden vnbekannt. Als er also
4670 rayt [183|8660] kam er zů dem see. der do flewsset in das
Curnewalisch land. dar gegen kert er sich vnd språche hålin-

4650 yn tod dannen A.
4653 ertöt alle die darinn waren A.
4654 heten betzalen. A.
4656 vnredent vnd vngehörent. A.
4658 weinende mit hertzen vnd augen. A.
4659 wunden (so er von meinent wegen entpfangen hat) sterben/W.
4660 tag nymer. Allso A.
4661 knechte. auch sunst yederman. A.
4664 stets A.
4666 an das geyeg A. eines tages beitzen/W.
4667 seinem lande der A.
4669 vnerkannt. A.
4670 See/darauff man in Curnewelisch land feret/W.

gen bey jm selbs. O wie liebe künigin. sol jch dich nimmer
mer gesehen. Antwurt er jm selbs. Ach nain wye künde das
ymmer geschehen. als wolt er reden Jch hab niemant mer.
4675 der mir darzů helf oder rat. Das kind oder knab sprach.
warumb soltu sy nicht sehen. wann es hette die red erhŏrt.
so er gethan het. Herr tristrant sprach. Freünd. es mag
nymmer gesein. Es mag wol sein. Du solt dichs so gar nit
verzeihen. Ach es kan noch mage nimmer gesein. Ey lieber
4680 vetter so sage doch warumb. Das will jch dir sagen Do jch
aller nåchst bey jr wz. do warde jch geoffenbaret. jch wår
auch lebentige nimmer dannen kommen. dann das gelücke
mir dannen half. durch einen meinen gůten freünd. der mich
bey jm behielt bys man überal versůchet. Desselben mals
4685 kam jch selbs an der zefůssen dar gangen alls zwen gartzen.
auch bin jch wol dar kommen als ein pilgrem. vnd in manig
ander weise. noch dann ward jch alle mal verspehet vnd ge-
offenbaret. darumb so mag es nymer gesein. auch ist die hůtt
zů groß damit sy verhůtet ist. vnnd sihe jr laider mit meinen
4690 augen nymermer. Aber het jch Curneualen meinen getreüwen
diener noch bey mir. der ist der lüstige vnd gåbe mir leicht
rat. damit jch noch in geheym zů jr kommen mŏcht.

4672 O wee A.
4674 ymmer gesein. A.
4675 Der knab sprach zů ym. A.
    Der Knab sprach/W.
4676 sŏlt ir A.
4677 die Tristrant geton het. A.
    Ach freünd A.
4678 ir sŏlt eüch A.
4679 kan oder mag A.
4681 das nechste mal W.
4684 gesuchet. Desselben W.
4685 als ein gartz. A. als zwen
    Spilmenner/W.
4689 verhůt wirt. A.
4691 der ist so listig/W. ist
    listig A.

❬ Abenteür. Wie her tristrant zů der künigin kam. in [184/8695] einem narren küttel. vnd wie es jm er-
4695 gienge.

❬ Der knab sprach. vetter du magst sy nye so woll nach deinem willen gesehen haben. du mügest sy nun bas gesehen. Her tristrant fraget wie. antwurt der knabe Du bist anders geschafen denn du vormalen gewesen bist. auch ist dir deyn
4700 hare abgeschoren. vnd wer dich erkennt hat dem bistu nun vnerkannt du werst jm denn genennet. darumb leg an ein narren gugel. vnd gebar als ein narr. so komestu mit deiner listikeit wol zů jr. auch mainend die hůter nit anders denn du seist ein narr vnd haben kein mercken auf dich. her tri-
4705 strant ward ser lachen. kusset den knaben vor freüden. vnd sprach. Nun můßs dir gott lonen lieber vetter deins getrewen rats. vnd will dir ymmer darumb hold seyn mir zweifelt auch nit. du werst noch eyn weiß man seyd yecz souil in dir ist. Er rit heym ließ jm verholen ein narrn küttel machen mit einer
4710 gugel. hůb sich allein hinweg. vnd trůg ein grossen kolben mit jm. für sein gelaits man. Als er czů dem see kam gieng er wider vnd für geleich einem thoren. das traib er so lang biß eyn kauffman zů jm kam. der was von Thinthariol der vermainet anders nit. denn er wår ein narr. er vieng in vnd
4715 vermaß sich er wolt in der küngin bringen. dicz hôrt her

4693 *Keine Üs. in W.* in einer narren iugel. A.
4697 ir mügt sy nun gar vil bas A.
4698 Jr seyt anderst A.
4699 ist eüch das har A.
4701 ir werdent dann genennet. A.
4702 Narrenkappen/vnd stell dich als ein Narr/W.
4704 ein rechter natürlicher Narr W.
4708 es werd noch ein sehr geschickter Mann auß dir werden/dieweil jetzt so vil verstandes inn dir ist. W. seider yetz so vil A.
4709 verholen machen ein narrenkutten mit einer iugel. A. mit einer Kappen/W.
4711 *Nach* man *Üs. in W.*: Wie Herr Tristrant sich in ein Narren verstellet/vnd kam zu der Königin. Als nu Herr Tristrant das Narren kleid angezogen hette/kame er zu dem See/ W.
4712 gleich wie ein rechter Narr/ W.

tristrant geren vnd [185| 8735] ward fro. hiemit giengen sy
in eyn schif. her tristrant gebaret so offenlich. dauon sy all
dick lachen wurden vnd redten gemeinklich. sy heten so gůten
narren nye gesehen Nun gaben sy jm in dem schiff kåß.
4720 brot. vnd anders so sy bey in hetten. Her tristrant het sei-
ner lieben auch nicht vergessen nam den kåß den er selbs
essen solt. behielt den heimlichen in sein gugel. vnnd ver-
maß sich den seiner frawen zepringen. Als sy gen tintariol
kamen. do rait künig marcks spacieren bey dem see. die kauf-
4725 leüt giengen zů jm dar schencketen jm den thoren. vnd
wurden darumb mawtfrey gelassenn. Diser thor gebaret als
gar tôrlich mit red vnd geberde das sich nyemant anders
versteen kund. dann er wår von natur ein thore. er geuiel
in allen zemal wol. Die herren vnnd auch ander gesellen.
4730 triben in sere vmb. das vertrůg er gůtlich vnnd vil. Auctrat
wolte auch sein narren spil mit jm haben getriben. des wolt
aber der thor von jm nit leiden. vnd gedacht die allten schuld.
das er jm souil zů laid getan het. vnd schlůg jm gar neidlich
zů. in mainung das er in wolt zů totschlahen. aber diser
4735 was behender vnnd floch mit schneller eyle. kam auch gar
kaum daruon. aber nit mynder jm was fliehen nüczer. dann
das gancz keiserthům. wenn er můst on zweifel tod sein. des
het jm kein mensch gehelffen mügen. Der küng rait gen
hof vnd fůrte den thoren mit jm. der gienge ains ganges zů
4740 der küngin. die empfienge in als man thoren empfahen soll.
Er stůnd für sy sy solt in [186| 8798] küssen. dye frawe het

4717 gebaret so nerrisch A. stel-
let sich so nårrisch/W.
4718 offt lachen W. gemeing-
klich zů einander A. so nerri-
schen narren A.
4722 in sein Kappen/W.
4725 schenckten ym disen nar-
ren. A. schenckten jm den
Narren/W.
4726 Zollfrey gelassen. W.
4727 gar nerrisch A.
4728 ein natürlicher Narr/W.
ein narr. A.

4730 gütlich vnd willig. A.
4732 aber er von ym nit leiden.
A. aber der Narr von jm
nit leiden/W.
4733 leids A.
4736 nützer dann alles künigk-
reich. A.
4739 den narren A. den Narren
W. gieng eins gangs W.
4740 narren A. Narren W.
4741 die künigin A.

kein geuallen noch lust darczů. wenn sy erkennet in nit.
noch west nit wer er was. vnnd wiewol er vor jr stůnd als
ein thore. so sahe er sy gar lieplich vnd freüntlich an. dicz
4745 vermercket der küng vnd sprach. wee du thor laß dicz an-
steen solt du frawen so lieplichen ansehen antwurt der thor.
jch můß wol ansehen. der künig sprach. des will jch auch
wissenn haben. warumb du sy ansehen sollt. das will jch
dir sagen. vmb das sy von recht. mir holden můt vnd freünt-
4750 schafft tragen sol. vnd jch waiß das jch jr liebe bin. ey hŏr
auff du thor du spotest. nain zwar jch spott nicht. so leugest
aber. jch leuge nicht. zwar du leugest. jch leuge nicht: es
wird auch schier herczů kommen. das jch bey jr schlaffe.
bey wem. bey deyner frawen ja bey deinem weib. wye es
4755 dir halt geuall. schweig du narr laß sŏllich red. vnd sag
von anderen. jch mag nitt schweigen vnnd kan auch nicht
liegen. kanst nicht liegen. nun låst du doch jecz lüg hŏren.
jch leug nicht. vnnd was jch rede ist war. Der künig sprach.
sy hatte vor dir gůten frid. vnd deiner liebe gůtt rat. antwur-
4760 tet der narre. jch enwaiß ob sy vor mir fride hat oder nicht.
aber das waiß jch wol das jch jr liebe bin. alls jr aigner leib.
hŏr auff narr wie mŏcht dz ymmer gesein. das ein so wunder
schŏne fraw jr gemůt an einen thoren keret. jch bin kein
thore. jch bin ein gůtter ritter. vnnd habe vil vmb jren
4765 willen gethan So sag an du thore was du gethan habest. Do
habe jch vmb jren willen groß arbeyt bestanden. mir ist auch
dick liebe vnnd laid vmb jren willen geschehen. denn ob
jch die warheyt sagen sol. [187| 8835] so ward jch durch sy
ein thor. man zewchte mich bey den oren. vnd bey der gugel

4744 ein narr A. ein Narr W.
4745 du narr. A.
4749 hulden můß/vnd freund-
schafft tragen sol/W.
4751 du narr A. du Narr W.
4756 von andren dingen. A.
4757 liegen. Der Kŏnig sprach/
lassestu doch jetzt lügen
hŏren. W.
4759 wol gůten frid A.

4760 Jch weiß ob A. ich weiß nit
ob W.
4763 an einen narren kŏrte. A.
an einen Narren keret. W.
ich bin kein thore *fehlt in A.*
4765 du Narr W.
4766 vnderstanden A.
4767 offt lieb W.
4768 durch sie ein Narr/W.
4769 bey der kappen W.

181

⁴⁷⁷⁰ hin vnd wider. das leid vnd vertrag jch alles gůtlichen allein vmb jren willen. Si ist mir auch lieb vor aller welt. diß redt jch still vnd überlaut. wie es dir halt geualle. Ob sy es aber nicht gelauben wil so vergunn jch doch nyemancz souil gůtes als jr. mit disen wortten sprange er für sy auff den tebich. ⁴⁷⁷⁵ seczet sich darauff vnd sprach wie du hernach geschriben vindest.

*Holzschnitt: Tristrant als Narr vor Marchs und Isalde*

⟨ Nun will jch lassen scheinen. ob es all so sey als jch gesaget habe. vnnd ob jch jcht mit allen meinen sinnen mein treü bedechte das jch jr souerre über see. dises dinglein gepracht ⁴⁷⁸⁰ habe. hiermit zohe er den kåß auß seiner gugel. vnnd sprach. Nement hin libe fraw dises ding. so jch euch gepracht habe. vnd sag euch auch enrechten trew. wårt jr mir nicht liebe. jch het euch dicz bringet nicht gepracht da wurden sy alle lachen. vnd redten sy hetten nye so gůtten narren gehebt. ⁴⁷⁸⁵ also redt er allen seinen vorgeredten worten gar weißlich an dem ende. vnd bracht sy all auff den won. das sy geschworen hetten er wåre ein geborner natürlicher narr. Als der künig nun außgiennge von den frauwen. da ließ er den thoren bey inen. der fieng sein sach also an. mit so schimpfflichen din- ⁴⁷⁹⁰ gen das in die frauwen auch nicht außtriben. besunder belaib er selbs geren da. wenn er was darumb dar kommen. er nam den kåß vnd zerprocket den in sein schoß. den er vor wol siben nåcht [188| 8895] in seiner gugeln behalten hett. vnd bate frauwen ysalden mit jm essen. wie vil er die bate so

| | |
|---|---|
| 4770 alles vmb irent willen. A. | 4783 diß ding A. W. |
| 4774 sprang er auff ein tebich. A. | 4784 nye kein bessern narren A. |
| 4775 setzt A. sprach wie hernach volget. A. wie du hernach geschriben vindest *fehlt in* W. | 4787 ein rechter natürlicher vnd geborner Narr. W. |
| | 4788 den narrn A. den Narren W. |
| | 4789 Er vieng sein sach also schimpflich an. das A. |
| 4776 *Nach* vindest *Üs. in A.*: Wie herr Tristrant ůbt vor der Künigin in der narrenkappen mit so klůgen listen. | 4790 nit wolten aus treyben. A. |
| | 4793 in seiner narrenkappen A. in seiner kappen W. |
| 4780 auß einer kappen/W. | 4794 Wie offt W. |

4795 was es doch alles vmbsunst Her tristrant der tôrisch man
nam des zerprocken kåß. vnd bot den der küngin zů dem
mund. do schlůg sy jm einen senften schlag zů einem oren.
Do sprach er. fraw jr schlachent mich all zů hart. aber weßt
jr. wer jch wår. jr schlůgent mich so sere nicht. ist euch
4800 anders tristrant lieb so schlacht mich nicht mer. als die fraw
das hôret fraget sy zestund. was er von jm weste. der thor
antwurtet mit listen. vnd saget jr heiling. der ding vil. so
jnen beyden geschehen was auch ließ er den ring sehen. den
sy jm gegeben hett. vnnd saget jr das er selbs her tristrant
4805 wåre. des warde sy jnnigklichen fro. vnnd erkannte in ze-
stund. sy nam in in jr pfleg vnd hieß jm vnder ein treppen
oder stiegen. in jrer kemnaten petten. des warde herr tri-
strant fro. bey dem tag was er ein tore. aber zů nachtes er
sich wol versane. vnd ließ jm woll sein. wenn er mochte mit
4810 der künigin sein wie vnd als oft er wolt. schůff mit sôlicher
listikeit das nyemand mercken noch auff sehen het. dicz
weret also drey wochen aneinander da wolt es sich nicht
lenger helen lassen vnd es wurden sein zwen kammerer gewar
das der thore bey der frawen lag. die giengen hin vnd sageten
4815 das dreyen jren gesellen. baten die mit allem fleiß das sy in
solten helffen. damit der thor gefanngen wurde. Der künig
was diß mals nicht anheym. als es nun spat ward giengen die
fünff miteinander zů der frawenkemnaten. einen liessen sy
bey der frawen bett steen. zwen stůnden bey der thür. die
4820 anderen zwen stůnden aussen für die thüre vnd enthielten
sich das man jr [189|8962] nicht såhe. auf mainung das sy
den kůnen heldt môchten vahen. vnd schlahen nach jrem
synn. Her tristrant sahe dise hůte. noch wolt er durch
vorcht noch dro sein frawen nicht vermeiden. sunder er nam

4795 Herr Tristrant der nerrisch man A. Er nam den zerprockten keß/W.
4804 sy ym vor etlichen zeiten gegeben het. A.
4807 in jrer kammer bethen/W.
4808 ein narr A. ein Narr W.
4809 bei der künigin A.
4811 aufsehen auff yn het. A.
4814 der narr A. der Narr W.
4816 der narr A. der Narr W.
4818 zu der Frawen kammer/W.
4819 beth steen. stonden bey der tür. A.

183

4825 seinen kolben mit jm. vnd gieng zů der frauwen. wenn er sy vor aller welt jnnigklichen lieb het. er sprach jr gar freüntlichen vnd lieplichen zů. vnnd kusset sy begirlichen in innigklicher liebe an jren mund Die hůtter verczagten nahen gancz vnd gar. vnd getorsten in doch vor grossen
4830 sorgen nit anrůren. Darnach sprach her tristrant offenlichen. Frawe wir můssenn vnß schaiden. das ist vnser besser nucze. wenn jch bin hie verspecht. nun ist mein aller gröste klag. das jch nyendert mer. der ennden kommen mag. da jch euch sehen müge. das ist meinem herczen wee über alle andere
4835 wee vnd angst. doch so weßte jch was jch gethůn kundt vnnd möcht euch czů liebe wer mir nicht czů groß noch zů schwåre. jch volprácht es vnd bit euch. mein allerliebste fraw vnd ainigs lieb. jr wölt mir stát beleiben. deß geleichen will jch ewch ymer sein. dann so mein botten zů euch kommen vnd
4840 euch disen ring weisen oder zeygen in meiner mainung vnd gestalt. so thůt heymlichen. was jch euch bitten lasse. gott můsse die verlassen vnd auch schenden die vns so frů schaiden Die fraw oder künigin sprach auß senlichen vnd vast betrůbetem herczen zů her tristrannden dem werden vnd
4845 kůnlichen helden. Ja der teüfel hab jms halt ewiklich. die vnser beiwesen so offt zerstören. sy gelobet jm sein gebet zů volpringen. vnnd ward gar jnmigklichen wainen. schieden sich mit grosser herczenlicher klag mit vil klåglichen vnd auch freüntlichen wortten vnd geberden. also gieng er hin-
4850 weg. seinen kolben tragen vast hoch embor als ob er sy all erschlahen [190| 9002] wölte. aber erst verczagten die hůtter. mainten nymer lebendig von jm kommen. schwigen all still. vnd getorst auch keiner růren. noch sich melden. vnd liessen

| | |
|---|---|
| 4825 wenn er *bis* het *(4826) fehlt in A.* | sehnlichem vnd sehr betrůbtem hertzen W. |
| 4827 freüntlich zů. A. | 4844 hertzen. Ja der teüfel A. |
| 4831 vnser beyder nutz. A. | 4845 ymmer vnd ewigklich. A. |
| 4834 andre wee. doch A. | 4846 Sie verhiesse jm W. |
| 4836 wer mir nit zů groß ich volprecht es. A. | 4847 Sy schyden mit A. |
| 4841 Got der můß A. | 4850 vast embor A. |
| 4843 Die künigin sprach aus A. Die Königin sprach auß | 4853 dorste sich auch keiner růren noch melden. vnd liessen yn hynweg. geen |

in mit gůtem frid hinweg geen. als er nun verr für kam
sprungen die czwen auß der thüre. vnnd redten zů einander
wie ist vns nun geschehen. das er vnnß entgangen ist. vn-
geschlagen vnd vngefangen. wir mügen vns dicz laßters
billichen schåmen. sy wurden zů krieg vnd leget einer die
schuld auff den anderen Einer sprach hettest du in von
ersten angriffen so wer wir dir zehilf kommen der ander sprach.
also hett auch jch gethan. doch aineten sy sich vnd geraw
sy hart. das sy nicht hetten handt angelegt. Sy hůben sich
auff vnnd giengend jm noch nach. vnd maineten grosse kůn-
heyt czů begeen. als sy in ansahen. bedaucht er sy so fraiß-
lichen das sy in aber geen liessen. vnd jm nicht torsten
nåhnen. also giengen sy wider dannen. vnd getorst jr keyner
sagen noch verjehen. was da geschehen was. Her tristrant
in seiner narren gugel kam auch mit gůtem fride widerumb
heym in sein land.


4870 ℭ  Abenteür. Wie her Cainis zů der küngin Gardeloy
kam. wie er darumbe erschlagen ward. vnnd her
Trisant wund in den tode.

*Holzschnitt: Caynis bei Gardeloye. Zielschießen Tristrants.*

Jr habt vor wol vernommen wie her cainis vnd Gardeloy
nampecenis gemahel auch besunder groß geuallen vnd liebe
zů einander hetten. der selben liebe in abwesen herrn [191|

| | |
|---|---|
| mit gůtem frid. A. vnd dorfft sich jr keiner regen noch melden/W. | 4864 so grausam sein/W. |
| | 4865 das sy yn geen liessen A. |
| | 4866 wider dauon/W. |
| 4855 sprachen zu einander/W. | 4868 inn seiner Narrenkappen W. |
| 4856 entgangen ist. vnd vngefangen. A. | |
| 4857 vns diß billich schemen. A. | 4870 Wie Herr Caynis zu der Kőnigin Gardeloye kam/ darumb er erschlagen ward. W. |
| 4861 Doch vereinten sie sich/W. | |
| 4862 hand angelegt. Sie giengen jm wider nach/W. | |
| | 4872 verwundet A. |

9041] tristrants nach jrem für genommen willen nit genůg was geschehen. wenn er kund noch mocht das durch sich selbs nitt zů wegen pringen. des ward er sere betrůbt. Eines tages was es gar haitter vnd schŏn. do rait nampecenis an
4880 ein gejaid. des ward her cainis gewar der name mit jm sein gesellen her tristrant. vnd riten zů der schŏnen Gardeloyen. als die zů der burg kamen. entschloß her cainis die tor selbs. wann er hett nun schlüssel die nach dem wachsse gerecht gemacht waren. von vngelücke fůget sich. da sy über die
4885 bruggen ritten. das der wind her Cainis seinen hůte in den graben warff. der selbig hůt was gemacht von rosen auff das aller hübschst Her tristrant fůrt einen von veyol. den verwaret er. das jm der wind nitt schaden thet. als sy in die burg kamen. wurden sy beyd von den frawen wol empfangen.
4890 aber jres beleibens mocht nitt lang da sein. darumb gieng gardeloye mit her cainis in jr kemnaten. namen vnd gaben des sy lang zeit geborget vnnd gemanngelt hetten. die weil saß her Tristrantt bey den anderen frauwen. schosse durch kurczweile mit einem reiß in ein wand vnnd schoß allso ein
4895 reiß in das annder dasselbig schiessen. kund der selben zeit niemand dann er. aber das kam jm desselben tages zů grossem vnheyl. wenn der reiß laider in der wand vergessen ward. vnd nicht wider außgezogen wurden. das vnferlich vnd vndancks auß vergessenheyt geschahe. Als aber her cainis von
4900 seiner frawen het was er haben wollte. schieden sy ab wider

4877 mocht das nit zu wegen bringen/W.
4878 ward er betrübt. A.
4880 das geyeid. A. nam mit ym Tristranten A.
4883 wann *bis* waren *(4884) fehlt in A.*
dann er het die schlüssel so nach dem Wachs W.
4886 graben weet. der was besteckt mit rosen. A.
4887 vnd herr Tristrants mit veiel. A. den verwaret *bis* thet *(4888) fehlt in A.*
4890 was nit lang. A.

4891 in jr kammer/W.
4892 des sy lang gemangelt hetten. A.
4894 vnnd *bis* annder *(4895) fehlt in A.*
4895 zu der selben zeit W.
4897 wenn *bis* geschahe *(4899) fehlt in A.* dan es ward der reiß leider in der wand vergessen/W.
4898 das geschahe vngefårlich auß vergessenheit. W.
4899 Als nun herr Caynis von Gardeloye het was er haben wolte. A.

jr beider willen. wenn jr begirde nicht ersettiget waren. sunder nur ein wenig jren gůtten willen aneinander beweißt hetten. aber groß sorg so sy heten. wolt in nicht verhengen noch verginnen lenger bey einander zeseyn [192|9105] vnd
4905 schieden sich mit grosser klag. doch waren sy fro. das gelück in das gefůget hett vnd hofften in zukünfftiger zeit offt czů samen kommen. vnd sy lannges senen vnd meiden ergeczen. aber es geschichte dick das fürgenommen hoffnung vnnd sunder bůlische liebe gar sere mißratten. Disen zwaien ward
4910 jr hoffnung auch balt verwandlet vnd entzwey gespalten. sy namen vrlaub. vnd ritten hinweg. schlußsen die thor alle wider zů. nun můsten sy durch ein holcz reyten. das wz nit lang do lief ein rech vor in über dye straß. dem rannten sy nach. vnd vermeinten dz zů fahen. von vngelück geschahe
4915 das sy daz nit ereylen mochten. Nun wolten sy auch ye nit erwinden. sy viengen es dann. Also jagten sy so lang. bis in die pfårde vnd auch sy selbs erlagen. vnd dannochte das vnsålig rech nit viengen. jch schåcze in meinen gedancken dz rehe sey gewesen der bőß geist. oder sein gespånst. wenn
4920 sy můsten beyde durch dise geschicht jr leben verliern. Nampecenis rayt wider heym zehauß. vnd entschloß die burg. auf der sein frau tag vnd nacht gefangen wz. als er über die brug rayt. sahe er den hůt in dem graben. des verwundert er sich zemal sere. vnd gedacht was ist dicz
4925 ding. er gieng in die burg zů sehen wz die frauen tåten als er in das frauenzymmer kam. sahe er das reyß stecken. aller erst hůb sich der frawen vngemach. wann er weßt wol dz ditz schiessen niemant kund dann herre Tristrant. Er wißt auch dz sein frawe herr Caynis so lieb het. wo sy stat. Vnd
4930 zeit darzů haben mőcht. das sy jm dann zů willen wurd. darum gedacht er [193|9153] czů stund herr Caynis het sein frauen heim gesůcht. Hiermit gieng er zů der frauen vnd sprach Gardeloye. Hie ist gewesen herr Tristrant vnd Caynis

| | | | |
|---|---|---|---|
| 4908 | geschicht offt/W. | 4922 | Als er in die burg rit sahe A. |
| 4909 | miß rete. A. | 4929 | Het sy stat vnd weil sy |
| 4912 | Nun so můsten A. durch | | wurde ym zů willen. A. |
| | einen Wald reitten/W. | 4931 | dachte er Caynis A. |
| 4917 | auch sy erlagen. A. | 4933 | Tristrant. vnd zohe damit'A. |

zoch darunt sein schwert auß. vnd sprach bey meinen
4935 treüen Du solt den tod gewiß haben Ob du mir nit die war-
heit sagest. Darumb sag bald. ob caynis auch mit jm ge-
wesen sei wann jch waiß das herr Tristrant hie gewesen ist.
Ach waffen das weiplich hercze vnd gemůt verzagt gancz
vnd bekennet ja. Er wår do gewesen. So sag an. was thåt
4940 er hie. Er kusset mich. Du sagest nit recht. es ist sunst mer
geschehen Nain herr. Es ist nit mer geschehen zwar du sagest
vnwar. vnd måst auch sterben darumb. Ach lieber herr. jr
sagent laider war. laß hörn. wie das kam. vnnd wie er herein
sey kommen. Sy sprach wye er herein sey kommen das waiß
4945 jch nicht aber mich legt er auf den tebich. vnd schlief mit
mir. Es geschahe aber on meinen danck. Der herr ward on
massen zornig Sprang bald wider auf sein pfård. Vnd mit
jm hundert seiner man. die namend mit in helm. schilt. sper
vnd schwert. Vnd eylten den helden nach. in meinung sein
4950 schmacheit vnd laster zů rechen so jm von in geschehen was.


⁋ Wie herr Caynis erschlagen warde. vnd herr Tri-
strant ser verwundett heym gefůrt.

*Holzschnitt: Schlachtszene*

⁋ Herr Tristrant hort wol dz man in nach jagt. der sprach.
jch hör dz wir werden bestanden. wie wöl wir dz anfahen.
4955 das wir vnser leib ernern. wann jr ist vil hör jch an dem

4934 sprach. Du solt A.
4937 wann *bis* ist *fehlt in A*.
4939 Er wår do gewesen *fehlt in
A*. tet er. Er küst A.
4946 *Nach* danck *Üs. in W.*: Wie
Herr Caynis erschlagen
ward/vnd Herr Tristrant
biß auff den todt verwun-
det. Er ward on massen A.
Als Nampecenis solchs von
seiner Frawen höret/ward
er on massen zornig/W.

4947 pferde. name mit ym hun-
dert gewapenter man A.
4948 hundert seiner Menner W.
helm/schilt/spieß vnd
schwerter/W.
4950 schmacheit zůrechnen A.
4952 seer verwundet hyngefürt A.
4954 ich hör das ich wirde be-
standen. A.
4955 leib erretten wann ir ist vil.
wir mügen nit empfliehen.
A.

schlag wol wir mügent nit empfliehen. Die pfärde seind vnns vor hin erlegen vnnd gancz vntüchtige so mügen wir [194| 9198] in nit geleich vechten. ye wǒr wir vns so pest wir mügen. In dem kam Nampecenis mit hundert mannen an
4960 diß zwen man. bestůnden an einander mit grossem neyd. vnd schlůgen so vast auff herrn Caynis. bis sy in tod schlůgen er erschlůg. xxx. mit seiner hand. ee er sein ende nam. Her Tristrant weret sich auch manlich. schlůg jr sibenczig wunt vnd tod. ward auch selbs hart wund. Nampecenis rayt
4965 jm zů. vnd schoß in mit einem gelüpptem sper. das er in für tod ligen ließ. Als er nun seinen anden gerochen het. vnd sahe das er sǒllicher treüer manlicher held zwen erschlagen het. het er sich sein schaden gern verklagt vnd gůtt lassen sein. das die beyd noch in leben weren. auch sahe er jm
4970 groß reü vnd laide an seinen mannen. die jm erschlagen waren. Er stůnd mit gewunden henden vnd sprach. Jch hab meinen anden gerochen. in maß das jch das nimmer verklagen mag. wann jch můß noch selbs darumb sterben. jr beyder freünd lassent mich nymmer genesen. wie wol jch sein
4975 an meinen leüten ser engolten hab. Also rayt er laidig vnd traurig dannen. Dyse laidigen mare kamend gen Carechs. Do warde groß jamer vnd klag. in der ganczen stat Als herr Tristrants fraw dise geschicht vnnd grossen vnwendlichen schaden vernam. Ward sy außdermasen laidig. gar herczenk-
4980 lichen weinen. vnd nicht vnbillichen. wann sy verlor do jr

4957 vorhyn erlegen. wir mügen yn nit gleich A.
4958 Doch wir wǒllen vns wehren dieweil wir mǒgen. W.
4960 die zwen. A. zwen Helden/W.
4961 sy yn zů tode A.
4962 erschlůg *bis* nam *fehlt in A*.
4963 wert sich manlich. A. bey sibentzig W.
4964 hart verwundet. W.
4965 mit einem vergifften Sper/W. sper. ließ yn für tot ligen. A.
4966 seinen zorn W.

4968 er seinen schaden gern verklaget W. geren verklagte A.
4969 auch geschahe jm groß leid an seinen Mannen/W.
4970 groß leid an den ander (!) die erschlagen warent. A.
4972 meinen zorn an den gerochen/W.
4974 wie wol *bis* hab *(4975) fehlt in A*.
4975 leidig dannen. A.
4978 die geschicht vernam ward sy gar leydig vnd herzenlich weinent. A.

nåchste. Jr best vnd liebest freünd. Sy lyeß dye herren beyd hollen. mit grossem jamer vnd klagen. Als dye nun gebracht wurden. ward herr Caynis bestatet zů der erden. mit künigklicher [195/9243] wirdigkeyt auch mit sőllicher reü vnd klag.
4985 das es vnsåglichen ist. Herrn Tristranten wurden årczet gehollet. die in solten binden. Aber wye vil der was. so warent sy jm doch all vnnücz. vnd kunden nichssen zů seinen wunden. Es was auch niemants jm lannde der selbigen zeit. der zů sőllichen wunden. ychez kund. dann dye schőne Ysalde
4990 künig Marchsen fraw. Die jm auch vormalen seinen leib von gelüppter wunden erneret vnd geheylet het. Herr Tristrant was des wol ingedenck. vnd schicket do nach einem wirt. der was in der stat. vnd mit jm dar kommen vonn Thintaryol. Als der zů jm kam. bat er in betlich. das er sein bot
4995 sein wolt zů der küngin. Dyser verwilliget darzů. vnd wolt das geren thůn. Der herr embot der küngin vil liebs vnd gůts. Ließ die mit grosser bet biten. das sy eingedenck sein wolt. aller ding. so er vmb jren willen gethan het. Auch als er sy gebeten het. in seinem nåchsten abschid. Wolt auch
5000 bedencken rechte ware lieb. vnd nicht ansehen draw noch vorcht. Sunder jm zehilff. vmb seiner lieb willen zů jm gen Carechs kommen. Lieber wirt würb dye botschaffte fleissig. verman mein frauen. das jch dicke můe vnnd schaden in jrem dienst erlitten hab. das sy mich des geniessen laß vnd
5005 mir zehilff komme. wann on sy so mag vnd kan jch nicht genesen. Sag jr wie mein sach steen. vnnd das sy nichtt aussen belaib. auch dz sy sich trőstet des landes das sy het. wann sőllen wir leben. vnser sol gůt werden. beleibt sy aber aussen. so byn jch on zweifel tod. auch bringe jr disen ring
5010 zů wortzaichen dz si darbey såhe vnd erkenn. meinen grossen

4981 nechste vnd beste Freunde. W. aller liebst freünde. A.
4986 wie vil jr waren/W.
4989 dann nur die W.
4990 sein leib von vil wunden ernert A. von vergiffter wunden W.
4992 wirt in der stat A.
5003 daß ich offt W.
5007 auch daß sie sich verzeihe des Landes so sie hat/W.
5008 vnser soll gůt rat werden A. gůt rhat werden/W.
5009 so můß ich on zweifel sterben. W.
5010 zu warzeichen/W. zů wartzeichen A. darbey erkenne mein A.

ernste vnd strenge not. lieber wirt thů fleiß in diesen [196|
9289] dingen. vnd hab nit zweifels jch wil dir deiner mů wol
lonen. dann istt sach das mein fraw mit dir kommet. So
für einen weissen segel kommet sy aber nit so für einen
5015 schwarczen segel. Ditz wortzaichen vnd auch dein wider-
kunft solltu deiner tochter sagen. das sy bey dem see tåg-
lich wartent sey. vnnd so sy dych sehe her farn das sy mir
zestund sag wie der segel gestalt sey. dz sy auch sunst nye-
mant dauon sag noch nit wz jr geschichte bey dem see sey.
5020 Der wirt vermercket ditz alles eben. Nam vrlaub von dem
herrn. vnd gieng heym in sein haus. schicket sich zestund
auf die vart vnd saget seiner tochter als jm beuolhen wz.
bat si vast. dz sy jr das ließ beuolhen sein. vnd schied damit
hinweg. ließ jm der weiß zů mal wol schlaunen. das er nun
5025 bald wider kåm. Als er zů Thintariol kam. het er rů noch
rast. bis er zů der küngin kam. der sagt er heymlich die bot-
schafft. vnd weiset jr auch den ring. der dann allwegen jr
wortzaichen was.

⁋ Abentewr Wie die küngin eylend kam gen Carechs
5030 vnd doch ee sy gar dar kam herr Tristrant tod was.

*Holzschnitt: Isalde mit dem Wirt im Segelschiff*

⁋ Do die fraw den ring sahe. vnd hôret wie es vmb herrn
Tristrant stůnd. Nam sy kein lenger bit noch verzug. Sunder
sy verließ jren gemahel. vnd land. lewt gůt. vnd alles das

5015 wartzeichen A. warzeichen/ W.
5019 ir geschehen A.
5020 alles. Nam A.
5023 bat sie/daß W.
5024 ließ ym deß wegs zemal wol schlannen A. vnd eylet so best er mocht/daß er nur bald wider kåme. W.
5027 weist ir den ring A.
5028 warzeichen W. wartzeichen A.
5029 *Üs. in W.:* Wie die Kônigin eylend gen Careches fůhre/ doch ehe sie dahin kame/ war Herr Tristrant schon todt.
5032 kein lenger bit. sunder A. kein lengern verzug/W.

sy het. nam zů jr alleyn was zů erczney gehöret. vnd für
5035 verholen vnd eylend mit dem kaufman hynweg. Herr Tri-
strant was jr so lieb. das sy kein acht het weder auff künig
noch künigreich. noch alles was [197|9341] jr got je geben
het. sy schlůg des alles zeruck. schåczt es zů nicht. vnd eylet
allein dem zů helffen. der jr hercz vnd gemůt. on alles mittel
5040 bey jm het. Nun wartet auch des wirtes tochter alltag wann
jr vater kåme. dann welliches ding die frauen herr tristrants
gemahel der sach wissent machet waiß jch nicht. Sy schicket
verholenlich zů dem junckfråulin. vnd fragt gar aigentlich
wo jr vatter wåre. Daz töchterlin erschrack. vnnd wolt es
5045 jr nichtt sagen. Kurcz sy erdröwet jr ab. das sy sagen můst.
Als sy das vermercket. gebot sy der bey jrem leben. wann
jr vatter kåme. So solt sy jr von ersten sagen wie der segel
gestalt wår. vnd solt das herrn tristranten verhålen. Die
junckfraw gienge von der frauen zů stund zů dem see. vnd
5050 sahe jren vatter eylent zů farn. mit weißsem segel. Sy keret
ganges vmb. vnd kam wider zů der frauen. jr sagend das jr
vatter kåm mit weissem segel. do das hörett die fraw. gieng
sy zestund zů herrn Tristrant. sagt dem sein wirt kåm ze-
lande. Des ward der herr gar herczenlichen fro Richt sich frö-
5055 lich auff wie kranck er wz vnd fraget ob sy jch weßte wie
der segell gestalt wår. ach waffen des grossen mordes. den
die frau do vnwissentlich mit vnwarheit begieng. dz jr doch
hinnach herczenlichen laide was. Vnd sprache allso Der segel
wår schwårcz. Zů stunden an als bald sy das wort redet. Do

5034 nam allein A.
5035 heimlich vnd eylend W. verholen eilent mit eim kauffman. A.
5037 noch was ir got geben hette. A.
5038 schåczt es zů nicht *fehlt in A.*
5042 schicket heimlich W.
5044 Daz *bis* sagen *(5045) fehlt in W.*
5045 sy erdraet ir ab das sy saget. A.
5048 verhelen. Sy gieng A.
5049 als bald zu dem See/W.
5050 vater herfaren mit eim weissen segel. sy kört eilent vmb A. Sie keret bald vmb/ W.
5052 mit eim weissen segel. A. gieng sy zů herr Tristrant. A.
5054 richtet sich auff/W.
5058 yemerlich leid ward. A. Sie sprach der Segel W.

5060 erschrack der herr do vonn herczen so jnnigklichen ser legt
sein haubt nider auf das pedt strecket sein hend vnd gab
schnåll auf seinen geist. do die frau das sahe. das der herr
all so schnåll vnd sånlichen verschiden wz kund sy vor gros-
sem herczenlichem laid gar kaum genesen. vnd verstůnd
5065 nun dz jm von jren schulden vnd jrer wort wegen die sy
doch on arg vnd übel geredt [198| 9394] het sein hercz zer-
brach. vnd sein leben so jåhes verendet. wolt jr nun jr hercz
auch zerbråchen. vnd schrey mit herczenlicher jnniklicher
klag. O wee ach vnnd wee mir armen weib. das mir ye also
5070 geschahe. daz du von meinen schulden dein leben also ver-
lorn hast. Ach vnd o wee mir diser grossen not. mir möcht
nun nichtt bas geschehen. dann das man mich mitt dir be-
graben solt. Ditz schreyen vnnd jåmerlich klagen erhal. als
weyt alls dye stat was. ritter vnnd knecht vnnd gemeink-
5075 lichen alles volck heten söllich vngemessen klag vmb jren
herren. das Jch es nit sagen kan. Sy giengen dar vnnd perten
in auf als seinen küngklichen genaden zůgehöret. vnd gebür-
liche wz. in dem für die schöne ysalde zů. vnd kam in die
stat. als sy das groß geschrey vnd jåmerlich klagen vnd
5080 wainen erhört. sagt jr jr hercz zestund. wz das maint. Sy
erschracke so vnmenschlich hart. ward weder blaich noch
rot. vnd wißt vor grossem jnniklichen laid zů gebarn. zů
letst sprache sy. O wee ach vnd o wee nun vnd ymmer mer.
Tristrand ist tod. Sy was also gar erschrocken. dz sy kein
5085 geblůtt in jrem leib mer het noch kein feüchte. mocht auch
nit gewainen Aber jrem herczen geschahe souil deßter würser.

5064 hertzenleid A.
5068 schry mit kleglicher stym-
me. O wee ach A.
5076 vnd bereten yn auff als
küniglichen gnaden gebür-
lich was. A. vnd machten
jn auff/als W.
5078 Jsald daher/W.

5082 wißt vor großem jnnigk-
lichem leid nicht vmb sich
selber. W. nit zůgebaren. A.
5085 geblůt noch kein feuchtig-
keit mehr W. noch kein
feüchtigkeit. A.
5086 irem eignen hertzen A. ge-
schahe vil desto weher. W.

193

⊄ Wie die schön küngin Ysalde bey herr Tristrant starb. vnd wye sy beyde in ein sarch gelegt wurden.

*Holzschnitt: Isalde vor dem aufgebahrten Tristrant*

⊄ Nun hôrt wie es fürbas ergieng. Dye traurig betrůbt
5090 laidig bekümmeret fraw als die erst kam von Curnewalischen landen. gieng all schweigend [199|9423] zů der bar. darauf herr Tristrant lag auf gebert. Vnd sein eelich fraw. stůnd auch dabey. mitt grossem herczenlichem wainen vnd sånlicher klag. als das wol gebürlich was Die schön ysalde be-
5095 trůbt vnd gancz tôtlich versert jm herczen vnd in sel. sprach zů jr fraw Steent auf ein ort. vnd laßsent mich nåher dargeen. wann jch weyn billicher dann jr. des gelaubt in der warheit. er was mir auch vil lieber dann er eüch gewesen ist. mit disen worten gelagen jr alle wort. all schweigend. thåt
5100 sy die bar auf. darinnen sy sahe jr hôchsten freüde vnd zůuersicht so sy gehabt hett in disem zeit. tôtlich gestalt vnnd vmb jren wille gestorben. zů dem legt sich dz arm betrůbt weib vnd gab zehand sterben auf jr traurige sel. Als das sahe herr Tristrants eeliche fraw. das die küngin so erbermklich
5105 vnd sånlich vonn dyser welt abgescheiden was. durch sôllich groß streng lieb so sy jm leben zesamen gehabt heten. die in beyden sôllich groß reü vnd laid gebar. das sy mit dem tod erfolgeten. vnd sy des vrsach was mitt dem einigen worte. das sy auß jrer thumheite vnnd doch on all arg lüst einfal.

5089 Nun hôrt *bis* ergieng *fehlt in* W. Die betrůbt leydig frau A.
5091 gienge schweigent A.
5092 Tristrant lag. vnd sein eeliche fraw dar bey stond mit grosser senlicher klag als das wol zimlich was. A.
5094 Die schône Jsald (betrůbet/ vnd gantz tôdtlich verseret im hertzen vnd in der Seel) sprach W.
5098 auch lieber A.
5099 Mit disen worten gelagen jr alle red/W. wort. schweigen A.
5100 hôchste freüd so sy A.
5101 in disem leben W.
5105 war (durch solche grosse strenge liebe/so sie im leben zusamen ... todt erfolgeten) vnd sie *(5108)* W.
5107 solich grosse reü gebar A.
5109 on all eintreg sprach der segel wer schwartz. A.

5110 vnd einträg sprach. Der segel wår schwarcz Des doch dennocht nit also was. Aller erst hůb sy an zeklagen. mit sőllicher grosser vngestůmer klag vnd schrej so gar herczenlich klåglich vnder alles volcke die all mit jr erwegt wurden zů sőllichem wainen vnd klagen. das es vnsåglichen ist. vnd wer
5115 bey diser klag nit wainen oder mitleiden gehaben mocht. der het sicher in aller warheit ein ståchlin oder steynin hercz. Jch hab auch nie gehőrt das von zweier menschen tod wegen so gar gemeinklich als volck in sőlichen grossen mitleiden erwegt. vnd so jnniklich mitt ganczen treüen ge-
5120 klagt [200|9462] haben. als do geschahe Sj heten sich auch verwegen. in wolt die küngin die noch in leben waz vnder jren henden sterben. sy hůben an vnd trősteten sy. so best sy mochten. vnd fůrten sy heym. dz sy den jamer an den totten leychnam nit vor je såhe. Aber sy legt sőllichen gros-
5125 sen jamer vnd klag an jren leib. dz vnmüglich ist einem weiplichen bilde. sőlich streng not an den tod so lang erwern Sy schůff daz man die leichnam beyd in einen kostlichen vnd herlichen sarch machen solt. vnnd gab darzů grossen hord von gold vnd silber vnd aller reichheit

5130 ℂ Wie künig Marchssen die laidigen måre verkündet wurden. vnd wie er sy beyde also tod mit jm heym fůret.

*Holzschnitt: Tristrant und Isalde werden nebeneinander in den Sarg gelegt*

ℂ Darnach über vnlang wurdent dyse geschicht enboten künig Marchssen In Curnewalisch land der des on massen
5135 sere erschrack. het auch nit mynnder klage vnnd herczen-

| | |
|---|---|
| 5113 daß jederman mit jr beweget wurde W. | 5123 fůrten sie dauon/W. |
| 5114 klagen gar vnseglich. A. | 5126 erweren mag. A. |
| 5115 klage nit mit leyden A. | 5127 in ein gar schőnen kostlichen vnd A. |
| 5117 von zweyer Menschen wegen W. | 5129 allerley reichheit. A. |
| 5121 bey leben A. | 5133 Nicht lang darnach W. |

licher betrůbtnuß. vmb sy beyde. dann die küngin von Carechs. auch ward jm dabey gesagt. wye sich dye lieb zwischen jr beyder von erst begeben het. durch kraft vnd würckung des vnsåligen getranckes. das sy also můsten an-
5140 einander lieb haben Do der künig dz hŏret. ward sein klag. wol zehenfåltig mer dann vor vnd sprach. das sey got von hymel klagt. das jch das nit lengest oder von erst gewyßt hab. jch hett auf mein warheyt. mein liebste küngin Ysalden meinem trauten ŏhem ymmer gern in geheym vnd jm zů
5145 lieb behalten. Auff das er all wegen mit mir vnd bej mir gewesen wåre. Dz aber jch in vertriben hab. můß mich ymmer reüen. Ach waffen mir. Das jch sy beyde ye [201| 9486] gesehen vnd erkannt hab O wee herczenlicher lieber ŏhem tristrant wie gar grosse thumheit. das an dyr gewesen
5150 ist. das du mir nicht gesagt hastt von dem vnsåligen tranck. O wee mein aller liebste fraw mein küngin. nun lyeß jch euch beiden williklich vnd gern leüte. land mein küngreich. vnd alles das jch hab. das jr gesund vnd bey leben seyn solt. vnd wolt jch darumb mein lebtag arm sein. vnd kein aigent-
5155 schaft mer haben. Der herr nam sŏllich groß jamer vnd klag an sich. das jch daruon nicht sagen kan. Er rüstet sich auff vnnd fůr selber nach den totten über den see. Als er nun dar kam Ward dye klag dem künig vnd auch der künigin do vonn Carechs aller ding widerumb erneüeret. Er machett

5139 das sy *bis* haben *(5140) fehlt in A.*
5140 sein klage vil mer dann vor. A.
5142 hymel ewig geklagt A.
5144 meinem ŏhem W. in geheim gelassen/vnd jm zu lieb behalten/W.
5145 allzeit bey mir vnd mit mir A.
5147 ach waffen das ich sy beid ye gesahe. O wee lieber ŏhem A. beide je erkennet habe/W.
5149 grosse torheit A.

5151 liebste fraw nun ließ ich euch beyden willigklichen mein künigkreich vnd was ich hab das ir A.
5155 Der Kŏnig stellet sich so jåmmerlich vnd klåglich/ daß ich nicht genůgsam daruon sagen kan. W. nit mer haben. A. soliche grosse klag an sich A.
5156 sich vnd für selbs A.
5157 nach dem todten Leichnam W.
5158 vnd künigin zů Careches aller A.
5159 Careches widerumb W.

5160 einen balden abschid. Nam die zwen totten leyb vnd fůret die mit jm zů land. er ließ die gar herlich auch mit grosser klage vnd jamer in ein grab zesamen legen. kostlichen gehawen in einen Marmelstein. Vnnd als dye hystorj saget. Do hyeß der herre auff herren Tristranten todten leychnam
5165 seczen eyn wein reben vnnd auff der frauen Ysalden leichnam einen rosenstock. Diß zwů reben wůchßsen zesamen. das man der mit keinen dingen von ein ander bringen mocht. Man saget aber es geschähe auß würckung vnd kraft des getranckes. Dem sey nun wye jm sey. es ist nun als für
5170 bracht. Wie der teůr manlich held herr Tristrant geboren gewachssen. erzogen. auch wz er in seynem leben ye gewürckt. vnd wie er sein ende genommen hat. Deßgleichen von frawen Ysalden. wie die durch rechte lyeb vnd treü jr leben vmb seinen willen auff geben hat. Darumb jr junger
5175 man vnd frawen habt auffmercken auff ewch [202] selber. das eüch weltlich lieb nit so gar überhand nåm dz jr damit der lieb gottes vergessent. vnd eüch zů sôllichen vnbereyten tod ziehe. Nembt war wie dise lieb disen czweien so gar ein schnålles vnbereytes sterben gefüget hat. auch das nach kley-
5180 ner kurczer freüde. gett langes trauren. vnd scharpffe pein. dann sy seind nun tod got der herr walt jr beyder sele. vnd helff vns. das wir beydenthalben gerechtiklichen lieb haben vnd wol farn.

⁋ Von dyser hystorj hat vonn erste geschriben der maister
5185 von Britanie. vnnd nach mals sein bůch gelühen einem mit namen Filhart von oberet. der hat es darnach in reym geschriben. Aber von der leüt wegen die sôllicher gereymter

5160 einen behenden abschied / W. todte Leichnam / W.
5161 gar herrlich in ein marmelsteinen grab zůsame legen. Vnd als A.
5167 das man sy mit A.
5168 aus krafft vnd würckung A. des vnseligen trancks. W.
5173 ir leben auff geben haben. A.
5174 ir mann A.
5176 so gar überwinde A.
5180 freude / sehr langes trauren vnd scharpffe pein folget / W.
5182 beiderseit die Gerechtigkeit W.
5183 wol vakent (!) Amen A.
5184 ein meister A.
5186 in reymen beschriben A.
5187 gereimbter bůcher nit hoch achten / W.

bůcher nicht genad haben. auch etlich die die kunst der reymen nit aigentlich versteen kündent hab jch Vngenannt dise Hystorj in die form gebracht. Wo aber jch geirret hab bitt jch zů bessern. die dz lesen. oder abschreybent.

☙ Hie endet sich herr Tristrant Getrucket zů Augspug von Anthonio Sorg im .M.CCCC. vnd LXXXJJJJ. Jare.

5189 ich vngenannter A.
5192 *Abschluß in A.:* Hie endet sich Herr Tristrant. Getruckt zů Augspurg von Hannsen Schönsperger. Nach der geburt Cristi. M. cccc. xcviij. Jare. *Abschluß in W.:* Getruckt zu Wormbs/durch Gregorium Hofman.

Bei Fragen zur Produktsicherheit wenden Sie sich bitte an:
If you have any questions regarding product safety,
please contact:

Walter de Gruyter GmbH
Genthiner Straße 13
10785 Berlin
productsafety@degruyterbrill.com